디딜방아 연구

"디딜방아 책을 누가 읽는가?"
자주 입방아를 찧는
아내에게

디딜방아 연구

초판 1쇄 인쇄 2001. 1. 5
초판 1쇄 발행 2001. 1. 10

지은이   김광언
펴낸이   김경희
펴낸곳   (주)지식산업사
         서울시 종로구 통의동 35-18
         전화 (02)734-1978(대) 팩스 (02)720-7900
         홈페이지 www.jisik.co.kr
          e-mail   jsp@jisik.co.kr
                   jisikco@chollian.net
         등록번호 1-363
         등록날짜 1969. 5. 8

책 값   20,000원

ⓒ 김광언, 2001
ISBN 89-423-4813-0   93380

이 책을 읽고 지은이에게 문의하고자 하는 이는
지식산업사 편집부나 e-mail로 연락 바랍니다.

머리글

디딜방아는 절구에서 나왔다. 두 손에 공이를 쥐고 곡물을 찧거나 빻다가, 발로 방아다리를 딛게 된 것이다. 발로 방아머리를 들어올렸다가 놓으므로 절구보다 힘이 훨씬 덜 든다. 더구나 자유로워진 두 손으로 보꾹에 달린 끈을 쥐거나 손잡이를 잡고, 온몸의 무게를 싣는 까닭에 효과가 훨씬 크다.

이것은 우리나라·중국·일본을 비롯하여 타이·베트남·캄보디아·미얀마 등지의 동남아시아 대륙과 인도네시아와 말레이시아 같은 동남아시아 도서지역에서 쓰였다. 그리고 네팔과 인도를 포함하여 대만·필리핀·오세아니아·소아시아(트랜스 코카서스)에도 있었다. 그리스의 것은 실험에 그쳤다. 유럽에는 중세 이후에 들어갔지만, 물레방아 따위에 밀려서 퍼져 나가지 못하였다.

디딜방아는 벼농사 지역에서 태어나, 그곳에서 명맥을 유지해 왔다. 기계 방아가 나오기까지, 곡식을 찧거나 빻고 떡을 치는 데에 이보다 더 유용한 기구는 없었다. 따라서 벼재배 지역의 전형적인 농기구 가운데 하나이다. 디딜방아의 마지막 그림자가 이들 지역에 드리워져 있는 것도 이 때문이다.

디딜방아는 중국 사람들이 발명하였다. 다른 문화와 마찬가지로, 고대문명의 발생지인 이 나라에서 태어나, 벼농사법과 함께 여러 나라로 퍼져 나갔다. 탄생지는 아마도 화북(華北)지방일 것이다. 문헌자료도 풍부하거니와 고대의 유물도 압도적으로 많이 나왔기 때문이다.

한대(漢代, B.C. 206~A.D. 220)의 디딜방아 관련 유물 가운데 47퍼센트가 하남성 출토품인 점이 이를 반증한다. 그리고 하북성과 호북성도 각 10퍼센트쯤 된다(그림 32 참조). 오래된 디딜방아도 화북에서 가장 많이 나왔다. 이러한 분포율

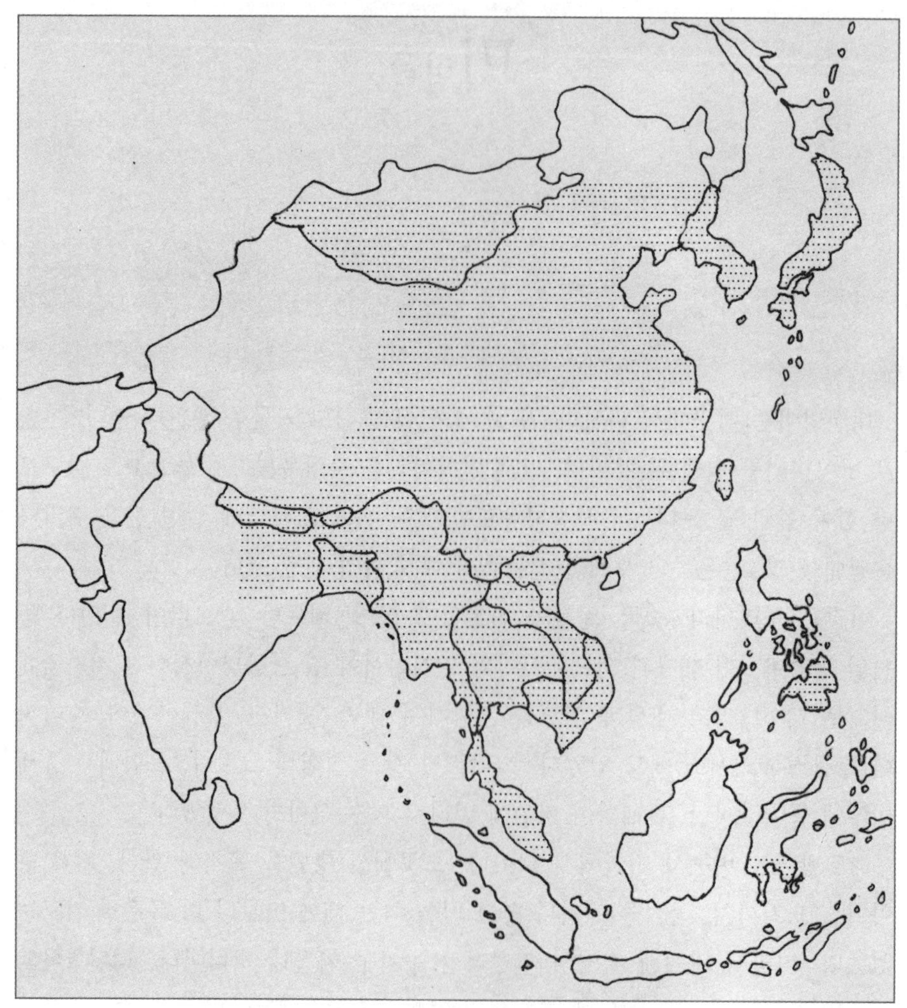

그림 1 디딜방아 분포도(점선부분)

은 앞으로도 크게 달라지지 않을 것이다.

본디 중원지역(中原地域)에는 비가 적어 벼농사를 못 지었으나, 한대부터 수
리시설이 퍼지면서 재배 면적이 늘어났다. 주곡(主穀)으로 수수·보리·조·콩과
함께 벼가 꼽힌 것도 이 무렵이다(張兢, 1997 ; 67). 또 이곳에서 나온 디딜방아
명기(明器)들은 중국은 말할 것도 없고, 세계 각지로 퍼져 나간 디딜방아의 할
아비〔祖形〕가 되었다.

디딜방아에 관한 가장 오래된 문헌 가운데 하나는 한(漢)나라의 양웅(揚雄)이 쓴 《방언(方言)》으로, 간단한 설명이 들어 있다. 비슷한 시기의 사유(史游)도 《급취편(急就篇)》에서 풍구를 소개하는 가운데 디딜방아〔碓〕에 대해 적었다.

디딜방아를 복희(伏羲)가 발명하였다는 책〔A.D. 20년쯤에 나온 환담(桓譚)의 《신론(新論)》〕도 없지 않다. 그러나 그는 진(陳)에 도읍을 정하고, 150년 동안 제왕의 자리에 있었다는 전설상의 인물에 지나지 않는다. 복희 발명설은 무엇이든지 시원(始原)까지 끌어올리지 않으면 견디지 못하는 중국 사람 특유의 심성에서 나온 것이다. 더구나 고대 유적에서 나온 디딜방아 유물은 한대 이전으로는 올라가지 않는다. 따라서 현재로서는 디딜방아의 등장 시기를 진나라(秦, B.C.249~B.C.207) 말기에서 한나라 초기로 보는 것이 합당하다. 이 무렵에 나온 유물의 수가 적지 않은 것을 보면, 당시에 이미 널리 쓴 것으로 짐작된다.

밀이 실크로드를 거쳐 서주(西周)시대에 들어왔다는 설도 있으나, 밀가루로 만든 빵이 문헌에 나타나는 것은 기원전 33년쯤이다. 밀은 한의 환제(桓帝) 때 이르러 중요 작물의 하나로 떠올랐다. 따라서 2세기 무렵부터 분식 문화가 퍼져나가면서, 디딜방아는 점차 남쪽의 벼재배 지역으로 밀려났을 것이다.

디딜방아로 밀을 빻아 가루를 내려면 공력만큼 능률이 오르지 않는다. 많은 양의 밀가루를 내는 것은 꿈도 못 꿀 일이다. 맷돌이 밀재배 근원지인 근동지방에서 태어난 것을 생각하면 이해가 쉽다. 물맷돌〔水碓〕도 마찬가지이다. 당대(唐代)에 이르러 분식 습관이 굳어지자 투기의 대상이 되기도 하였다. 왕공이나 귀족은 말할 것도 없고 절간에서까지 앞다투어 물맷돌을 돌렸던 것이다.

우리나라의 디딜방아는 4세기 이전 중국에서 들어왔다. 고구려 무덤의 벽 그림이 그 증거이다. 황해도 안악 3호 무덤의 방아 그림 위쪽을 보면 중국 이름 그대로 '대(碓)'라고 쓰였으며, 방아 형태 또한 매우 닮았다. 따라서 당시에 중국의 것을 본떠 만든 것을 알 수 있다.

우리 디딜방아는 일본으로 건너갔다. 디딜방아를 이르는 '가라우스(唐碓)'의 '가라'는 우리〔韓〕를 가리키는 말이다. 《일본서기》에 스이코 천황(推古天皇) 때 고구려의 담징이 물맷돌을 만들어 주었다는 기록이 있다(18년 3월). 이때 디딜방아도 함께 들어갔을 것이다. 17세기의 박물학자인 아라이 하쿠세키(新井白石)도 "삼한

(三韓)에서 들어온 까닭에 '가라우스'라 부른다"고 적었다(《東雅》). 한편, 일본의 틀방아는 중국에서 들어간 듯하다. 우리는 거의 쓰지 않았기 때문이다.

우리나라를 제외한 세계 여러 곳의 디딜방아는 모두 외다리방아이고 두다리방아는 우리네 발명품이다. 디딜방아의 종주국인 중국에서조차 두 틀의 외다리방아를 나란히 놓고 쓰면서도, 두다리방아를 만들 생각은 꿈도 못 꾸었다. 일본도 마찬가지이다. 둘이 떨어져서 방아를 찧는 것보다 두서넛이나 예닐곱이 힘을 합치면 능률도 나고 고달픔도 덜어진다. 그러나 저들은 이를 생각하지 못하였다. 중국은 그렇다고 하더라도, 일본 사람들이 우리 방아를 배우지 않은 것은 수수께끼의 하나이다.

더구나 우리가 세계 어느 나라에도 없는 독창적인 디딜방아를 만든 것도 기억할 일이다. 19세기 말에서 20세기 초에 걸쳐 활약한 기산(箕山) 김준근(金俊根)이 남긴 풍속도(그림 17)와 현재 한국민속촌에 소장된 실물을 통해서 확인할 수 있다(사진 99·106·107·108). 그러나 불행히도 매우 실용적인 이 방아는 널리 퍼져 나가지 않았다.

우리네 문물 가운데 중국에서 들어온 것이 적지 않지만, 그대로 받아들인 것은 극히 드물다. 우리에게 맞도록 고쳐 쓴 것은 물론이고, 더 나아가 독창성을 발휘하여 새로운 발명도 하였다. 그 가운데 농기구는 더욱 그렇다. 따비·쟁기·가래·쇠스랑·목매 따위가 좋은 보기이다. 우리 문화의 독창성에 대해서 일본 학자도 농기구를 들어 "조선 문화가 중국 문화를 단순히 모방한 것이 아니라, 중국 문화에 대해서 하나의 독자성을 지닌 사실을 알리는 것"이라고 하였다(飯沼二郎·掘尾尙志, 1976 ; 44). 중국의 틀방아가 일본에는 들어갔음에도, 우리가 받아들이지 않은 점도 마찬가지이다.

우리가 두다리방아를 언제 발명하였는지는 알 수 없다. 그러나 4세기의 고구려 약수리 무덤 그림의 방아는 두다리방아일 가능성이 높다. 또 요동성 무덤 그림에서는 갈라진 다리의 모습이 뚜렷하게 드러난다. 우리는 이미 이 무렵부터 두다리방아를 이용하였을 것이다.

우리는 주로 두다리방아를 써왔다. 이것을 단지 '방아'라 일컫고, 외다리방아에는 반드시 '외다리'라는 말을 붙인 것은 이 때문이다. 더구나 '방아'라는 낱말은 알곡을 내는 모든 기구의 이름 구실을 해왔다. 조선시대의 박지원이나 서호수도 당시에 우리가 두다리방아만 쓰는 줄로 잘못 알고 있었다.

그러나 외다리방아를 아주 버린 것은 아니다. 외다리방아의 명맥도 꾸준히 이어져 왔다. 따라서 우리는 디딜방아를 세계 어느 나라보다도 다양하게 쓴 셈이다. 찧는 곡물이나 식물의 종류와 양은 물론이고, 사람 수에 따라 각기 알맞은 방아를 쓴 것이다. 이 두 가지 외에 앞에서 든 이형(異形) 방아까지 합하면 세 가지가 된다. 더구나 디딜방아에 관한 속담이 30항목이 넘는 데다가 민속의 세계 또한 무궁무진하다. 디딜방아를 이용해서 돌림병을 쫓은 민족은 우리밖에 없다. 중국에서 싹튼 디딜방아 문화는 우리에게서 꽃이 활짝 피었다.

뿐만 아니라, 디딜방아의 형태 또한 유례를 찾을 수 없을 만큼 가지각색이다. 국토가 남한보다 거의 100배에 이르고, 남북한을 합친 것보다 43배나 되는 중국에도 디딜방아는 몇 가지 표준형(?)밖에 없다. 그리고 이들은 큰 변동 없이 적어도 2천 년 이상 내려왔다. 디딜방아 문화는 우리가 완성시킨 것이다. 더구나 북한 지역의 디딜방아까지 넣는다면, 다양성의 범위와 깊이는 헤아리기 어려울 것이다.

우리는 디딜방아를 세계의 어느 민족보다도 아끼고 소중하게 생각하였다. 방아 자체를 사람의 몸으로 여겨서 방아머리·방아허리·방아다리·방아가랑이라 부르고, 돌림병을 쫓을 때 가랑이 사이에 옷을 입히고 사람 얼굴을 그려 넣었다. 디딜방아를 숨을 쉬는 생명체로 인식하였던 것이다. 더구나 사람의 행동조차도 디딜방아에 견주어서 코방아·입방아·엉덩방아·붓방아 등으로 불렀다. 디딜방아는 우리의 분신이었다고 하겠다. 또 못 쓰게 된 방아일지라도 함부로 버리거나 불에 던지지 않고 벽에 걸어 잘 보관하였다.

그러나 우리는 디딜방아를 더 쓸모 있게 만들려고 노력하지 않았다. 일본과 독일에서 기름을 짜는 산업용으로 발전시킨 점을 생각하면 아쉬운 일이다. 아마도 독일에서는 여러 틀을 늘어놓고 제분공장을 연상시킬 만큼 대량의 밀가루를 내기도 하였을 것이다. 이에 비해 우리는 종이 만드는 닥나무를 찧은 것이 고작이었다.

디딜방아에 관한 자료를 중국만큼 다양하고도 풍부하게 갖춘 나라는 없다. 문헌기록은 말할 것도 없거니와, 옛 무덤에서도 한나라 이후 청나라에 이르기까지 관련 유물이 골고루 나왔다. 따라서 2천년에 걸치는 디딜방아의 변천 과정을 살피는 일은 그리 어렵지 않다. 일본은 중국에 견줄 정도는 못 되지만 우리보다는 많다. 부러운 일이다. 앞에서 든 조선시대의 두 사람 곧, 박지원과 서호수가 우리 방아에 관한 기록을 남겼지만, 섭섭하게도 중국 것보다 뒤떨어진다는 내용뿐이다. 남의 것은 훌륭하고 내 것은 보잘것없다는 생각의 뿌리는 이처럼 깊다.

타이를 비롯한 동남아시아 대륙의 디딜방아도 중국에서 들어왔다. 정확한 시기는 알 수 없지만, 양자강 유역에 살던 월족(越族)이 한족에 밀려 남하할 때 퍼져 나갔을 것이다. 타이나 미얀마 북부 산악지대의 방아와 중국 동남부 지역의 방아가 매우 닮은 점으로도 충분히 짐작된다. 디딜방아로 보면 두 지역은 같은 문화권을 이루고 있다.

오래되어 못 쓰는 디딜방아 몸체를 버리거나 불에 태우지 않고 소중하게 보관하는 우리네 민속이, 중국 서남부 지역에 남아 있는 것은 신기한 일이다. 한쪽에서 다른 쪽에 영향을 끼쳤다고 보기는 어렵다. 방아를 아끼고 신성하게 여기는 마음이 닮은 민속을 빚어내었을 것이다.

조셉 니담(Joseph Needham)은 유럽의 디딜방아는 중세에 중국에서 용광로나 화약과 함께 들어왔다고 하였다(1978 ; 59).

가장 중요한 것은 디딜방아를 중국 이외의 문명권에서 전혀 쓰지 않았다고 할 수는 없어도, 썩 후대에 이르기까지 사용되지 않았던 것으로 보인다. 유럽에서는 1537년에 헤시오도스(Hesiodos)의 판본(板本)이 나오기까지, 디딜방아에 대한 서술이나 그림이 나타나지 않으므로, 외부에서 들어간 것으로 보아도 좋을 것이다. 그러나 유럽에서도 디딜방아의 아들이라고 할 만한 것은 있었다. 그것은 올리버(oliver)라 불리는, 철공장에서 쓰는 발로 밟는 쇠메[金槌]이다. 이것은 통설대로 14세기에 이미 썼으므로, 디딜방아의 전래도 용광로나 화약과 함께 중세에 이루어졌을 것이다.

유럽의 디딜방아에 대해서는 일본의 가모 기이치(加茂儀一, 1943 ; 69~70)도 적었다.

디딜방아는……유럽에서는 중세시대부터 존재하였다. 특히 이곳에서는 기사령(騎士領)의 영주들도 이용한 것으로 보인다. 그러나 현재 유럽에서는 주로 동부 유럽 곧, 슬라브 지방에서 널리 유익한 경영에 도움이 되었다. 그림 38은 18세기 중엽에도 쓰인 독일의 노이하르덴베르크의 디딜방아이다. 이것은 12개의 방아가 나란히 있어, 기름을 짜는 열매를 압축하는 데에 쓴다. 그리고 그 뒤에는 발로 밟는 사람이 몸을 기대는 동시에, 공이가 지나치게 강하게 확 안으로 떨어지는 것을 막기 위한 난간이 보인다.

이 글 가운데 '널리 유익한 경영에……'라는 부분은 디딜방아를 써서 밀가루를 대량 생산하였다는 뜻이다. '난간'은 손잡이의 잘못이다. 사진에는 공중에 뜬 4개의 공이와 확 안으로 떨어진 3개의 공이만 보인다.

노이하르덴베르크(Neuhardenberg)는 베를린 시에서 서쪽으로 80킬로미터 떨어진 곳에 있다. 나는 베를린 훔볼트 대학의 울리히 빅토르(Dr. Ulrich Victor) 교수에게 이 방아에 대해 알아봐 달라는 부탁을 하였다. 그는 현지에 가서 여러 가지를 묻는 한편, 시 공무원인 침머만(Dietmar Zimmermann) 씨로부터 마을 존립 650주년을 기념하는 잡지(*Neuhardenbergs*)에 실린 기사도 받았다. 그는 뒤에 다른 정보도 보내주었다.

방앗간의 규모는 동서 9.9미터, 남북 6.7미터이다. 이 안에 12틀의 디딜방아 외에 열매를 볶는 가마와 체로 걸러 내는 작업장이 있다. 그리고 너비 2.4미터, 길이 3.9미터의 방아가 놓인 공간은 둘로 나뉘었다. 한쪽의 크기는 3.9미터, 다른 쪽은 2.9미터이다. 이곳에 각각 6틀의 방아를 걸었다. 방아몸체 길이는 2미터이고, 확은 쇠를 부어서 만들었다. 아낙네들은 다리께에 마련한 받침대 위에 올라서서 찧었다. 2.9미터 너비에 6틀의 방아를 놓았으므로, 간격은 50센티미터에 지나지 않는다. 매우 좁은 셈이다.

침머만 씨가 보내준 방앗간 사진(사진 1)은 가모 기이치의 것보다 조금 더 선명한 편이다. 머리가 번쩍 들린 한 틀과, 반쯤 들린 네 틀의 모습이 보인다. 그리고 다른 한 틀은 바닥에 직각으로 반듯하게 섰다. 따라서 공이와 머리의 바닥이 드러나 있다. 머리는 허리보다 너르고 두께 또한 두껍다. 공이는 아래로 내려오면서 가늘어지고 끝은 뭉툭하다. 반쯤 들린 첫째 방아를 보면 끝에 쇠촉을 박은 듯하다. 이들 뒤로 굵은 통나무 손잡이가 걸렸다.

이들 가운데 한 틀이 직각으로 서서 손잡이를 의지하고 있는 점은 아무리 생각해도 의문이다. 앞의 가모 기이치가 "공이가 지나치게 강하게 확 안으로 떨어지는 것을 막기 위한 난간"이라고 하였듯이, 손잡이가 없다면 뒤로 넘어갈 것이다. 방아머리를 세우려면 방아꾼은 바닥에 주저앉은 채 발에 힘을 주어야 하고, 다리 끝의 땅바닥도 깊이 파내어야 한다. 디딜방아를 발로 밟아서 직각으로 세우는 일은 불가능할 뿐만 아니라, 굳이 그렇게 할 필요도 없는 것이다. 그럼에도 사진에서는 곧게 세워진 방아머리를 사람이 뒤에서 두 손으로 잡고 있다.

작업은 저녁이나 밤에 주로 부녀자들이 하였고, 5파운드의 유채 열매에서 1리터 정도의 기름이 나왔다. 개인 소유였던 까닭에 사람들은 열매의 무게에 따라 세를 내었다. 먼저 열매를 볶아서 찧고, 체에 걸러 무거리를 가린 뒤에 75도에서 80도의 열을 가해서 기름을 짰다.

이 기름방아는 18세기 후반에 나타났으며 1927년까지 썼다. 방아는 주인인 크리스티안 바텔(Christian Bartel)이 죽은 이듬해(1928년)에, 시에서 가까운 뮨케베르크(Muncheberg) 박물관으로 옮겼으나, 1945년에 폭격을 맞아 모두 불타버렸다.

2천여 년이 훨씬 넘도록 벼농사 지역에서 크나큰 구실을 해온 디딜방아는 20세기 말에 이르러 급속도로 사라져 갔다. 21세기에 들어서면 아마도 영원히 자취를 감출 것이다. 현재는 중국의 운남성(雲南省)·귀주성(貴州省)·사천성(四川省) 일대에 거주하는 소수민족과 동남아시아 대륙 북부 산악지대의 이른바 '황금의 삼각지대'에 사는 주민들이 더러 쓸 뿐이다. 디딜방아처럼 요긴하고 유용하게 그리고 널리 쓰인 농기구도 많지 않다. 아마도 쟁기·괭이·호미 따위에 버금갈 것이다.

오래 해온 나의 디딜방아 공부도 마감할 날이 왔다(내가 처음 디딜방아를 만난 것은 1969년이다). 나라 안은 물론이고 일본과 중국도 뒤졌다. 중국 동남부인 귀주성과 운남성은 세 차례, 사천성은 두 차례나 돌았다. 또 신강성(新疆省)·위구르자치구·감숙성(甘肅省)·내몽골자치구·흑룡강성(黑龍江省)·길림성(吉林省)·호북성(湖北省)·섬서성(陝西省)·산동성(山東省)·강소성(江蘇省)·절강성(浙江省) 일대도 기웃거렸다. 이 밖에 아프리카와 남아메리카를 제외한 거의 전세계에 발걸음을 옮겼다. 유럽은 러시아에서부터 폴란드·체코·슬로바키아·헝가리·오스트리아·영국·프랑스를 거쳐 이탈리아와 스페인까지 내려갔다. 또 북

사진 1 독일에 전해오는 방앗간

으로 덴마크·핀란드·스웨덴·네덜란드 그리고 몽골을 포함하는 중앙아시아 여러 나라와 극동의 하바롭스크 일대도 빼놓지 않았다. 특히 독일은 3년에 걸쳐 고루 돌았다.

현지조사의 가장 큰 어려움은 말이 통하지 않는 점이다. 특히 중국 말의 장벽은 두텁기 그지없다. 표준어는 북경 사람들의 말일 뿐이다. 따라서 현지에 가면 표준말을 아는 이를 찾아야 한다. 내 말을 통역이 받아 그에게 건네고, 그가 다시 주민들에게 묻는 삼중 통역을 한다. 저쪽 사람들은 아무리 간단한 질문이라도 쉽게 결론을 내지 않는다. 큰 목소리로 손짓을 해가며 신중한(?) 토론을 벌여 묻는 쪽이 미안할 지경이다. 이러한 과정을 거친 뒤에야 대답이 거꾸로 돌아온다. 그러나 내용은 단 한 마디뿐이다. '없다' '있다' 또는 '그렇다' '아니다' 이다. 더구나 디딜방아를 모르는 통역을 만나면 어려움은 배로 늘어난다.

여러 나라의 많은 곳을 뒤졌지만 내용은 허술하다. 디딜방아에 대한 사람들의 생각이나 느낌을 다 드러내지 못하고, 실물을 소개하는 데에 그치고 말았다. 그러나 20세기와 함께 사라져 가는 디딜방아에 대한 기록을 이나마 남기게 된 점을 보람으로 삼고자 한다. 따라서 이 책은 사라져 가는 디딜방아를 위한 조사(弔詞)이기도 하다. 과거에도 여러 나라의 디딜방아를 견주어 설명한 이가 없었거니와, 앞으로도 이러한 작업은 이루어지기 어려울 것이기 때문이다.

중국문헌 해독을 도운 정연학 박사와 머리말을 영어로 옮긴 양종승 박사, 나의 컴퓨터 교사인 막내딸 나리의 이름을 남긴다.

지식산업사 김경희 사장님의 이름도 들지 않을 수 없다. 나는 이제까지 십여 권의 책을 내었지만 출판사 사장을 들먹인 적이 없다. 오히려 남들이 적은 것을 보고 마땅치 않게 여기기까지 하였다. 출판사에 고맙다는 인사를 하는 것은, 저자가 보자기에 원고를 싸들고 "제발 책을 내줍시오" 하며 돌아다니던 시절의 구습이라고 여긴 까닭이다. 인사는 오히려 출판사 쪽에서 해야 마땅하다는 생각이었다.

이 책은 본디 다른 출판사에서 내기로 작정했었다. 사장은 나를 만날 때마다 "김선생님의 본격적인 책을 내고 싶다"고 하였다. 그러나 막상 출판에 들어가기 직전에 내세운 조건은 터무니없었다. 원고를 불에 던져 버릴지언정, 거기서 내고 싶은 생각이 사라졌다.

내 책을 내고 싶다고 여러 차례 집으로 찾아온, 다른 출판사의 김 사장도 "디딜방아는……" 하며 머리를 저었다. 이번에는 양종승 박사가 지식산업사에 다리를 놓았다. 첫 대면 자리에서 김사장님은 대번에 "합시다" 하였다. 그리고 직원을 불러 "귀한 원고이니, 좋은 책을 만드시오" 일렀다. 이 분은 이어 "지금은 무슨 작업을 하십니까?" 물었다. 내 대답이 끝나자마자 기다렸다는 듯이 "그것도 합시다" 하는 것이 아닌가. 나는 말을 이처럼 아끼는 이를 만난 적이 없다.

이 이야기를 적어두는 것은 다른 뜻이 아니다. 도타운 후의를 입고도 입을 다문다면, 염치없다는 손가락질을 받을 것이기 때문이다. 아니, 남의 손가락질보다 내 마음의 빚을 조금이라도 덜고 싶어서라고 해야 옳을 것이다.

2000년 3월
북한산 비봉 아래에서
지은이 씀

제 2 부 나라 밖의 디딜방아

차 례

제1부

나라 안의 디딜방아

1. 디딜방아의 이름

가. 디딜방아 이름의 역사

디딜방아의 이름이 실린 가장 오래된 문헌은, 1145년에 나온《삼국사기》(권 제48, 열전 제8)이다. 백결 선생에 대한 글 가운데의 '대(碓)'가 그것이다. 그러 나 이는 중국 이름이다.

우리는 디딜방아를 그냥 '방아'라 불러왔다. 이것은 1459년에 간행된《원각경 언해(圓覺經諺解)》(하 3~2 ; 21)에 처음 보인다. '여대상하(如碓上下)'를 '방하 오 르느롬 곧호미라'고 새긴 것이다. 따라서 15세기 중반에는 디딜방아를 '방하'로 불렀음을 알 수 있다. 이 이름은《두시언해초》(1481년 刊)를 거쳐《훈몽자회》 (1527년 刊)에 이르기까지 바뀌지 않았다. 앞 책(초간본)에 '오란 병에 믈 기르 며 방하 디호 몰 ᄀᆞᆺ노니(沈綿疲井臼)'라는 구절이 보이고,《훈몽자회》에서도 '대 (碓)'를 '방하 디'라고 풀었다(초간본, 중 : 6).

당시에는 절구와 디딜방아를 가리지 않고 모두 방아라 불렀다. 실제로 절구의 옛 이름인 '졀고'는 1748년에 나온《동문유해(同文類解)》에 처음 등장한다. 저구 (杵臼)를 '졀고'로 새긴 것이다. 그리고 1775년에 나온《역어유해보(譯語類解補)》 에서 '졀구'로 바뀌었다가 절구로 굳어졌다. 오늘날에도 곳에 따라 절구를 '절 구방아'라 부르는 것을 보면, 절구라는 이름은 근래에 나온 것이 분명하다.

한편, 이가환(李嘉煥)과 그의 아들 이재위(李載威)가《물명(物名)》에서 수대 (水碓)와 조대(槽碓)를 '물방하'로 새겼지만, 이는 예외이다. 뒤에 드는 대로《역 어유해(譯語類解)》에서는 디딜방아의 여러 부분 이름을 들어 설명하면서도, 정작 디딜방아는 단지 '방하'라고 적었던 것이다. 따라서 연자방아나 물레방아에 대한 다른 이름이 없는 것을 보면, 이들도 방아라 부른 것으로 짐작된다.

이처럼 곡식을 찧거나 빻는 기구를 하나하나 가리지 않고 오직 방아라고 부른 것은, 디딜방아가 대표적인 연장이었기 때문이다. 물방아나 물레방아가 있었지만, 이들은 산간지대에서나 썼을 뿐이고, 연자방아 또한 널리 퍼지지 않았다. 또 이들은 방아를 움직이는 힘의 원천이 다를 뿐, 공이가 오르내리면서 곡식을 찧거나 빻는 원리는 디딜방아와 다름이 없다. 따라서 굳이 가려야 할 필요가 없었을 것이다. 다음에 드는 대로 《조선왕조실록》에서도 조선조 초기부터 말기에 이르기까지 한결같이 방아로만 적었으며, 물방아라는 이름은 한 차례 보인다. 이러한 생각은 오늘날도 마찬가지이다. 디딜방아를 단지 방아라 일컫는 데가 적지 않은 것이다.

'방하'가 '방하'로 바뀐 것은 1617년에 나온 《동국신속삼강행실도(東國新續三綱行實圖)》(2 : 70)에서부터이다.

> 나히 열닐곱인 제 어미롤조차 방하 디터니(隨母樁砧)

또 1686년에 나온 《구황보유방(救荒補遺方)》에도 '솔닙플 다가 방하의 닉게 흐면'이라는 글이 보인다. 1690년의 《역어유해(譯語類解)》도 이를 따라 '대자(碓子)'를 '방하', '대(碓)'를 '방하 확'으로 새기면서, 부분 이름도 함께 늘어놓았다.

대 상(碓床)	방하 봇
대 신(碓身)	방핫 몸 이
대 취(碓觜)	방핫 고
철 저(鐵杵)	쇠공이
대요간(碓腰䩞)	방하 허리엣 ㄱ롯세
대협주(碓夾柱)	방핫 슬게
대요자(碓腰子)	방핫 허리
대 구(碓臼)	방핫 확

'방하 봇'은 방아의 몸체를, '방하 허리엣 ㄱ롯세'는 볼씨를, '방핫 슬게'는 쌀

개를 이른다. 따라서 '쌀개'와 '확'이라는 말은 17세기 이전에 굳어진 것이 분명하다. 그리고 '방하 봇'의 '봇'은 보를 가리킨다. 이는 들보의 준말로서 오늘날의 보와 같은 뜻이다. 또 17세기 말에는 방아공이를 '방아 고'로, 볼씨를 'ㄱ롯세'로 불렀음을 알 수 있다.

이 가운데 '고'는 오늘날에도 함경북도·함경남도·강원도·황해도 일부 지역에 남아 있다. '확'은 황해도의 전 지역과 평안북도와 평안남도의 많은 지역 및 함경남도의 일부 지역에서 쓰인다. 그리고 전라북도·전라남도·충청남도 일부 지역의 '호악'도 뿌리는 같은 것이다.

1779년에 선보인 《한한청문감(韓漢淸文鑑)》에서는 '등대부수(登碓扶手)'를 '방하 뼈을 제 잡는 나모'로 새겼다. 이것은 디딜방아의 손잡이를 가리키는 말로, '찌껑나무'라고도 한다.

'방하'라는 이름은, 18세기 중엽에도 그대로 쓰였다. 서호수가 《해동농서(海東農書)》에서 '협대목찬(夾碓木纂)'을 '방하 ㄱ롯세 바치는 나모'로 풀이한 내용이 보인다.

디딜방아의 '디딜'은 옛말 '드듸다'에서 왔다. 다음은 용례이다.

> 련화(蓮花)ㅅ고지 나거늘 셰존(世尊)이 드듸샤 ᄉ방(四方) 향하샤(《月印千江之曲》19).
>
> 쳡(牒)안 우흘 드듸여 니롤 씨라(《楞嚴經》1:49).
>
> 허방〔踏空〕 드듸다(《譯語類解》하:47).
>
> ᄯ+ᅡ홀 드딀 제 제 허리롤 굿쓰리 혀며(《馬經諺解》하:76).
>
> 거르실 제 능(能)히 바ᄅ 드듸디 몯ᄒ더시니(《小學諺解》4:12).

일부 농촌에서 불리는 '발방아'라는 이름은 이에서 왔다.

한편, 《물명》에서는 발로 딛어서 바람을 일으키는 풀무〔踏風爐〕를 '드딀풀무'로 새겼다. '드딀풀무'라는 이름이 있었다면, '드딀방아'라고 불렀음직하지 않은가? 따라서 조선시대 기록에 디딜방아라는 이름이 나타나지 않지만, '드딀방아'로도 불려 오다가, 오늘의 이름으로 굳어졌을 것이다. 디딜방아라는 이름은 1931년 당시, 조선총독부에서 낸 《농사시험장 25주년 기념지》(상)에 처음 보인다.

농가에서는 흔히 찧는 곡물의 종류에 따라 쌀방아·보리방아·수수방아 등으로 부른다.

다음은 황해도 평산 소놀음굿의 내용이다.

마부가 "칠성님, 아 인간들이 칠성님 조화로다가 알곡을 못 먹는다 하니, 방아 찧는 법이나 일러주고 갑시다" 하자, 이렇게 읊조린다.

> 오월에 찧는 방아는 보리방아요
> 유월에 찧는 방아는 밀방아
> 칠월 달에 찧는 방아는 조방아
> 팔월 달에 찧는 방아는 수수방아
> 구시월에 찧는 방아는 쌀방아로다

다음의 묵방아 노래에 나타난 대로, 만드는 음식의 이름을 빌리기도 한다. 강원도 삼척군의 묵방아 노래이다.

> 에헤야 묵방아야
> 이 묵방아 찌서 누구를 주나
> 정든 님이나 보여주세
> 에헤야 묵방아 쩨서
> 묵을 개가 주고 정든 님이 주고 보세

이 밖에 쑥방아·고추방아·떡방아·회방아·금방아도 있다. 회방아는 회삼물을 섞어서 확에 넣고 찧는 방아이고, 금방아는 금광에서 물레방아처럼 물을 써서 석금을 찧는 방아이다. 그리고 삯을 받고 찧어주는 방아는 삯방아, 품을 서로 주고받는 방아는 품앗이방아이다.

디딜방아에 연관된 낱말에는 붓방아·코방아·입방아·엉덩방아 따위가 있다. 붓방아는 글을 쓸 때 생각이 잘 나지 아니하여 붓대만 올렸다 내렸다 하는 짓이다. 코방아는 어린이가 엎디어서 코를 자꾸 바닥에 부딪는 일로, 무엇에 걸려 엎어져서 코를 몹시 부딪치는 것은 코방아찧기라 한다. 입방아는 쓸데없는 말을 함부로 지껄이는 일을 가리킨다. 엉덩이로 바닥을 부딪치듯 털썩 주저앉는 짓이 엉덩방아이다. 흔히 눈 위나 얼음판에서 미끄러져 주저앉는 모양을 나타낼 때 쓴다.

뒷다리가 매우 커서 두 손으로 잡고 있으면 디딜방아처럼 끄덕끄덕 움직이는 메뚜기과의 곤충은 방아깨비이다. 지렛대를 설치해 놓고 물을 푸는 두레박은 방아두레박으로, 두레박이 방아공이처럼 오르내리는 데에서 나온 이름이다.

집게손가락으로 당겨서 총알이 나가도록 하는 격동기의 한 부분은 방아쇠이다. 총알의 뇌관을 폭발시키는 송곳 꼴의 장치는 공이, 방아쇠를 당기면 공이를 치게 만든 격발장치는 공이치기, 총의 방아쇠가 달려 있는 쇠뭉치는 방아틀뭉치이다. 특히 이 부분은 고장이 잦아서 군대의 말썽꾸러기도 방아틀뭉치라 불렀다.

이처럼 디딜방아의 각 부분을 사람의 몸에 견주어서 방아머리·방아허리·방아다리·방아가랑이라 부르고, 어떤 행동을 입방아·코방아·엉덩방아·붓방아 등으로 부르는 것은 우리만의 독특한 문화이다.

나. 디딜방아의 다른 이름

디딜방아에 대한 이름은 곳에 따라 달라서 스물 세 가지에 이른다. 어떤 것은 같은 도(道) 안에서도 갈린다. 우리 문화의 다양성을 알 수 있는 좋은 보기의 하나이다.

1)	겨름방아	경기도 양평
2)	드딜바우	경상남도 거제
3)	들빠아	강원도 옥계
4)	디딜바아	경기도의 중부 및 남부 지역 충청남도의 많은 지역
5)	딸각방아	경기도 화성
6)	뜨들방애	전라북도 완주
7)	바 아	경상북도와 경상남도의 거의 모든 지역 전라북도와 전라남도의 많은 지역 충청북도와 충청남도의 많은 지역 강원도의 많은 지역 함경북도 웅기·경흥

	함경남도 정평·부전·풍서·풍산
	평안북도 구성·용천·초산·후창
	평안남도 진남포
8) 바 애	전라북도의 많은 지역
	전라남도의 거의 모든 지역
	경상북도 예천
	경상남도 거창·남해·울주
	충청북도 영동
9) 바 이	함경북도의 많은 지역
	함경남도 단천·이원
10) 발바아	함경남도 정평·함주·오로·신흥
11) 바 애	평안북도 영변·구장·삭주
	강원도 김화
12) 발 방	함경남도 신흥·영흥
13) 발방아	함경도
	평안북도
	강원도
14) 발 비	함경북도 웅기
	함경남도 풍서·풍산
15) 방 깐	경상북도 안동·영양·경주·선산
	경상남도의 많은 지역
	전라북도 남원·순창·장수
16) 절읍방아	충청북도 괴산·음성
17) 조작방아	전라북도 장수
18) 좀방애	전라북도 장수·무주
19) 집방아	평안도
20) 돈방아	
21) 드딤방아	
22) 디염방아	
23) 손방아	

다. 공이의 다른 이름

공이 이름 또한 여러 곳에서 여러 가지로 불린다.

1) 고　이	함경북도 무산 함경남도 북청·풍서
2) 괴	함경남도 신흥
3) 괴　이	함경남도 정평·천내 강원도 김화 황해도 서흥
4) 꼬　이	함경남도 장진·원산
5) 꽤　이	함경남도 정평·오로
6) 방　괴	함경남도 홍원
7) 방ㄲ이	평안남도 개천·순천·안주
8) 방아꾀	함경남도 함흥·신포·홍원·이원·단천

라. 확의 다른 이름

확 이름도 예외가 아니다.

1) 바에호박	함경북도 경흥
2) 방호박	함경북도 웅기 함경남도 홍원·오로
3) 학	전라북도와 전라남도의 전 지역 충청남도 예산·부여
4) 학　독	전라북도의 많은 지역 전라남도의 거의 전 지역
5) 호　박	함경북도 명천·무산·온성·웅기·경성·어랑 함경남도의 많은 지역

	강원도 강릉·삼척 경상북도의 거의 전 지역 경상남도의 많은 지역
6) 호배기	함경북도 회령 함경남도 홍원 경상북도 영덕·포항·경주·영천 경상남도 울산·양산
7) 호 악	함경남도 고원·영흥 평안북도의 많은 지역 평안남도 강서·대동·문덕·안주 황해도의 거의 전 지역

마. 디딜방아의 변말

학생들은 디딜방아를 '방앗간'이라 부른다. 이것은 우리가 옛적부터 디딜방아를 방아로 불러온 데에서 나왔을 것이다.

'오락실'이라고 한다. 이는 "참새가 방앗간을 그저 지나랴"는 속담에서 온 듯하다. 날던 참새가 방앗간에서 곡식을 쪼아먹으며 쉬듯이, 학생들도 오락실에서 머리를 식힌다는 의미가 아닐까?

바. 디딜방아의 부분 이름과 구실

디딜방아에는 아홉 가지의 부분 이름이 있다(그림 2).

1) 괴밑대	방아 확에서 곡식을 꺼내거나 방아를 쓰지 않을 때, 공이를 괴어 놓는 짧은 막대기.
2) 볼 씨	디딜방아의 쌀개를 받치려고, 몸체 좌우 양쪽에 기둥처럼 박아 놓은 나무. 강원도를 비롯한 적지 않은 지역에서는 돌로 대신한다.

3) 쌀 개

볼씨에 가로얹혀서, 방아를 받치는 나무. 흔히 몸체 가운데에 꿰어 둔다.

4) 손잡이

방아를 찧을 때, 손으로 잡기 위해 기둥에 가로 걸어놓은 나무. 곳에 따라 '찌껑나무'로도 불린다.

5) 확

곡물을 넣고 찧거나 빻는, 작은 절구 꼴의 돌이다. 땅에 묻는다.

6) 공 이

디딜방아 머리에 달려서, 곡물을 찧거나 빻는 나무. 끝에 돌이나 쇠촉을 박거나 통째로 깎은 돌을 쓰기도 한다.

7) 다 리

머리 반대쪽의 발로 밟는 부분. 가위 꼴로 갈라진 것은 두다리방아 (양다리방아라고도 한다), 곧은 것은 외다리방아라 부른다.

8) 몸 체

방아의 몸통 부분.

9) 방아틀

방아 다리께에 네 개의 짧은 기둥을 세우고 가로목을 건너질러 꾸며서, 방아꾼이 올라서서 찧도록 만든 틀. 우리나라에는 적으며, 중국과 일본에서 많이 썼다. 이 방아를 틀방아(사진 83·84)라 부르기로 한다.

그림 2 디딜방아의 부분 이름

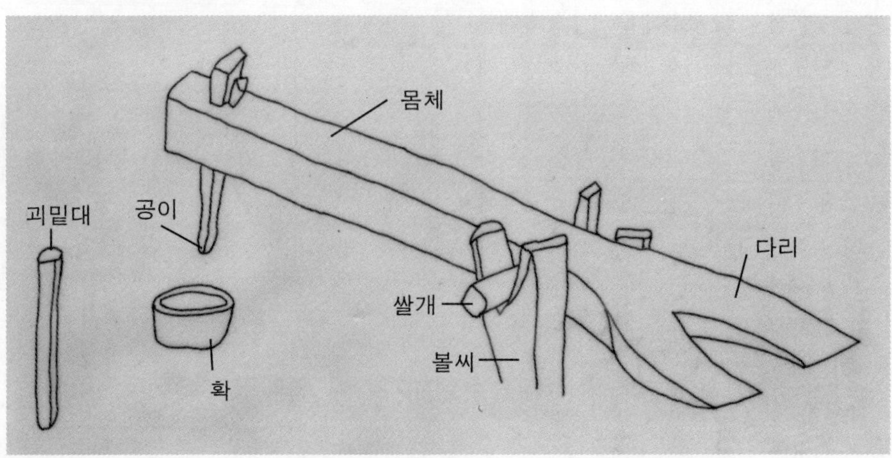

사. 부분 이름의 지역적인 차이

앞에서 든 부분 이름들은 지역에 따라 큰 차이를 보인다. 군(郡) 경계만 벗어나도 달리 불리는 것이 적지 않다.

1) 경기도

표준말	화성 반월	양평 강하	여주 산북
괴밑대			굇 대
볼 씨	받침대	받침대나무	고임돌
쌀 개	비나장	방아썰개	
몸 체			
다 리		다 리	다 리
공 이	괭 이	괭 이	공 이
확		확	확

2) 강원도

표준말	도 계	정선 여량	영월 상동	횡성 안흥	원주 귀래
괴밑대	굉금대	굉금대	버팅개	굉김대	괴일대
볼 씨	살개돌	살개돌	받침돌		받침돌
쌀 개	살 개	살 개	살 개	살 개	살 개
몸 체					
다 리	가랭이	다 리	다 리	가랭이	다 리
공 이	공 이	공 이	공 이	공 이	공 이
확	호 박	호 박	호 박	확	확

3) 충청북도

표준말	제 천	음 성	청 원
괴밑대			방아대
볼 씨	살갱이	빗 장	쐐 기

표준말	제 천	음 성	청 원
쌀 개	허리낭구	쌀 개	쌀 개
몸 체		몸 통	
다 리	가랭이	다 리	다 리
공 이	굉 이	공 이	공 이
확		확	확

4) 경상북도

표준말	영덕읍	울진 서면	문경 마성	금릉 지례	영천 임고	안동 도산
괴밑대	괴	곰 대	곰 대		빗 대	방아고음
볼 씨	살게꽂이	비 네	비 네	전대나무	방아뒤치기돌	사래돌기
쌀 개	살 개	살 개	쌀 개	쌀 개	뒤기사	사 래
몸 체	괴	곰 대	곰 대	방아몸	원 체	
다 리	살게꽂이	비 네	비 네	가 래	갈랭이	가랭이
공 이	살 개	살 개	쌀 개	고	고	고
확		몸 체	몸	확	호 박	호 박

5) 경상남도

표준말	창녕 영산	김해 생림	양산 동면	거창 위천
괴밑대	공굿대	받침대	탕 개	공굿대
볼 씨	볼 수	볼 소	보	설바탕
쌀 개	가리새	살 개	살 개	가리새
몸 체	몸뚱이	방아뚱채		방 애
다 리	가랭이	가 래	가랭이	방앳가래
공 이		고	고	
확		호 박	호 박	

표준말	울주 상북	함양 마천	동래 기장	남해 창선
괴밑대	탕구매	공 게	공금대	곰 대
볼 씨	보 치	기 둥	받침대	기 둥
쌀 개	살 개	싸리개	비네장	비나세
몸 체				바 탄
다 리		가랭이		가 랑
공 이	고	고		고
확	호박돌	확		호 박

6) 전라북도

표준말	완주 봉동	진안 성수	무주 설천	남원 수지
괴밑대	방애나무	받침개	공굿대	굉 개
볼 씨	비나쟁이		비네장	세 장
쌀 개	괴욤대	쌀 개	쌀 개	
몸 체			원 체	몸띵이
다 리	다 리	가랭이	가 래	가 래
공 이	고	고		고
확	확 독	확	확	확

7) 전라남도

표준말	보 성	영 광	담 양	화 순	구 례	완 도
괴밑대	퉁 개	괭깃대	공 개		곰 대	
볼 씨	틀	비네쇠악	버팅이			받침대
쌀 개	양주꼴	쌀 개	쌀 개	쏘 악		씨 악
몸 체	채	덤 불				
다 리	가 래	가리쟁이	가랭이	가 래	다 리	발걸이
공 이	고	방애코	고	고	고	메
확	확	확	확	학 독	학	도구통

2. 외다리방아와 두다리방아

가. 외다리방아

디딜방아에는 다리가 가위다리 꼴로 갈라진 두다리방아와 다리가 곧게 뻗은
외다리방아의 두 가지가 있다. 중국을 비롯하여 일본·대만·동남아시아·네팔·
서아시아 등지에는 외다리방아뿐이고, 오직 우리나라만 두다리방아를 써왔다.
그리고 외다리방아도 이용하였다. 따라서 우리는 세계에서 디딜방아를 가장 다
양하게 써온 슬기로운 민족이다. 우리 옛분네들이 두다리방아를 발명해 낸 데에
는 이 같은 내력이 있었던 것이다.

우리와 대조적으로 중국이나 일본에서는 외다리방아 두세 틀을 나란히 놓고
각기 한 사람씩 올라서서 방아질을 하였다. 두다리방아를 써서 여러 사람이 같
이 찧는 방법을 생각지 못한 것이다. 방아일처럼 단조롭고 고달픈 작업은 이야
기를 나누거나 노래를 부르며 해나가야 고달픔도 덜어지고 힘도 한결 덜 드는
느낌을 받게 마련이다. 방아다리가 길면 여섯 내지 여덟 사람이 함께 찧으므로,
노동의 고달픔이 오히려 즐거움으로 바뀌기도 한다.

중국의 디딜방아가 모두 외다리인 점에 대해서는 조선시대의 박지원(朴趾源)
과 서호수(徐浩修)도 지적하였다. 다음은 박지원의 글이다.

방아[碓]는 두다리방아를 쓰지 않고 곧은 나무로 하며 아래에 돌공이를 박았는데,
공이는 짧고 둥글다. 확으로 내려 찧으면 그 안의 곡식이 역시 공이에 찧어져 껍질이
벗겨진다. 그러나 찧기만 하면 튀어 올라 확 밖으로 퍼져 나가므로, 한 사람이 비를
쥐고 따라 다닌다. 하루 두 섬의 쌀을 찧을 수 있다고 한다(《연행록선집》 8권).

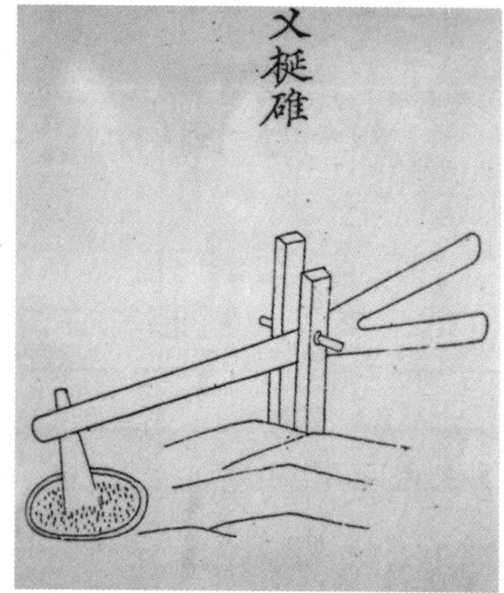

그림 3 외다리방아   그림 4 두다리방아

그는 《과농소초(課農小抄)》에서도 "중국에서는 외다리방아를 쓰지만, 우리네 것은 두다리방아인 까닭에 불편이 적지 않다"고 적었다.

서호수는 그의 《해동농서(海東農書)》에 외다리방아〔單梃碓〕인 그림 3과 두다리방아〔雙梃碓〕인 그림 4를 소개한 다음 이렇게 덧붙였다.

중국방아는 외다리인 까닭에 한 사람이 쓰지만, 우리는 다리가 두 갈래로 갈라져서 두 사람이 밟는다.

박지원은 《과농소초》 가운데 '농기구(農器具)'에서 우리네 디딜방아와 중국의 디딜방아를 견준 끝에, 아홉 가지의 나쁜 점을 늘어놓았다. 다음이 그 내용이다.

우리 방아는 어느 시대 누가 만들었는지 그 제도가 투박하고 졸렬해서, 불편한 점이 한두 가지가 아니다.

첫째, 몸은 반드시 가위처럼 가랑이진 나무라야 하고 좌우 균형도 맞아야 쓸 수 있으니, 이러한 나무는 천에 하나도 구하기 어렵다. 더구나 가랑이가 짧으면 디딜 힘이 없고, 허리가 길면 머리를 높이 들기 어렵다.

둘째, 두 가랑이가 만나는 데에 구멍을 파서 쌀개를 꿰고 볼씨를 좌우에 세워서 방아몸체를 얹는데, 방아가 움직일 때마다 볼씨도 따라 움직여서 오래 견디지 못한다.

셋째, 몸체가 볼씨 양쪽에 걸려 있어 볼씨가 움직이면 쌀개가 흔들리고 이에 따라 방아머리 또한 내둘린다.

넷째, 반드시 둘이서 한 가랑이씩 딛어야 하므로 무게가 맞지 않아 딛는 힘이 서로 다르면, 쌀개는 자연 비뚤어지고 공이는 확 주변을 때리게 된다.

다섯째, 한 사람이 확 옆에 붙어 앉아서 낟알을 쓸어 넣지 않으면 곡식이 전부 확 밖으로 튀어 나온다.

여섯째, 만일 방아머리가 가벼우면 반드시 머리에 큰 돌을 얽어매 두어야 한다. 방아머리는 언제나 오르내리므로, 돌이 떨어져 낟알을 우겨 넣는 사람이 다치기 쉽다.

일곱째, 한 집에 세 사람이 있어야 방아를 찧는다. 그러나 여자는 밥 짓는 일에 남정네는 들일에 쉴 틈이 없으니 어느 사이에 셋을 모을 수 있는가?

여덟째, 방앗고를 돌로 만들지 않고 나무를 박은 데다가 지나치게 길고, 확 자리와 발 딛는 곳이 평평해서 높낮이에 차이가 없다. 따라서 방앗고가 높이 올라가지 못하고 확으로 떨어지는 힘이 적어서, 아무리 오래 찧어도 완전히 벗겨지지 않는다.

아홉째, 확 안쪽을 낮게 하지 않고 평평하게 묻는 까닭에 고가 한번 떨어지면 낟알이 사방으로 튀어 나가게 마련이다.

이처럼 아홉 가지나 되는 나쁜 점이 있음에도 몇 백 년 동안이나 고치지 않고 그대로 두었으니, 그 까닭이 무엇인지 알 수 없다.

이어서 그는 중국의 아홉 가지 좋은 점을 늘어놓았다.

첫째, 중국 방아는 우리 것과 모든 면에서 반대이므로 이롭고 해롭고 편리하고 불편한 차이도 뚜렷하게 다를 것이다. 저쪽의 것은 몸체가 벌어지지 않아서 다만 열자쯤 되는 나무 하나만 있으면 다 만들 수 있다. 따라서 다리가 짧거나 허리가 긴 결점이 없다.

둘째, 방아몸체 가운데에 구멍을 파서 쌀개를 박고, 또 바탕 나무를 파고 쌀개를 들어 얹어서 꼭 들어맞도록 하였다. 따라서 균형이 잡혀서 아무리 오르내려도 삐뚤어질 염려가 없다.

셋째, 쌀개만 그 자리에서 돌고, 머리는 흔들거리지 않는다.

넷째, 한 사람이 방아몸체를 딛으므로, 한쪽으로 기울어지는 폐단이 없고, 방앗고도 반듯하게 높이 올라갔다가 확의 한 가운데로 떨어진다.

다섯째, 나무로 방아 확 주위를 둘러 놓았으므로, 낟알이 밖으로 튀어나가지 않고 확 안쪽에서 오르내리므로 언제나 사람이 쓸어 넣을 필요가 없다.

여섯째, 방앗고는 돌로 연꽃 열매처럼 다듬어서, 들어올릴 때에는 무거운 듯 해도 힘차게 떨어진다.

일곱째, 한 사람이 찧을 수 있어 힘이 적게 든다.

여덟째, 방아확을 뒤쪽이 기울어지도록 묻는 데다가, 딛는 데는 높고 확은 낮기 때문에, 고가 그리 높이 올라가지 않아도 힘차게 떨어진다.

아홉째, 하루 한 사람이 쌀 석 섬을 찧으므로, 세 사람이 한 섬을 찧느니보다, 세 배를 더 찧을 수 있다.

중국 방아와 우리 방아 사이의 차이가 이와 같음에도, 습관에 젖어 고칠 생각을 하지 않고 벌어진 나무를 보면 곧 저것을 깎아서 방아를 만들면 좋겠다 벼르니 웃을 일이 아닌가? 내가 앞서 북경에 갔을 때 중국 방아를 보았기에, 방아 찧기에 쉽고 어려운 점을 들어 설명하였다.

나. 두다리방아

중국과 우리네 디딜방아에 대한 이 같은 비교는 실학자다운 면모를 잘 드러내 준다. 농가의 중요 연장의 하나인 방아에 대해서, 그것도 우리 것과 중국 것을 세밀하게 살피고 좋은 점과 나쁜 점을 파헤친 사람은 이전은 물론 이후에도 나타나지 않았다. 따라서 이 사실 하나만으로도 우리 농기구를 개량하려는 그의 의지는 오래 기억되어야 마땅하다.

그러나 그의 관점은 아쉽게도 처음부터 빗나갔다. 중국 방아는 합리적이고 우수한 데 반해, 우리 것은 비합리적이고 뒤떨어졌다는 삐뚤어진 시각이 바탕을 이루었기 때문이다. 그의 비교는 말하자면 "못된 시어미 며느리 발뒤꿈치 나무라는 격"이 되고 만 것이다. 다음에 그 까닭을 들기로 한다.

첫째, 두다리방아는 외다리방아보다 능률이 높은 사실을 기억할 필요가 있다.

방아몸체가 무거운 만큼 곡식은 더 잘 찧어지게 마련이다. 우리도 외다리방아를 썼지만, 효과가 적어서 한 끼니의 보리를 대끼거나 고추 따위를 빻을 때에나 이용하였다. 말하자면 확돌을 쓰기에 양이 조금 많은 것이나 외다리방아에 찧은 것이다. 또 방아감이 될 만한 가랑이진 나무는 그렇게 귀하지 않다. 다리나 허리 길이는 방아를 만들 때 조정하면 간단히 해결된다. 실제로 쌀개구멍을 앞뒤 두 곳에 뚫어 놓고, 필요에 따라 맞추어 쓰기도 하는 것이다(사진 34·47·160).

둘째, 볼씨가 움직이는 것도 방아 자체의 결점은 아니다. 외다리방아도 든든히 박지 않으면 흔들린다. 곳에 따라 돌을 깎아 박거나 아예 둥근 자연석 두 개로 대신한다. 이것은 천년이 지나도 끄떡없을 것이다. 따라서 볼씨를 어떤 것으로 어떻게 박느냐가 문제일 뿐, 우리네 방아의 결정적인 흠은 아니다.

셋째, 돌을 든든히 박거나 자연석으로 대신한 방아는 머리도 흔들리지 않는다. 그가 본 것은 이를테면 "극히 불량한 소수의 방아"였던 것이다.

넷째, 논리적으로는 두 사람의 무게가 같아야 하지만, 실제로 방아를 찧는 이의 무게가 문제가 되는 일은 거의 없다. 차이가 크게 나더라도 무거운 쪽이 다리 안쪽을 딛으면 해결된다.

다섯째, 우리네도 곡식이 밖으로 튀어나가는 것을 막으려고, 방아 위쪽에 방석만한 돌을 세우기도 한다. 외다리방아에서 곡식을 쓸어 넣지 않는 것은 방아가 작기 때문이다. 따라서 기능도 떨어지는 것이 사실이다.

여섯째, 운이 나쁘면 접시 물에 빠져 죽는다는 말도 있지 않은가? 방아머리에 잡아 맨 돌이 떨어질 염려가 아주 없는 것은 아니지만 실제로 그 확률이 얼마나 될까? 또 방앗공이는 박달나무처럼 무겁고 단단한 나무로 만드는 까닭에, 자체가 무거워서 따로 돌을 매달지 않는다. 이것은 외다리방아에나 있는 일이다.

일곱째, 디딜방아처럼 힘들고 단조로운 일은 두서넛이 이야기를 나누거나 노래라도 불러가면서 해야 괴로움도 그만큼 덜어지는 법이다. 만약 두다리방아로 찧어야 할 만큼의 곡식을 외다리방아로 혼자 찧는다면, 그 생각만으로도 숨이 막힐 것이다. "백지장도 맞들면 낫다"는 말도 이 경우를 이른 것이다. 예부터 디딜방앗간이나 샘터는 아낙네들이 마을 소식을 나누거나, 세상 돌아가는 이야기를 주고받는 장소이기도 하였다. 넷이나 여섯 사람이 날밤을 새워가며 품앗이 방아를 찧을 수 있었던 것도 이 때문이다. 영국이나 미국도 마찬가지이다. 저들에게도 "소문을 들으려면 부엌이나 방앗간으로 가라"는 속담이 있다.

여덟째, 방앗고를 나무로만 깎는 것은 아니다. 찧는 곡식에 따라 아래쪽에 돌을 매달거나 겉이 우툴두툴한 쇠촉을 끼운다. 이 밖에 통째로 다듬은 돌을 쓰기도 한다. 확 자리와 발 딛는 곳의 높낮이는 방아를 앉힐 때 미리 조정하면 아무 지장이 없다.

아홉째, 확의 기울기도 눈썰미 좋은 이가 잘 앉히면 결점을 막을 수 있다.

박지원의 의견에 대해 나의 생각을 덧붙여 놓았다. 그러나 그의 한탄대로 우리 농민들이 타성에 젖어 있는 것을 더 좋게 고치거나 새로운 것을 생각해 내려는 뜻이 적었던 것은 사실이다.

한편, 경기도 연천군 일대에서는 두다리방아를 '베틀방아', 외다리방아를 '발방아'라 부른다. 다음의 방아타령에 이 내용이 들어 있다.

> 에히여라 방아요
> 어떤 방아를 먼저 찧가
> 둘이 찧는 베틀방아
> 혼자 찧는 발방아란다
> 요턱저턱의 주머니방아

두다리방아를 베틀방아로 부르는 것은 베틀의 몸이 두 개의 나무로 이루어진 데에서 왔다. 경상남도 울산 지방의 노래이다.

> 선예 선예 선예수야 어구 남산 선예수야
> 놓자 놓자 베틀 놓자 옥란간에 베틀 놓자
> 베틀 몸은 두 몸이요, 요 내 몸은 단 몸이라

외다리방아는 근래까지 널리 써왔다. 평안북도 태천군과 황해도 재령군 일대에서는 1930년대까지, 그리고 경기도 연천군과 전라남도의 구례·해남·장흥·보성군 일대에서는 1970년대에도 이용하였다.

북한에서는 외다리방아를 '외발방아', 두다리방아를 '쌍발방아'라 부른다. 한

글학회에서 낸 《우리말 큰사전》에는, '발'은 사람이나 동물의 다리 끝에 있는, 땅을 디디는 구실을 하는 부분이고, '다리'는 동물의 몸뚱이 아래에 달려서, 서고 걷고 뛰고 하는 작용을 맡은 부분을 이른다고 하였다. 디딜방아의 다리가 비교적 긴 점을 생각하면 발이 아니라 다리라 불러야 옳을 듯하다. 사전적인 풀이를 떠나서라도 우리가 흔히 방아다리라 부르는 점도 염두에 둘 필요가 있다.

3. 고구려 무덤 그림의 디딜방아

고구려 무덤 가운데 안악(安岳) 3호 무덤·약수리(藥水里) 무덤·마선구(麻線溝) 1호 무덤·평양 역전(平壤驛前) 무덤·요동성(遼東城) 무덤 등에는 방앗간 그림이 있다. 이것이 디딜방아 연구에 큰 도움을 주는 것은 다시 말할 여지가 없다. 그리고 안악 3호 무덤과 마선구 무덤의 디딜방아가 비교적 잘 보이는 것은 여간 다행이 아니다.

가. 안악 3호 무덤

황해도 안악군 용순면 유순리에 있는 4세기에 만든 무덤이다. 우리네 디딜방아 모습을 알 수 있는 가장 오랜 자료가 이 안에 있다. 무덤 위는 둥글고 바닥은 네모의 흙으로 쌓은 토분(土墳)이다. 높이 7미터에 아래 한 변의 길이는 33미터이다. 묘도(墓道)는 비교적 단순하지만, 묘실(墓室)은 2실 2측실, 1회랑에 돌기둥을 18개나 세운 복잡한 구조이다.

무덤 전실(前室)과 천장에 해·달·구름의 무늬가 보이고, 부부의 초상이 있는 후실과 서쪽 방 천장 덮개석에 대연화문(大蓮花文)을 그렸다. 그리고 벽에는 이들이 누렸던 호화로운 생활 모습 곧, 무악도와 대행렬도를 비롯하여 부엌·외양간·마구고(馬具庫)·차고 등을 그렸다. 따라서 디딜방아뿐만 아니라 4세기 무렵, 우리 겨레의 생활문화 연구에 빼놓을 수 없는 좋은 자료이다.

이 무덤은 지금까지 발견된 85기의 고구려 벽화무덤 가운데 규모도 제일 크다. 그리고 먹으로 써 놓은 7행 68자의 글도 나와서, 많은 사람의 관심을 끌었다. 다음은 그 내용의 일부이다.

영화(永和) 13년(357) 대방태수(帶方太守)……동수(冬壽)가 죽었는데 69세였다.

따라서 우리 학계에서는 주인공을 동수로 보았고 무덤도 '동수묘'라 불렀다. 1949년에 무덤을 발굴했던 북한의 도유호도 같은 의견이었다. 동수는 전연(前燕)의 장수이다. 4세기 때 만주에 근거를 두었던 연 나라의 왕 모용황(慕容皝)과 고구려의 고국원왕(故國原王)은 오랫동안 다투었다. 이 사이에 모용황의 동생 모용인이 쿠데타를 일으켰고 동수도 가담하였다. 그러나 모반이 실패로 끝나 모용인은 죽고, 동수는 고구려에 붙었다. 고국원왕은 그를 중용, 낙랑과 대방태수에 앉혔다. 이것이 안악 3호분이 바로 동수 무덤이라는 까닭이다.

뒤에 주인공은 동수가 아니라, 어떤 왕이라는 주장이 나왔다. 앞에 든 글씨가 장하독(帳下督)이라는 관리의 머리 위에 씌었고 관리는 동수였으며, 따라서 무덤 주인은 그가 모셨던 왕이라는 것이다. 행렬도에 임금 깃발인 '성상번(聖上幡)'이 있고, 주인공이 쓴 비단 흰모자는 왕이 쓰는 '백라관(白蘿冠)'인 점도 방증으로 들었다. 그러나 주인공이 어떤 왕인지는 밝히지 못하였다. 동수가 모신 왕이라면 당연히 고국원왕이지만, 그는 동수보다 14년 뒤인 371년에 죽었다. 더구나 《삼국사기》에는 고국원왕이 백제군의 화살에 맞아 고국원(故國原)에 묻혔다고 적혀 있다. 고국원은 만주 통구에 있는 국내성 부근으로 추정된다.

1963년에 이 무덤의 주인공이 고구려 제15대 미천왕(美川王)이라는 주장이 나왔다. 342년 모용황이 국내성으로 쳐들어와 임금의 어머니와 왕비를 볼모로 끌고가면서, 미천왕의 시신까지 파서 가져갔다는 《삼국사기》(고국원왕 12년)의 기사를 근거로 든다. 고국원왕은 도읍을 한때 평양으로 옮기는 한편, 많은 보물을 보내어 시신을 되찾아와 다시 묻었다는 것이다. 무덤을 안악에 둔 것은 다시 전쟁이 일어나도 빼앗길 염려가 적고, 미천왕이 낙랑과 대방을 정복한 일도 있기 때문이라고 한다. 그러나 이 주장에도 허점이 있다. 임금의 주검을 되찾고 나서, 13년이나 지난 뒤에 묻은 까닭이 무엇인가 하는 점이다.

최근에는 다시 고국원왕의 무덤이라는 새로운 주장을 펴는 이가 나왔다. 그가

죽은 곳은 '고구려 남쪽의 평양'이 아니라 '고구려 남평양(南平壤)'이며, 남평양
은 황해도 하성(河城) 부근이라는 것이다. 고국원 또한 만주의 국내성 근처가
아니라, 구월산을 끼고 재령 평야를 내다보는 안악의 언덕으로 잡는다. 평양에
서 죽은 왕을 국내성까지 옮겨갈 이유도 없다고 한다. 따라서 고국원왕의 무덤
을 만들면서, 임금이 아꼈던 신하 동수에 관한 사실도 적어 놓았다는 것이다.

  무덤의 주인공이 누구이든, 디딜방아 그림이 보이는 것은 무엇보다 반가운 일이
다. 먼저 디딜방아가 외다리방아인 점에 주의를 기울일 필요가 있다(그림 5·6).

  한 아낙이 디딜방아로 곡식을 찧고 다른 여인은 애벌 찧은 것을 키로 까불러
서 무거리를 가려내고 있다. 방아머리는 뭉툭하고, 확은 넓적한 돌을 파서 만들
었다. 확에 비해 다리쪽이 높고, 방아꾼이 왼발을 방아다리에 올려놓았다. 디딤
대를 따로 마련한 듯하다. 오른손 앞쪽의 짧은 기둥에 손잡이 막대를 가로 걸어
놓았을 가능성도 있다. 보꾹에서 내린 줄을 왼손으로 잡은 점도 눈에 띈다. 줄
을 잡으면 몸이 한쪽으로 쏠리지 않고, 몸의 무게를 방아다리에 싣는 데에도 도
움이 된다.

그림 5 안악 3호 무덤에 보이는 디딜방앗간(그림)

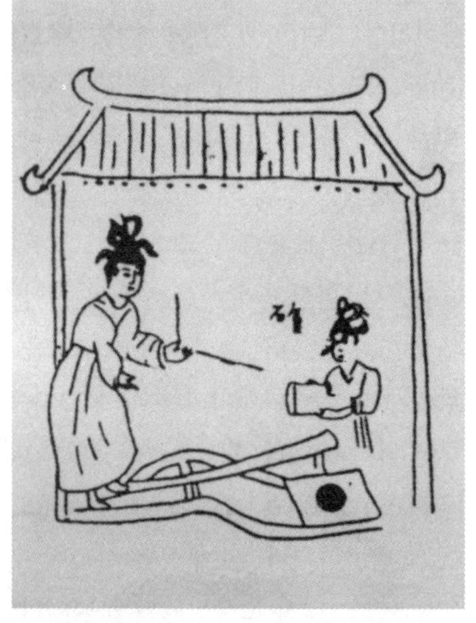

그림 6 디딜방앗간(모사)

키질을 하는 아낙의 머리 왼쪽에 '대(碓)'라고 쓴 붉은 글자가 보인다. 고구려 무덤 그림 가운데, 기물의 이름을 적어 넣은 것은 이것뿐이다. 당시 디딜방아가 매우 드물었던 까닭에 이름을 써넣은 것일까? 왼쪽 방아꾼은 검누른 바탕에 조금 붉은색이 도는 저고리를 입었다(치마의 색깔은 알 수 없다). 키질을 하는 아낙은 흰 바탕에 붉은 빛이 나는 웃옷 차림이다. 두 아낙은 조선시대 여인의 어여머리처럼, 머리를 높이 틀어 올리고 금은으로 만든 머리꽂이로 맵시를 내었다. 궁중이나 귀족 집의 살림을 맡은 여성일 것이다.

그림 5·6의 디딜방아는 중국의 것을 닮았다. 방아 이름을 중국처럼 '대(碓)'라고 적은 것도 마찬가지이다. 중국 쪽에서는 이미 한나라 이전부터 이 같은 형태와 구조를 지닌 방아를 썼다. 우리가 중국에서 들여온 초기의 방아로 짐작된다.

나. 약수리 무덤

앞의 무덤과 같은 시기에 쌓은 것으로 보이는 약수리 무덤은 평안남도 강서군(江西郡) 강서면(江西面) 약수리에 있다. 널길〔羨道〕에 이어 네모꼴의 전실(前室)과 같은 꼴의 현실(玄室)이 들어서고, 전실 동서쪽의 벽에 두 개의 감실(龕室)이 마련되었다. '유감이실분(有龕二室墳)'이라는 별명은 이에서 왔다. 전실의 규모는 높이 322센티미터, 동벽 남북의 길이는 266센티미터이다. 서벽은 222센티미터이며, 동과 서쪽 길이도 비슷하다. 감실 크기는 너비 76센티미터에 높이 80센티미터, 깊이 42센티미터이며, 다른 하나도 거의 같다.

무덤 벽에 여러 가지 내용을 그렸다. 전실 북벽의 들마루 위에 주인공이 앉고, 서벽에 그의 신하인 듯한 다섯 명이 팔짱을 낀 채 무릎을 꿇었다. 그리고 이들 머리 위로 주인공의 위엄을 나타내는 장엄한 행렬도와 성곽도를 그렸다. 현실 북벽 위에 북두칠성을 비롯한 별자리를, 아래에는 주인공 부부상과 현무를, 남벽에는 주작을 나타냈다.

디딜방아(그림 7) 그림은 전실 동벽 왼쪽 아래 부엌 옆에 있다. 발굴 책임을 맡았던 주영헌은 〈약수리 벽화 무덤 발굴 보고〉에 이렇게 적었다(주영헌, 1963:148).

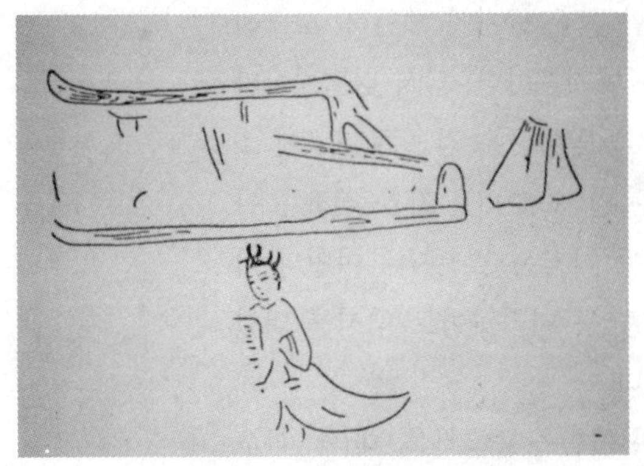

그림 7 약수리 무덤의 디딜방아

방아는 발방아인데 그 모습이 최근까지 농촌에서 널리 사용한 발방아와 비슷하다. 두 녀인이 방아 디딜대 우에 올라섰고 한 녀인은 그 밑에서 키질을 한다. 키질하는 녀인 옆에는 바구니가 놓여 있다. 이 녀인들 역시 상술한 녀인들과 발식 및 복식이 동일하다.

그의 말대로 두 사람이 방아 디딜대 위에 올라섰다면, 두다리방아일 가능성이 높다. 중국에서처럼 두 사람이 앞뒤로 서거나(그림 38), 네팔의 경우처럼 둘이 나란히 서서 외다리의 반쪽씩 딛을 수도 있다(일본에서는 두 가지 방법을 다 쓴다). 그러나 우리네 방아 대부분이 두다리방아이고 이를 우리가 발명하였으므로, 두다리방아로 보아도 좋을 것이다. 두다리방아가 18세기 문헌에 처음 등장하는 점을 생각하면, 우리 과학기술사를 고쳐 써야 할 귀중한 자료임에 틀림없다. 우리가 두다리방아를 적어도 4세기 이전부터 써온 것은 이만저만 자랑스런 일이 아닌 것이다.

그러나 한 가지 의문이 남는다. 그가 덧붙인 그림에는 '방아 디딜대 우에 올라선 두 녀인'은 물론, 바구니의 그림자도 보이지 않는다. 오직 키질을 하는 여인 모습만 나타나 있다. 따라서 그림만으로는 외다리방아인지 두다리방아인지 분간하기 어렵다. 그럼에도 그는 '두 여인이 방아 디딜대 위에 올라섰다'는 확신에 가까운 보고를 하였다. '키질하는 여인 옆에 놓인 바구니'도 마찬가지이다. 그가 거짓을 늘어놓았을까? 그렇지는 않을 것이다. 그는 북한의 뛰어난 고고학자의 한 사람이다.

이러한 추측이 가능하다. 그가 처음으로 무덤 벽의 방앗간 앞에 섰을 때에는 '방아 디딜대 우에 올라선 두 녀인'의 모습이 뚜렷하였다. 따라서 자신의 눈으로 본 사실을 적었다. 그러나 1,500여 년 동안 땅속에 묻혔던 무덤 내부가 드러나고, 시간이 흐르는 동안 그림은 빠른 속도로 본디 모습을 잃어 갔다. 보고서를 꾸미려고 모사(模寫)를 하는 이가 다가섰을 때, 앞의 내용밖에 확인할 수 없었던 것이 아닐까? 그러나 이것이 진실에 가깝다고 하더라도 경위를 적어 놓아야 마땅하다. 서술 내용과 그림이 일치하지 않는 발굴 보고서는 한낱 종이쪽에 지나지 않기 때문이다.

보고서의 그림을 바탕 삼아 다시 추리를 해 보자. 그림은 세 부분으로 이루어졌다. 맨 아래에는 한 사람이 키로 곡식을 까부른다. 오른쪽 위로 여인의 치맛자락이, 그 앞으로 디딜방아 몸체인 듯한 두 개의 나무가 있다. 아래 것은 외다리방아를 닮았다. 따라서 위치로 보아 여인이 외다리방아를 찧는 장면을 나타낸 것임이 분명하다. 그렇다면 'ㄱ'자로 구부러진 맨 위의 그림은 무엇일까? 아래쪽으로 구부러진 부분은 가위다리 꼴로 갈라졌다. 두다리방아를 그린 것인지 모른다. 보고자도 이를 보고 두다리방아를 떠올린 듯하다. 다리에 걸쳐 놓은 나무를 '디딜대'로 보면 더욱 그럴 듯하다. 그의 말대로 "최근까지 농촌에서 널리 사용한 발방아"는 두다리방아인 것이다. 두다리방아에 대한 더욱 확실한 유물이 나오기를 기대한다.

한편, 김기웅(1982:250)은 이렇게 적었다.

> 방앗간(전실 동벽 하반부)의 방아는 발방아인데, 그 모습이 최근까지 농촌에서 널리 사용한 발방아와 비슷하다. 두 여인이 방아 디딜대 위에 올라섰고 한 여인은 그 밑에서 키질을 한다. 키질하는 여인 옆에는 바구니가 놓여 있다. 이 여인들의 머리모양, 옷차림이 앞의 시녀들과 같다.

'녀인'을 '여인'으로 바꾼 것 외에는 주영헌의 보고와 다름이 없다. 그대로 옮겨 적은 것이다. 그의 책이 나온 1980년대 초에는 북한 학자의 글을 얻어 읽기도 어려웠거니와, 인용하는 것도 마음대로 되지 않았다. 굳이 인용 사실을 밝힐 필요조차 없었다. 따라서 지금의 시점에서 저자를 나무랄 생각은 없다. 그러나 아무리 남의 글을 옮겨 적더라도 내용이 사실에 맞는지 의문을 품었어야 하지 않을까? 뒤에 낸 책에는 약수리 무덤에 방앗간 그림이 있다고만 적었다(김기웅, 1989).

다. 마선구 1호 무덤

마선구 1호 무덤은 옛 고구려 도읍지인 중국 동북부의 집안(集安) 부근에 있
다. 길쭉한 전실 좌우에 측실이, 전실 뒤쪽에 네모꼴 후실이 이어 달렸다. 다른
무덤에서는 보기 드물게 후실 중앙 바닥에 둥근 기둥을 세웠다. 이 기둥은 모줄
임천장 가운데의 덮개석을 받치고 있다.

그림 8은 우리네 귀틀집과 다락집의 쓰임을 설명할 때, 거의 반드시 등장하여
낯이 익은 편이다. 높이 세운 기둥 위에 두 칸의 곳간을 귀틀 양식으로 세우고
지붕은 하나로 덮었다. 오늘날까지 남은 대표적인 다락집은 일본 나라(奈良)시
의 정창원(正倉院)이다. 뿐만 아니라 이 집을 귀틀식으로 지은 점에서도 우리의
관심을 끈다. 백제와 신라에서 건너간 물품들이 적지 않게 들어 있는 정창원은
고구려와 백제 목수들이 지었을 것으로 추정된다. 옛 만주 지역에 사는 우리 겨
레붙이들 가운데, 집안이나 통구 지역에 사는 이들은 아직도 다락집을 세운다.
위의 곳간에는 대체로 옥수수를 갈무리하고 아랫간에는 손수레와 농기구 따위
를 두어서 헛간처럼 쓴다.

곳간 아래 그림은 디딜방아를 나타낸 것이다. 오른쪽 뭉툭한 부분 가운데 앞
으로 비쭉 나온 것이 방아머리이고 안쪽은 볼씨이다. 곳간 바닥에서 내려 그은
선은 방아꾼이 방아를 찧을 때 잡는 줄인 듯하다. 그리고 양쪽에 붙인 'ㄷ'자 꼴
의 큼직한 손잡이가 보인다. 방아다리는 보이지 않으나, 외다리일 것이다.

중국에서는 이미 한나라 때부터 디딜방아를 다락 곳간 아래에 세웠고(사진
191), 같은 꼴의 손잡이와 방아틀을 붙였다. 또 방아는 모두 외다리방아이다. 그
림 8과 사진 191은 한 곳의 방아로 보아도 좋을 만큼 쏙 빼닮았다. 굳이 다른 점
을 찾는다면, 다락집이 귀틀 형식이 아니고 두 틀의 외다리방아를 나란히 놓은
점뿐이다.

그림 8은 우리에게 들어온, 중국 고대의 디딜방아 모습을 그대로 보여주는 좋
은 보기이다. 다만 사진 191의 출토지인 중국 남서부의 사천성은 과연 우리와 연
관이 얼마나 깊을까 하는 의문이 없지 않다. 그러나 고대에는 중국의 중부나 북부
지방에서도 디딜방아를 다락집 아래에 두었을 가능성이 아주 없는 것은 아니다.

용마루 위에서 같은 방향으로 나는 두 마리의
새도 눈을 끈다. 새는 안악 3호 무덤의 부엌 건물
위에도 앉았고 씨름 무덤에도 보인다. 씨름터 옆
나무에 앉은 네 마리의 새가 그것이다. 이들은 까
마귀일 것이다. 이 새는 솥처럼 검은 까닭에 솥의
신으로 불렸다. 고구려 무덤 그림에서 해를 '세
발 까마귀'로 나타낸 것도, 해는 불을 나타내고
불은 검은 숯에서 타오르기 때문이다(그림 9). 따
라서 부엌이나 곳간 위의 까마귀는 지킴이 구실
을 한다. 까마귀가 쌍영총·무용총·천왕 지신총·
각저총·오회분 4호·내리 1호 무덤 등에도 나타나
는 것을 보면, 고구려 사람들이 얼마나 높이 받들
었는지를 알 수 있다. 뿐만 아니라 신모(神母)인
유화(柳花) 부인의 지시에 따라, 쫓기는 주몽에게
곡식 종자를 날라준 것도 까마귀이다.

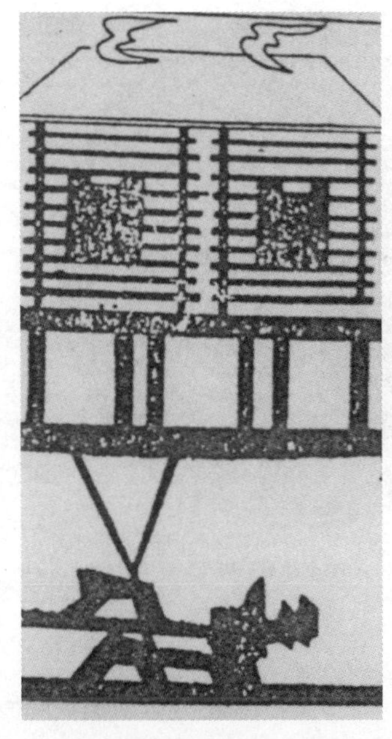

그림 8 마선구 1호 무덤의 디딜방아 그림

옛 만주족에게도 까마귀는 신성한 새였다. 청나라 조상에게 붉은 과일을 물어
다 주어 아이를 배게 하였고, 태조가 위기에 빠졌을 때에는 떼를 지어 달려들어
시체처럼 꾸미는 슬기도 부렸다.

우리도 까마귀를 신성한 존재로 받들었다. 신라 소지왕(炤智王)의 목숨을 구한
내용이 《삼국유사》(권 제1, 기이 제1)에 보인다.

제21대 소지왕이 즉위한 10년 무진(488)에 천천정(天川亭)에 납시었다. 까마귀와
쥐가 와서 울더니 쥐가 사람의 말로, "이 까마귀가 가는 곳을 찾아보시오" 하였다(흥
륜사에서 향로를 들고 불전 안을 돌려고 하자 길에서 여러 마리의 쥐가 서로 꼬리를
물고 있어, 괴상히 여긴 나머지 돌아와 점을 쳐보았더니, "내일 먼저 우는 까마귀를
따라가 찾아보라"고 하였다는 설은 잘못이다). 임금은 기사(騎射)에게 까마귀를 따
르라고 하였다. 남쪽 피촌(避村 ; 지금의 남산 동쪽 기슭)에 이르자 돼지 두 마리가
싸우는 중이었다. 이를 한참 쳐다보던 중에 까마귀가 날아간 곳을 잊고 길에서 서성
이었다. 이 때 한 늙은이가 못에서 나와 글을 올렸다. 겉봉에 "떼어 보면 두 사람이

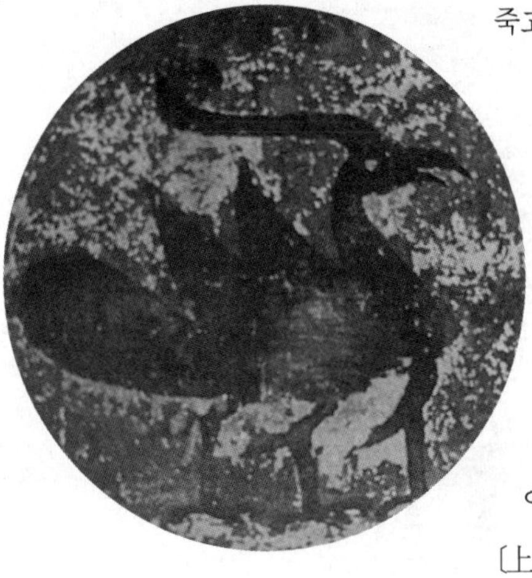

그림 9 세 발 까마귀

죽고, 그렇지 않으면 한 사람이 죽는다"고 씌어 있었다. 임금은 "두 사람을 죽게 하느니, 차라리 떼어 읽지 말고 한 사람만 죽는 것이 좋으리라" 하였다. 그러나 일관(日官)은 "두 사람은 서민을 가리키고, 한 사람은 임금을 이른다"고 일깨웠다. 옳게 여겨 글을 펴자 "거문고 갑을 쏘아라"고 적혀 있었다. 곧 궁궐로 돌아온 임금은 거문고 갑을 쏘았다. 그 속에서 분향수도(焚香修道)하던 중과 궁주(宮主)가 은밀하게 간통하고 있었다. 둘을 죽였다. 이 뒤로 해마다 정월 돼지날〔上亥日〕·쥐날〔上子日〕·말날〔上午日〕에는 모든 일을 삼가고 감히 움직이지 않는 풍속을 지켰다. 그리고 15일을 까마귀날〔烏忌日〕로 정하고, 찰밥을 지어 제사를 지내 온다. 민간에서는 이를 달도(怛忉)라 이른다. 슬퍼하고 조심하며 모든 일을 금하고 꺼린다는 뜻이다. 노인이 나온 못을 서출지(書出池)라 부른다.

신라에서는 까마귀를 해와 달로 여겼다. 연오랑(延烏郎)과 세 오녀(細烏女)의 신화가 그것이다.《삼국유사》(권 제1, 기이 제1)의 내용이다.

8대 임금 아달라가 즉위한 정유(157)에 동해 바닷가에 연오랑과 세오녀 부부가 있었다. 어느 날 연오랑이 바다 풀을 따고 있을 때, 갑자기 바위 하나가 나타나(물고기 한 마리라고도 한다) 등에 싣고 일본으로 가 버렸다. 이를 본 그 나라 사람들은 "범상한 일이 아니라"며 왕으로 받들었다. 세오녀는 남편이 돌아오지 않는 것이 이상하였다. 바닷가에는 연오랑이 벗어 놓은 신발이 있었다. 그네가 바위 위로 올라서자 연오랑 때처럼 일본으로 실어 갔다. 놀란 그 나라 사람들은 이 사실을 임금에게 알렸다. 부부는 서로 만났고 그네는 귀비(貴妃)가 되었다. 이 때 신라에서는 해와 달의 광채가 사라졌다. 일관(日官)은 왕에게 "우리나라에 내렸던 해와 달의 정기가 일본으로 가 버렸기 때문입니다" 하였다. 왕이 사자를 보내 두 사람을 찾았으나, 연오랑은 "내가 이 나라에 온 것은 하늘이 시킨 일인데 어찌 돌아가겠는가? 그러나 내 아내가 짠 고운 비단이 있으니, 이로써 하늘에 제사를 지내면 좋을 것이라" 일렀다. 비단을 가지고 돌아온 사자는 사실을 보고하고 연오랑의 말대로 하늘에 제사를 올렸다. 그 뒤로 해와 달의 정기가 되살아났다. 임금은 비단을 창고에 갈무리하고 국보로 삼는 한편, 창고를 '귀비고(貴妃庫)'라 불렀다. 하늘에 제사를 지낸 곳을 영일현(迎日縣) 또는 도기야(都祈野)라 일컫는다.

앞 신화 속의 찰밥은 오늘날에도 우리가 정월 보름에 즐겨먹는 이른바 약밥〔藥飯〕이다. 농촌에서는 '까마귀 제사'라 하여, 여러 가지 나물과 함께 담 위에 올려놓아 먹인다. 까마귀는 제물을 조상들에게 날라준다고 한다. 따라서 까마귀는 저승과 이승을 오가는 신의 사자인 셈이다. 제주도에서도 제사 때에는 반드시 까마귀가 찾아오는 것으로 여긴다. 대가 끊긴 집에서 딸이 대신 지내는 제사를 "까마귀 모르는 식개(제사)"라 한다. 출가한 딸이 시집에서 친정 제사를 지내는 것을 일컫는 말이다.

까마귀는 불교에서도 부처의 심부름꾼으로 등장한다.《삼국유사》(권 제5, 피은 제8)의 내용이다.

　　…… 용삭(龍朔) 초년기의 중 지통(智通)은 본디 이량공(伊亮公)의 종이었다. 일곱 살에 출가하자 까마귀가 와서 울며 "영취산에 가서 낭지(朗智)의 제자가 되라" 하였다. 그가 산골짜기의 나무 밑에서 쉬는 동안, 문득 이상한 사람이 나와서 "나는 보현보살(普賢菩薩)이다. 너에게 계품(戒品)을 주려고 왔다"며, 계를 베풀고 사라졌다. 그 뒤로 지통은 정신이 활달해지고 지증(智證)에도 두루 밝았다. 다시 길을 가던 그가 한 중을 만나 "낭지 스님은 어디 계십니까?" 묻자, 상대는 "어째서 찾느냐?" 하였다. 지통은 신기한 까마귀 이야기를 자세히 들려주었다. 중은 빙긋 웃으며 "내가 바로 그 사람이다. 지금 집 앞에 또한 까마귀가 와서, 거룩한 아이가 올 것이니 마땅히 나가 맞으라고 하여 영접하는 터이라"고 덧붙였다. 그는 지통의 손을 잡으며 감탄하여 말하였다. "신령스런 까마귀가 너를 깨우쳐 내게 오도록 하고, 내게 와서 너를 맞게 하니 얼마나 상서로운 일인가? 아마도 산령(山靈)의 은밀한 도움인 듯하다. 전하기를 산의 주인은 변재천녀(辯才天女)라고 한다."……

유교를 높이 받든 조선시대에 들어와서도 까마귀는 충성과 효도 그리고 지조를 상징하는 새였다. 개국공신 이직(李稷)이 자신을 비웃는 고려의 유신을 백로에 자기 자신을 까마귀에 비겨 지은 다음의 시조가 그것이다.

까마귀 검다 하고 백로야 웃지 마라

겉이 검은들 속조차 검을소냐

아마도 겉 희고 속 검을손 너뿐인가 하노라

우리뿐 아니라 중국 사람들도 고대에는 세 발 달린 까마귀를 태양의 화신으로 받들었다. 전한(前漢)의 유안(劉安)도 《회남자(淮南子)》에서 까마귀를 태양의 본질을 이루는 남성적 원리로 보았다. 또 고대 신화에는 태양이 까마귀를 타고 도는 것으로 그려져 있다. 태양 속에 사는 까마귀는 이따금 지상에 내려와 불로초를 뜯어먹는다고 한다.

일본도 예외가 아니다. 《일본서기》에 덴무(神武) 천황이 동방을 칠 때 구마노 (熊野)에서 야마토(大和)에 이르는 험한 길을 까마귀가 안내하였다는 기록이 있다. 또 저들이 최고신인 아마테라스오호미카미(天照御大神)에게 제사를 지낼 때, 밤을 섞은 약밥을 바치는 것도 우리네 풍습을 연상시킨다. 까마귀를 신의 사자로 모시는 신사(神社)도 적지 않다. 농가에서는 미래를 알려주는 길조(吉鳥)로 여긴다.

동북 시베리아의 캄차카 반도에서 북아메리카 북서 해안 일대에서는 까마귀가 창조신으로 등장한다. 따라서 까마귀 민속은 시베리아와 북아메리카의 문화적 친연성을 알려주는 문화 요소의 하나이다. 우리네 까마귀 신화는 북쪽에서 들어왔을 것이다. 한편, 까마귀가 죽음이나 불운을 나타내는 부정적인 측면도 우리와 중국 그리고 일본에 공통적으로 나타난다.

다시 디딜방아 이야기로 돌아가자. 지금도 중국 서남부의 사천(四川)·운남 (雲南)·귀주성(貴州省) 등지와 타이(Thailand) 북부 산악지대에 거주하는 소수 민족의 일부는 디딜방아를 다락집 아래에 놓고 쓴다. 사진 2는 타이의 한 여인 이 다락집 아래에 놓인 디딜방아로 곡식을 찧고, 다른 여인은 키로 검부러기 따 위를 가려내고 있다. 이들은 다락집 아래에 베틀을 놓고 피륙을 짜기도 하며 돼 지를 먹이거나 닭장으로도 쓴다.

사진 3은 사천성의 한나라 무덤에서 나온 명기로 디딜방아는 곳간 아래에 놓

였다. 이로써 방아를 건물 아래칸에 두는 일이 매우 오래되었음을 알 수 있다. 이에 대해서는 뒤에 다시 설명한다.

마선구 1호 무덤은 중국 학자들이 발굴하였다. 방기동(方起東, 1964 : 619)은 다락집에 대해 이렇게 적었다.

남쪽 벽면 위의 공간은 곳간으로 난간을 둘렀다. 그리고 지붕 양쪽에는 왼편으로 움직이는 구름이 보인다. 지붕 아래쪽에는 자색(楮色)을 칠한 네 개의 기둥을 세웠고, 사이사이에 나무를 가로 쌓아 올렸다. 아래쪽의 기둥 여섯 개와 지면 사이는 벌어져 있다. 이것은 동북지방 농가의 곳간 그대로이다. 곳간 아래의 붉은색 기계(器械)는 무엇인지 알 수 없다.

중국 학자들도 디딜방아를 못 알아본 것이다. 우리 쪽의 김정기도 건축 양식에 대해 설명하면서 "건물 밑에는 어떤 기계(機械)처럼 된 물건이 있고 이 건물의 지대(地臺)와 두 사선으로 연결되었는데 무엇인지 알 수 없다"고 적었다(김정기, 1969 : 889~890). '두 사선'이 천장에서 내린 줄이라는 점은 앞에서 밝혔으

사진 2 다락집 아래의 디딜방아(타이)

사진 3 사천성의 한나라 무덤에서 나온 디딜방아 명기

므로, 다시 덧붙이지 않는다. 디딜방아를 중국에서는 '기계(器械)'로, 우리는 '기계(機械)'로 보았다. 저쪽에서 '기구의 하나'로 여긴 반면, 우리는 '설비'나 '장치'로 이해한 것이다. 두 가지 표기에 큰 차이가 있는 것은 아니지만, '기계(器械)'가 디딜방아 쪽에 더 가까운 것은 사실이다.

그림이 디딜방아임을 처음 알아낸 사람은 북한 학자이다. 누가 어디에 디딜방아라고 적었는지 알 수 없어 아쉽기는 하나, 중국 쪽에서도 몰랐던 사실을 캐낸 슬기는 놀랍다고 하겠다.

라. 요동성 무덤

요동성 무덤은 평안남도 순천군 용봉리에 있다. 1934년의 홍수 때 발견되었으나, 학술적인 발굴은 1953년에 이루어졌다. 그러나 이때에는 이미 무덤 그림이 거의 모두 퇴색하여 정확한 모사도를 남길 수 없었다.

무덤 구조를 설명한 발굴 보고서 〈대동강 류역 고분 발굴 보고〉의 내용이다.

고분의 내부 구조는 종래 알려진 고구려 고분의 일반적 형식과는 약간 다른 특수한 구조를 가지고 있다. 묘실은 약간 동쪽으로 치우친 남향이며 긴 전실 남벽 좌우에는 짧은 두 개의 실형으로 된 연도가 붙고, 관 하나가 들어갈 만한 크기의 네 개의 관실이 전실 후벽에 따로따로 통하여 북으로 길게 놓였다. 그러므로 이 무덤에는 네 개의 관이 매장되었던 것으로 짐작되며 그 중 전실 서측 부분은 밑바닥이 한 단 높고 천정도 따로 형성되었고 동측 부분도 천정을 따로 만들고 그 입구 중심에는 큰 팔각 기둥 하나를 세웠다.…… 평면 구조가 지금까지 국내에서 발견된 고구려 고분 양식과는 다소 다르고 오히려 중국 요양삼도호(遼陽三道壕) 지방에서 발견된 석곽분과 흡사한 것은 그 축조 시기가 '요동성(遼東城)'이라는 묵서와 아울러 생각할 때 고구려의 세력이 료동 지방에까지 미친 이후일 것이 아닌가 추측된다.

이 무덤에는 성곽도와 사신도(四神圖)를 비롯하여 방앗간 그림도 보인다(그림 10). 이에 대한 설명이다.

전실 동북쪽 팔각 기둥이 선 옆 북벽에 물에 씻겨 잘 알 수 없으나 나무로 만든 틀 같은 것이 있어 방앗간 같은데 그 옆에 앞발을 들고 올려다보는 개 한 마리가 있다.

그림을 뜯어보면, 방아몸체와 공이 그리고 확이 떠오른다. 개의 등과 다리 그리고 꼬리도 알아볼 수 있다. 디딜방아 위의 아낙네도 짐작이 간다. 보고서에 '방앗간 같다'고 하였지만, 방앗간임에 틀림없다. 그리고 개도 방앗간을 알리는 방증의 하나이다. 사진 189와 190에 나타난 대로, 중국의 방앗간에도 개가 등장하기 때문이다.

그림 10 요동성 무덤의 디딜방아 그림

이 방아의 특징은 두 가지이다. 하나는 확이 둥글며, 땅속에 묻지 않고 노출시킨 점이다. 더 큰 관심을 끄는 것은 방아다리가 가위다리 꼴로 갈라진 점이다. 왼쪽 다리(방아를 향해서)가 몸체보다 조금 가늘기는 하지만, 갈라져 나온 것만은 확실하다. 그렇다면 두다리방아로 보아도 좋을 것이다.

고구려의 유물이나 유적 가운데 방아 모습이 뚜렷한 것은 안악 3호 무덤과 마선구 둘뿐이다. 이미 설명한 대로 뒤의 것은 중국의 양식을 거의 그대로 따랐으나, 앞의 방아는 이에서 크게 벗어났다. 말하자면 저쪽에서 들어온 것을 우리 나름대로 바꾼 것이다. 이러한 변화가 언제부터 어느 정도로 일어났는지 궁금한 일이다.

마. 평양 역전 무덤

지금의 평양역 부근에 있던 무덤이다. 1954년에 발굴하였지만 본디 모습을 찾아보기 어려울 정도였다. 전실 서벽에 검장(劍仗)을 짚은 무인(武人)·부월수(斧鉞手)·악수(樂手)·기마 인물들과 함께 방아를 찧는 여인도(그림 11)가 보인다. 다음은 〈평양 역전 이실분 발굴 보고〉의 일부이다.

본 고분은 비록 파괴가 심하고 유물도 대부분 없어졌지만 남아 있는 몇 개의 금제 장식과 벽화는 우리나라 고대 문화 연구에 새로운 귀중한 자료를 제공하여 준다. 이 고분의 구조와 그 출토 유물에는 이것과 린접한 영화 9년 재명전 출토분(永和九年 在銘塼 出土墳)과 류사한 점을 가지고 있다. 이 2기의 고분이 모두 그 재료는 석재와 전(塼)을 혼용하였는데, 영화 9년 분에서는 벽돌을 썼으며 벽 부분까지 벽돌을 쌓고 천정 부분만 석재를 사용한 것이 약간 다를 뿐이다. 영화 9년 출토 유물 중 순금제 귀걸이는 그 양식이 남조선 신라시대 고분에서 흔히 발견되는 것과 흡사한데 본 고분에서도 류사한 귀걸이가 나타났고 또 신라 고분에서 흔히 나오는 관모장식보요(冠帽裝飾步搖) 같은 금제장식품이 나왔다.…… 그러므로 이 고분의 연대를 영화 9년 재명전 출토분 연대(영화 9년~기원 354년)나 안악 3호분 연대(영화 13년~기원 356년)와 접근하는 시기로 추정함이 타당할 듯하다.

그림 11 평양 역전 무덤의 디딜방아 그림

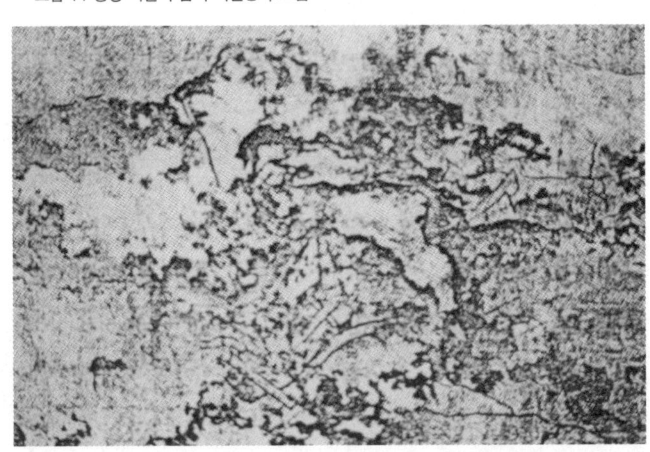

다음은 방아 찧는 여인도에 대한 설명이다.

디딜방아 틀에 머리를 량 귀 우에 틀어 올리고 포(袍)를 입은 한 녀인이 발로 방아 공이를 디디여 놀리고 있고 방아 확 옆에는 또 한 녀인의 모습이 희미하게 보인다. 이 방앗간 옆에는 구부러진 굴뚝이 선 부엌간 같은 흔적이 있다. 또 동측 감실 동벽에는 수레와 같은 것이 바퀴만 일부 나타난다.

보고서의 사진은 워낙 상태가 나빠서 방아의 형태를 알아보기 어렵다. 오직 여인의 얼굴과 방아몸체의 일부인 듯한 나무들이 보일 뿐이다. 그러나 방앗간 옆에 곧은 굴뚝을 설치한 부엌과 수레칸 등이 들어서 있어 앞에서 든 안악 3호 무덤의 방아를 많이 닮았다.

4. 디딜방아의 구조

가. 몸체와 공이

방아감으로는 참나무·느티나무·대추나무·박달나무·밤나무 따위가 좋다. 이 가운데 박달나무가 으뜸이고, 밤나무는 버금간다.

박달나무는 물에 가라앉을 정도로 무겁고 단단하여, 나무 중의 나무로 꼽힌다. 홍두깨, 방망이, 양념절구 따위는 물론이고 수레바퀴나 쟁기의 성에도 이것으로 깎은 것을 첫손에 꼽는다. 우리나라에서는 전라도를 제외한 거의 전국에서 자란다. 우리는 박달나무를 옛적부터 신성하게 여겨왔으며, 단군왕검이 신시(神市)를 연 곳도 박달나무 아래이다. 단군(檀君)의 '단(檀)' 또한 박달나무를 가리킨다.

밤나무도 오래전부터 가꾸었다. 서력 기원을 전후한 옛무덤에서 밤알이 나온 것이다. 3세기의 중국 역사책인 《삼국지·위서》 마한전에도 백제에서 배(梨) 만한 크기의 밤이 난다는 기록이 보인다. 조선시대에는 국가에서 밤나무 숲을 가꾸는 한편, 이를 심는 농민에게는 부역을 제외시켜 주는 등의 혜택을 베풀었다. 이 나무는 불교에서도 신성하게 여겼다. 《삼국유사》(권 제4, 의해 제5)의 내용이다.

……스님(원효)의 집은 본디 이 골짜기 서남쪽에 있었다. 만삭이던 그의 어머니가 마침 밤나무 밑을 지날 때 진통이 왔다. 몹시 급했던 그네는 집에 돌아가지 못하고, 남편의 옷을 나무에 걸고 해산하였다. 이 나무가 사라수(娑羅樹)이다. 나무의 열매 또한 이상하여 지금도 사라율(娑羅栗)이라 한다. 예부터 전하는 말이 있다. 어느 때

절을 주장하는 자가 종에게 저녁 끼니로 밤 두 알씩을 주었다. 종은 적다고 관청에 고발하였다. 이상히 여긴 관리가 밤을 집에 가져가 잘 살펴보았더니, 한 알이 바리에 가득 찼다. 그는 오히려 하루 한 알씩 주라는 판결을 내렸다. 율곡(栗谷)이라는 이름은 이에서 왔다.

밤나무는 근본을 깨우쳐 주는 나무이다. 묘목 뿌리에 붙어 있는 종자 껍데기가 백년이 지나도 썩지 않는다는 말은 과장이지만, 다른 나무보다 오래가는 것은 사실이다. 조상의 위패를 밤나무로 만들고, 제사에 밤을 올리는 데에는 이 같은 뜻이 들어 있다. 밤나무는 조상숭배를 상징하는 나무인 셈이다. 조선시대에는 궁궐에서 위패를 만드는 밤나무(이를 신주목이라 한다)를 따로 심고 '율목봉산지소(栗木封山之所)'로 지정하여 보호하였다.

우리 옛분들이 박달나무나 밤나무를 디딜방앗감으로 선호한 데에는, 단단한 성질 외에 나무 자체가 지닌 깊은 뜻을 높이 보았기 때문이다. 디딜방아를 깎을 때 나무뿌리 쪽을 방아머리로 삼고, 가지 쪽은 다리로 이용한다. 머리가 무거워야 곡식이 잘 찧어지거니와 방아 자체도 오래간다. 나무의 생김새를 보더라도 이것이 마땅하다.

디딜방아는 몸체가 곧고, 다리의 좌우 양쪽은 서로 알맞게 벌어져야 한다는 것은 누구나 아는 일이다. 그러나 반드시 그렇지만은 않다. 사진 4(한국민속촌 소장)가 좋은 보기이다. 무엇보다 먼저 눈에 띄는 것은 허리가 잔뜩 굽은 데다가, 머리 쪽은 번쩍 들려 올라간 점이다. 방아몸체는 곧아야 한다는 평범한 생

사진 4 몸체가 굽은 방아

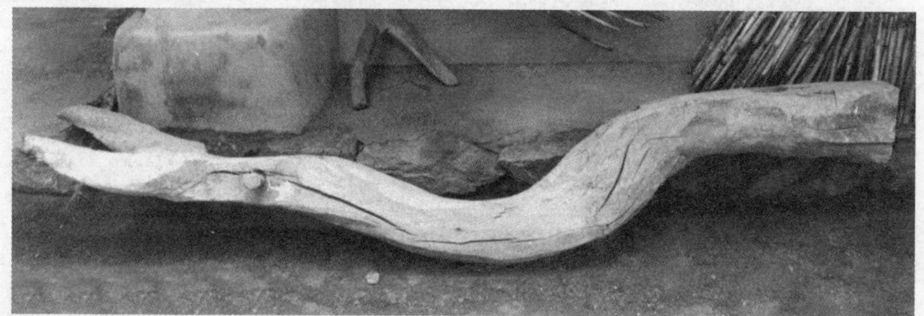

각을 가진 사람은 마음조차 먹지 못할 기발한 착상이다.

　디딜방아는 다리 쪽이 높고 머리가 낮아야 능률이 난다. 그럼에도 반대로 깎았다. 이 단점을 극복하려면 매우 긴 공이를 써야 한다. 공이가 길어야 하는 또 하나의 이유가 있다. 굽은 허리가 그것이다. 따라서 볼씨도 높지 않으면 안 된다. 쌀개가 지나치게 다리 쪽에 붙은 것도 흠이다. 몸체를 들어올리는 데에 힘이 더 많이 드는 까닭이다. 그러나 방아를 깎은 이가 이처럼 당연한 사실을 몰랐을 리가 없다. 반드시 곡절이 있을 것이다. 짐작건대, 아래로 굽은 허리를 받침으로 삼은 것이 아닌가 싶다. 우리가 다 알 듯이, 모든 디딜방아는 볼씨에 얹힌 쌀개가 지렛대 구실을 한다. 그러나 이 방아에서는 땅에 닿은 굽은 허리가 대신하는 것으로 보인다. 따라서 방아꾼은 온몸의 무게를 실어서 방아를 찧을 필요가 없다. 다리 끝을 조금 밟기만 하여도 공이가 올라갈 것이기 때문이다.

　쌀개가 지나치게 다리 쪽에 걸린 점에도 주의를 기울일 필요가 있다. 쌀개는 마땅히 허리께에 걸려야 제 구실을 하는 것이다. 그렇지 않으면 쓸모가 없다. 따라서 이 방아의 쌀개는 단지 몸체가 흔들리는 것을 막기 위해 박은 듯하다. 일부러 가운데가 심하게 굽은 나무를 골라서 받침으로 삼은 슬기는 놀라운 것이다. 물론 다른 나라에는 있지도 않다. 한 가지 흠은 확으로 떨어지는 공이의 힘이 작은 점이다.

　사진 5는 몸체가 곧지 않고 머리 쪽이 휘었다. 오른쪽 다리가 몸체에 거의 평행을 이룬 것도 결점이다. 곡식을 찧을 때, 방아다리에 힘이 고루 미치지 않는다. 오른쪽을 딛는 이는 힘이 더 드는 반면, 왼쪽 사람의 힘은 줄어들게 마련이다. 과학이나 능률의 관점에서는 매우 불합리한

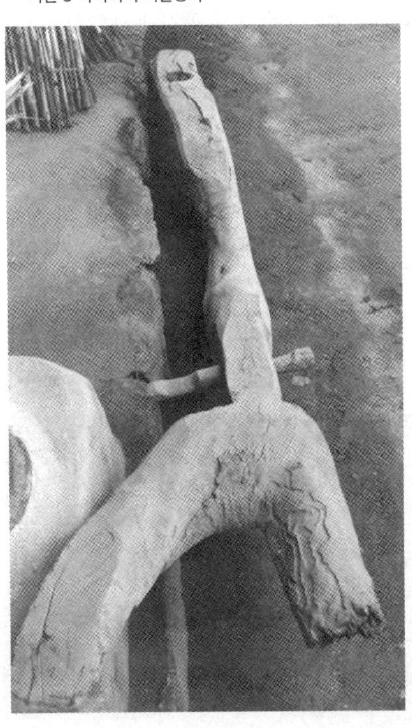

사진 5 짝다리의 디딜방아

구조이다. 요모조모 따지거나 이리저리 재지 않는 너그러운 성품이 이 방아를 만들었다고 할 수밖에 없다. 아무렇게나 생긴 나무면 어떠랴 싶은, 무심함이 굽고 뒤틀린 나무를 방아로 살려낸 것이다. 중국이나 일본 사람들은 상상도 못할 천연(天然)의 작품이다.

한강의 마포에서 3대째 배를 지어온 함갑순님을 만났던 적이 있다. "무엇을 잣대로 삼았습니까?" 묻자, 그는 허리춤에 지르고 있던 곰방대를 재빨리 빼어들어 보이며 "이 담뱃대지요"하며 이렇게 덧붙였다. "이것으로 배를 모으면 아주 이쁘게 나와요."

디딜방아가 힘을 제일 많이 받는 데는 허리께이다. 이곳에 쌀개를 끼워 볼씨에 걸기 때문이다. 사진 6·7의 디딜방아(한국민속촌 소장)는 허리 부분을 보강하려고 살을 두툼하게 남겨 두었다. 이로써 방아 자체도 튼튼해지고 쌀개의 수명도 길어졌다.

사진 6 디딜방아

사진 7 디딜방아의 쌀개와 볼씨

다리 가랑이 쪽을 여덟 팔(八)자 꼴로 깎아서 맵시를 부린 것도 눈을 끈다. 다리는 양쪽이 알맞게 벌어져서 딛는 사람의 힘이 고루 미친다. 앞의 방아가 자연스러움의 극치라고 한다면, 이것은 슬기의 결정체인 셈이다.

디딜방아 공이는 나무·돌·쇠로 만들며, 나무공이가 가장 많다. 나무공이도 곡식 종류에 따라, 소나무와 참나무의 두 종류를 쓴다(돌공이나 쇠촉공이도 마찬가지이다). 예컨대 서속이나 나락을 찧을 때에는 솔공이를 쓰고, 떡방아를 찧거나 콩을 빻을 때에는 참나무공이로 바꾼다(사진 8). 박달나무가 흔한 강원도 산간지대에서는 참나무보다 박달공이를 더 많이 쓴다(사진 9).

한편, 황해도의 무당노래(방아타령)에서는 대추나무공이를 으뜸으로 친다.

사진 8 참나무공이

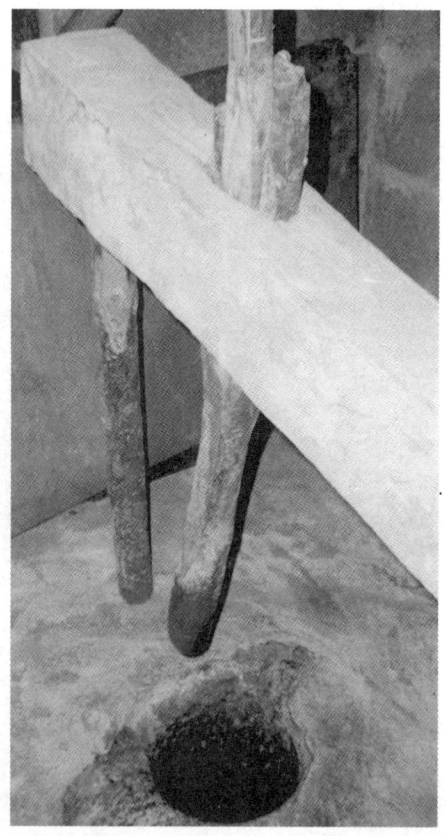

사진 9 박달나무공이

에 어리 방아야
늘어진 작목나무
작목나무 괭이두 소용없네
흩어진 고목나무
고목나무 괭이두 소용없네
절로 굽은 용목나무
용목나무 괭이두 소용없네
노가지 삼나무
삼나무 가지두 소용없네
십리 안에 오리나무
오리나무 괭이두 소용없네
아닌 밤중의 잔(잣)나무
잔나무 괭이두 소용없네
신답하든 박달나무
박달괭이두 소용없네

십리 밖의 수무나무
수무나무 괭이두 소용없네
낮에 보아두 밤나무
밤나무 괭이두 소용없네
마주 섰다 은행나무
은행나무 괭이두 소용없네
방구 꿨다 뽕나무
뽕나무 괭이두 소용없네
봉황위소 오동나무
오동나무 괭이두 소용없네
울울창창 송백나무
소나무 괭이두 소용없네
벼락맞은 대추나무
대추나무 괭이가 제격이라

잘 알려진 대로 대추나무는 야물고 단단하다. 키는 작지만 마음이 굳은 사람을 "대추씨 같다" 이르고, 어려움을 잘 참고 견디는 사람을 '대추 방망이'에 비긴다. 또 우리는 벼락 맞은 대추나무로 부적을 만들었다. 천둥과 벼락의 힘이 들어 있어 잡귀가 달아난다고 여긴 것이다.

대추나무는 다남(多男)의 상징이기도 하다. 혼인폐백 때 시부모가 신부의 치마폭에 대추를 던져 넣는 풍속은 이에서 왔다. 중부지방에서는 제사에 제물로 놓았던 대추를 먹으면 아들을 낳는다고 한다. 아유타국의 공주인 허황옥은 김수로왕에게 대추와 복숭아를 바쳤다고 《삼국유사》(권 제2, 기이 제2)에 전한다. 백제 무령왕릉과 신라 금령총에서도 대추구슬과 목걸이가 나왔다.

나무공이를 몸체 머리에 꿰는 방법은 두 가지이다. 하나는 공이 끝을 머리 위로 뽑아 올린 다음 구멍을 뚫고 비녀를 지르고(사진 8), 다른 하나는 쐐기를 쳐서 고정시키는 방법이다.

돌공이는 네 가지 방법을 쓴다. 공이 전체가 돌인 것은 나무공이처럼 구멍에 박고 쐐기를 친다. 이것은 위아래 양쪽에서 박아야 한쪽으로 기울지 않는다(사

진 10). 나무공이 끝의 안쪽을 파내고 짧은 돌을 끼우거나(사진 11), 공이에 뚫어
놓은 구멍에 비녀를 지른다(사진 12). 이밖에 돌공이의 안쪽을 둥글게 파내고 나
무공이 끝을 박는다(사진 18·19).

1 사진 10 돌공이
2 사진 11 나무에 돌을 박은 공이
3 사진 12 비녀를 지르는 돌공이

표면에 젖꼭지 꼴의 돌기를 붙인 쇠촉은 나무공이 끝을 조금 가늘게 다듬어 굽통에 박으며(사진 13), 쐐기를 박지 않고 베헝겊 따위를 끼워서 고정시키기도 한다(사진 14). 쐐기를 박으면 굽통이 깨지기 쉬운 것이다.

강원도 삼척시 도계읍 신리에서는 세 가지의 공이를 쓴다. 박달나무나 참나무처럼 단단한 나무로 깎은 공이와 소나무로 만든 솔공이 그리고 무쇠공이이다. 박달공이(참나무공이 포함)는 콩 따위의 단단한 곡식을 빻고, 솔공이는 서속이나 기장을, 쇠공이는 보리나 강냉이를 찧는다. 박달이나 참나무 공이감은 두어 달, 소나무는 한 달쯤 그늘에서 말린다. 소나무는 진을 빼지 않아도 좋다. 공이는 서너 해 쓴다.

경상남도 창녕군에서는 솔공이만을 쓴다. 박달공이는 지나치게 단단해서 곡식 알갱이가 부서지고, 돌공이는 확 바닥을 치거나 벽을 때리면 돌가루가 나와서 해롭다고 한다. 따라서 솔공이라야만 "덜 야물어서 쌀이나 보리가 깨지지 않는다"는 것이다. 솔공이를 만들려면 40여 년 자란 소나무의 뿌리 쪽을 베어 껍질을 벗겨 말린다. 한여름에도 그늘에 두 달 이상 말려야 터지지 않는다. 물속에 반 년쯤 담가서 진을 빼면 더 좋다(강원도의 관행과 대조적이다).

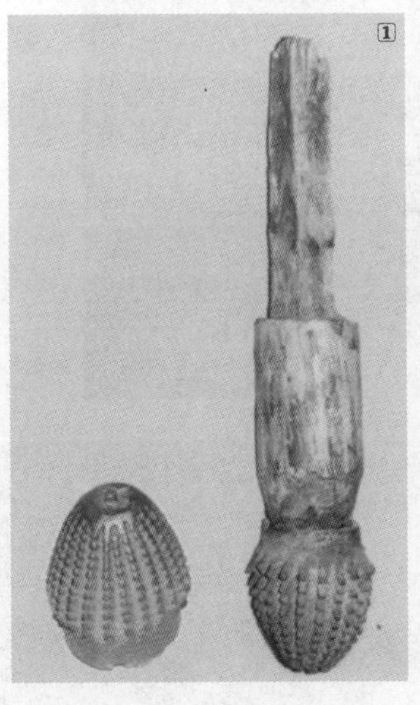

1 사진 13 둥근 쇠촉을 박은 공이
2 사진 14 베헝겊을 감은 모습

　충청북도 괴산군에서는 참나무나 밤나무공이 그리고 백양나무나 소나무공이를 각 한 벌씩 마련한다. 앞의 단단한 공이는 애벌 찧는 데에, 뒤의 부드러운 공이는 두벌 찧거나 빻는 데에 쓴다. 소나무공이는 나무의 가지로 깎아야 오래간다.

　경상북도 경주에서는 소나무공이를 ‘솔공이’, 참나무공이를 ‘참공이’라 이르며, 솔공이는 곡물을 찧을 때, 참공이는 콩 따위를 빻아서 가루를 내는 데에 쓴다. 솔공이는 물러서 해마다 갈지만, 참공이는 해거리로 바꾼다.

　돌공이도 찧거나 빻을 곡식에 따라, 바닥을 밋밋하게 다듬은 것과 둥그레한 것의 두 종류를 쓴다. 사진 15·16은 충청남도 공주시의 것으로, 공이에 해당하는 부분의 상부 좌우 양쪽을 깎아 내었다. 이 공이는 둥근 나무의 안쪽을 파내고 끼워 쓴다.

　사진 17은 전라남도 보성군의 돌공이이다. 공이 몸에 구멍이 없는 까닭에 나무를 파서 끼우고 철사 따위로 조여 맨다. 공이의 표면이 자연적으로 울퉁불퉁 홈이 패여서 쓰기 편하다.

1 사진 15 돌공이 (앞)
2 사진 16 돌공이 (옆)
3 사진 17 쇠촉꼴 돌공이

사진 18·19는 경상북도 상주교육관 소장품
이다. 몸에 두 줄의 홈을 돌리고 위에서 아래
로 두 곳에 홈을 내었다. 이는 철사를 감아서
나무공이에 잡아매기 위한 것이다.

강원도 강릉시 사천면에서는 "나무공이는
방아가 먹지를 않아(잘 찧어지지 않아서)" 돌
공이만 쓴다. 같은 도의 정선군 북면 여량리
일대도 마찬가지이다. 경상남도 창녕군에서
"돌가루가 나올 염려가 많아 솔공이만을 쓴
다"고 하자, "곡식을 자꾸 쓸어 넣는데 공이가
왜 부딪는가?"라며 펄쩍 띈다.

돌공이는 확과 함께 석수가 다듬는다. 돌공
이의 형태는 나무공이와 크게 다르지 않다(사
진 10).

표면에 뾰족한 돌기를 붙인 쇠촉(사진 20)은
콩이나 고춧가루를 내는 데에 쓴다. 특히 사진
13의 촉은 끝을 오목하게 파내고 가운데에 돌
기를 달아 놓았다. 다른 것보다 조금 길어서,
바짝 말린 도토리 따위를 빻는 데에 안성맞춤
이다. 공이구멍은 네모로 뚫어야 돌아가지 않
는다.

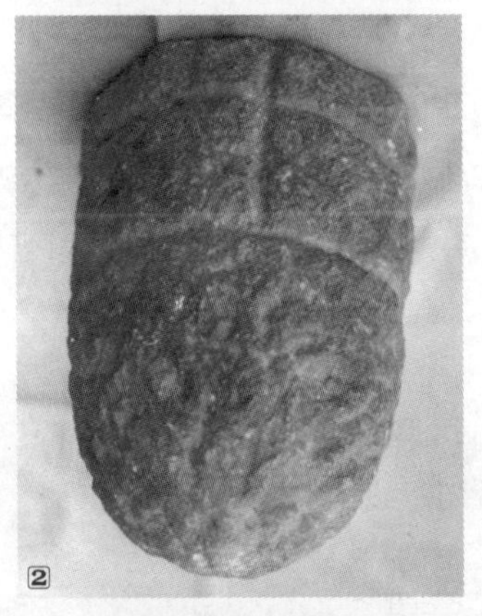

① 사진 18 홈을 판 돌공이
② 사진 19 홈을 판 돌공이
③ 사진 20 돌기를 붙인 쇠촉

나. 볼씨와 쌀개

　방아를 받치는 기둥 구실을 하는 볼씨는 나무를 깎거나 돌을 다듬어 세운다. 나무볼씨의 형태는 각양각색이다.

　가장 간단한 돌볼씨는 자연석 위를 대강 다듬은 것이다. 사진 21과 22(경상북도 문경시)가 좋은 보기이다. 비슷한 크기의 돌 가운데를 조금 발라내어 쌀개가 벗어나지 않도록 하였을 뿐이다. 쌀개도 다듬지 않은 장작개비를 질러 놓았다. 이러한 볼씨와 쌀개를 쓴 디딜방아로는 많은 곡식을 찧기 어려울 것이다. 방아 몸체가 흔들리기 때문이다.

　사진 23도 앞의 것을 닮았다. 방아몸체가 큰 만큼, 높고 긴 돌을 놓았고, 쌀개가 걸리는 부분의 살을 우묵하게 발라내었을 뿐이다. 쌀개는 몸체에 비해 가는 데다가, 매우 불안정하게 놓였다. 경상북도 청송군 파천면 덕천동 심씨네(경상북도 민속자료 제63호) 방아이다.

사진 21(**1**) · 22(**2**) · 23(**3**) 자연석을 볼씨로 쓴 디딜방아

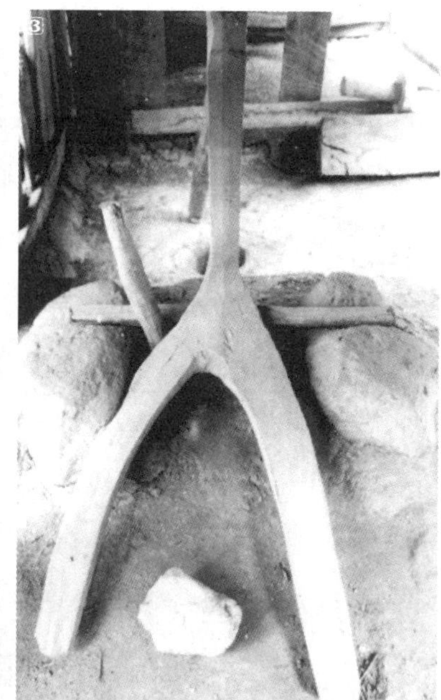

　사진 24는 돌을 둥근 기둥꼴로 다듬었다. 쌀개가 놓이는 부분의 살도 알맞게 발라내어서 안정감을 준다.

　사진 25와 26은 경상북도 포항시 북구 흥해읍 향토자료관 소장품이다. 볼씨는 갈돌처럼 넙데데하고 위 또한 평평하다. 이 때문에 쌀개가 움직이지 않도록, 볼씨 사이에 네 개의 말뚝을 박았다. 왜 이처럼 구차스런 방법을 썼는지 알 수 없다. 몸체나 볼씨에 견주면 쌀개는 썩 잘생긴 편이다. 방아가 낮게 걸린 까닭에, 다리 쪽을 우묵하게 파 놓았다. 방아높이가 낮으면 발을 딛기가 쉽지만 능률은 떨어진다. 쌀개를 다리께에 바짝 붙여 꿰어 놓은 것도 마찬가지이다.

1 사진 24 기둥꼴 볼씨
2 사진 25 볼씨에 쐐기를 친 모습
3 사진 26 볼씨에 쐐기를 친 모습(옆)

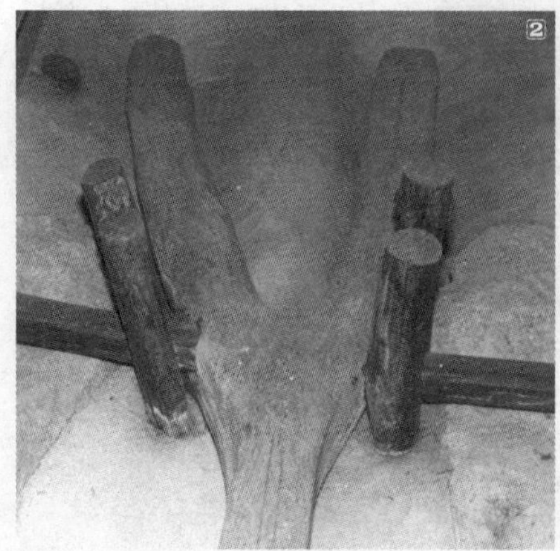

사진 27·28의 볼씨 형태는 완벽하다. 네모 반듯하게 깎은 두 개의 돌을 나란히 세우고 상부의 살을 같은 너비와 깊이로 파냈다. 쌀개가 걸리는 부위의 너비 또한 알맞아서 흔들릴 염려도 없다. 더 바랄 것이 없을 만큼 완벽하여 천년을 쓰고도 남을 만하다. 볼씨와 쌀개 사이에 고무신짝까지 끼워 놓았다. 이렇게 하면 마찰이 줄어 쌀개도 오래가고, 삐거덕거리는 소음 또한 적다. 전라북도 남원시 수지면 호곡리의 박씨네(중요민속자료 제149호) 방아이다.

사진 29도 흠잡을 데 없다. 바닥이 펑퍼짐한 데다가, 위로 가면서 조붓하게 다듬어서 만두를 연상시킨다. 상부에 열십자꼴의 홈을 내고 쌀개를 걸었다. 경상북도 영천시 임고면 선원동 정씨네 방아이다.

1 사진 27 잘 다듬은 볼씨를 쓴 디딜방아
2 사진 28 잘 다듬은 볼씨를 쓴 디딜방아
　(부분)
3 사진 29 만두꼴 볼씨

사진 30·31의 방아는 땅바닥을 돋운 위에 볼씨를 세웠다. 이에 따라 방아허리
와 다리가 번쩍 들려 올라간 반면, 머리는 잔뜩 숙였다. 디딜방아의 머리와 다
리가 대체로 수평을 이루는 점에 비하면 매우 대조적이다. 이 방아는 머리 쪽을
많이 들어올리지 않아도 곡식이 잘 찧어질 것이다.

돌 볼씨는 강원도에 가장 많으며 경상북도 일대에도 있다. 그리고 다른 지역에
서도 더러 보인다. 강원도의 것은 자연석을 거의 그대로 쓰는 까닭에, 쌀개 자리
도 불안정하고 쌀개 자체도 빈약하다. 그러나 큰 돌을 만년이 지나도 끄떡없을
만큼 알맞게 다듬은 볼씨도 드물지 않다.

사진 32는 나무 볼씨의 전형이다. 나무줄기와 이에서 뻗어나간 가지를 이용한
것이다. 따라서 옆에서 보면 가위다리꼴이다. 오른쪽 볼씨와 몸체 사이가 지나
치게 벌어져서 틈에 나무 두 개를 질러 놓았다. 그대로 두면 머리가 올라갈 때
몸체가 몹시 흔들릴 것이다.

1 사진 30 땅바닥을 돋운 디딜방아
2 사진 31 땅바닥을 돋운 디딜방아
3 사진 32 나무 볼씨

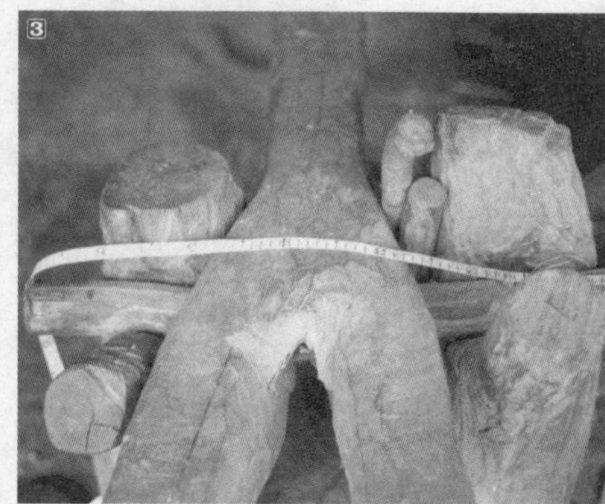

사진 33·34는 나무 뿌리째 캐어서 다듬었다. 나무 볼씨는 땅에 박히는 부분이 쉬 썩는 까닭에 오래가지 못하지만, 이것은 긴 수명을 누릴 것이다. 더구나 아래쪽이 넓어서 땅속으로 가라앉을 염려도 없다. 쌀개 구멍이 둘인 점도 눈을 끈다. 곡식 종류에 따라 쌀개를 앞뒤로 바꾸어 끼우는 것이다. 앞구멍에 끼우면 공이를 들어올리는 데에 힘이 덜 들고 뒷구멍을 쓰면 더 든다. 그러나 뒷구멍을 이용하면 능률은 오른다. 이 밖에 시간이 지남에 따라 구멍이 지나치게 넓어져서 새로 마련하는 일도 없지는 않다. 몸체가 멀쩡한 박달나무 디딜방아는 쌀개 구멍을 하나 더 마련하는 것이 훨씬 이롭다.

사진 35·36(충청북도 옥천군)은 통나무의 가운데를 길이로 파내고 볼씨로 삼았다. 방아를 찧을 때, 방아다리가 볼씨 아랫도리로 내려가기 때문이다. 다리께가 아래쪽으로 휜 것도 한 원인이다. 쌀개도 상부의 반을 갈라 길이로 파낸 자리에 걸어 놓았다. 이래저래 볼씨의 수명은 짧을 수밖에 없다.

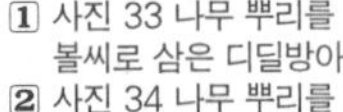

① 사진 33 나무 뿌리를 볼씨로 삼은 디딜방아
② 사진 34 나무 뿌리를 볼씨로 삼은 디딜방아 (부분)
③ 사진 35 통나무 볼씨
④ 사진 36 통나무 볼씨 (부분)

사진 37(강원도 인제군)은 굵은 통나무 위를 십자꼴로 파내고 박았다. 다리가 오르내리는 부분을 길게 판 것은 앞의 것과 같지만, 쌀개가 걸리는 사이에 다른 나무를 박아 보강하였다. 간편하고도 실용적인 방법이다.

사진 38·39(한국민속촌 소장)는 특이하다. 동굴이 나무 두 개를 나란히 놓고, 그 위에 볼씨를 세운 것이다. 다른 방아처럼 땅속으로 박히지 않아 안정성이 떨어지기는 하지만, 쉽게 썩지 않으므로 수명은 오래간다. 그리고 방아가 흔들리는 것을 막으려고 바닥을 촉이 달리도록 깎은 다음, 동굴이 나무에 꿰어 땅에 박았다. 뿐만 아니라 동굴이 나무 앞쪽(방아머리 쪽)에 길이 15센티미터 정도의 토막 나무를 괴어 놓았다. 공이가 더 올라가는 만큼 능률도 높다. 세심하고도 기발한 착상이다. 형태도 비범하다. 둥근 나무토막 안쪽에 마련한 턱에 쌀개를 걸고, 남은 바깥쪽이 쌀개를 감싸 안도록 하였다. 몸체 길이에 비해 다리는 짧은 편이다. 여럿이 쓰기 어렵다. 쌀개를 동굴이 나무 위에 얹어 놓은 까닭에 필요할 때 옮길 수 있다. 이동식 디딜방아이다. 같은 기능을 지닌 중국이나 일본의 틀방아보다 능률이 훨씬 앞선다.

1 사진 37 통나무 볼씨(부분)
2 사진 38 동굴이 나무 위에 세운 볼씨
3 사진 39 동굴이 나무 위에 세운 볼씨(옆)

  사진 40·41(강원도 월정사)은 큰 통나무(길이 116센티미터, 지름 42센티미터)를 가로 뉘어 볼씨로 삼았다. 통나무 위에 쌀개가 들어갈 만한 크기의 좁은 구멍을 파고 다리가 걸리는 부분의 살도 발라내었다. 그리고 뒤로 물러나거나 옆으로 밀리는 것을 막으려고 좌우 네곳에 말뚝을 박았다. 나무이지만 튼튼한 점과 간편한 점, 또 독창성에서도 다른 어느 것에 못지않은 뛰어난 볼씨이다.

  사진 42는 경기도 이천시 백사면 도림리의 볼씨이다. 독특한 점에서는 다른 어느 방아보다 떨어지지 않는다. 거의 모든 방아는 쌀개를 몸체에 가로 꿰어 볼씨에 걸지만, 이것은 몸체가 볼씨 위에 얹혀 있다. 몸체가 움직이는 것을 막으려고, 둘 사이에 비녀를 질러 두었다. 볼씨보다 쌀개 쪽이 더 굵고 튼튼한 것은 이 때문이다. 볼씨를 자주 바꾸어야 할 것이다. 몸체와 쌀개 사이에 비녀 구멍을 뚫기는 어려운 일이다.

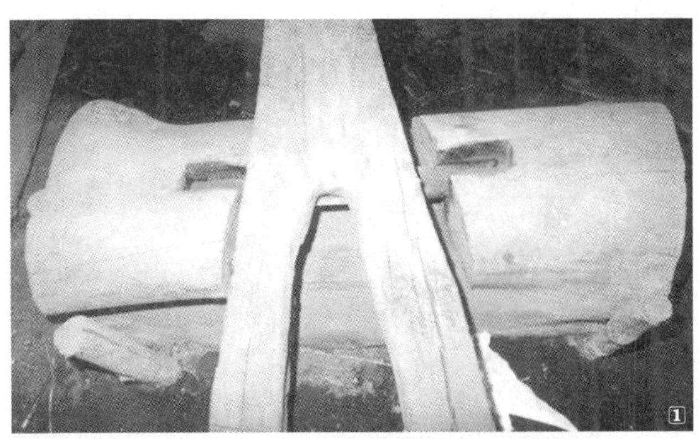

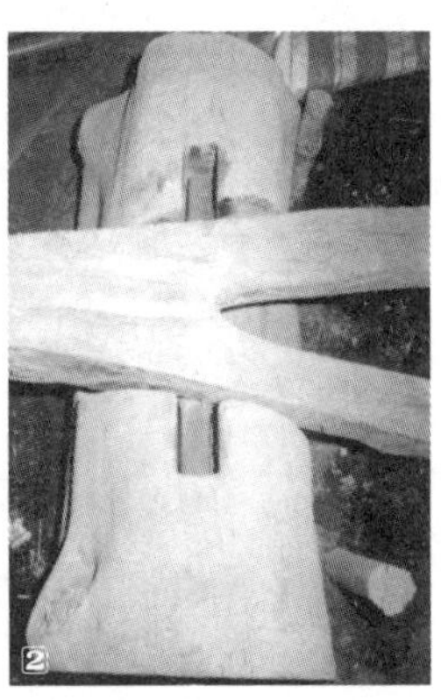

① 사진 40 통나무 볼씨
② 사진 41 통나무 볼씨(옆)
③ 사진 42 몸체와 쌀개에 비녀를
　　지른 디딜방아

　사진 43·44는 전라남도 영광군 법성면 입암리 신씨네 방아이다. 시멘트로 상
자꼴의 확을 짓고, 흙으로 채운 다음 볼씨를 세웠다. 형태 또한 유별나다. 나무
토막을 위에서 비스듬히 깎아 내려가되 아래턱은 짧게 잘라 내어, 크게 벌린 악
어의 입을 연상시킨다. 볼씨가 높은 만큼 공이는 힘차게 떨어질 것이다.

　사진 45도 앞의 것을 닮았다. 통나무의 반을 길이로 잘라 턱을 붙이고, 쌀개를
걸어 놓았다. 그리고 남은 부분의 가운데를 파내고 방아 몸체를 걸었다. 허리에
서부터 다리가 굽은 것이나 볼씨가 낮은 언덕 위에 박힌 점도 눈을 끌지만, 볼
씨를 비스듬히 박아서 균형을 맞춘 재주는 이만저만 뛰어난 것이 아니다. 쌀개
를 몸체에 꿰지 않고 다리 사이로 뺀 것도 돋보인다.

1 사진 43 턱을 지어 볼씨로
　삼은 디딜방아
2 사진 44 턱을 지어 볼씨로
　삼은 디딜방아(부분)
3 사진 45 통나무 볼씨

사진 46도 독창적인 점에서는 다른 어느 것에 뒤지지 않는다. 굵은 통나무 가운데를 방아허리가 걸릴 만큼의 너비로 파내고, 좌우 양쪽으로 구멍을 뚫었다. 그리고 비교적 굵은 쌀개를 양쪽에서 각기 박아 넣었다. 쌀개는 두 개다. 방아허리에서 비녀를 꽂아 몸체를 고정시켰다. 비녀는 볼씨 몸통 아래까지 내려가 있을 것이다. 방아허리가 움직일 때마다 볼씨에 닿는 부분이 상하고, 그때마다 불필요한 마찰이 일어나는 흠이 있다.

사진 47의 방아도 사진 33·34처럼 쌀개 구멍이 둘이다. 찧는 곡식에 따라 바꾸어 끼우는 것이다. 나무 볼씨는 땅속에 깊이 박힐수록 든든하다. 길이는 150센티미터에서 2미터에 이르며, 땅속에 묻히는 부분은 140센티미터쯤 된다. 쌀개도 박달나무나 참나무가 좋다. 강원도 산간지대에서는 물푸레나무를 많이 쓴다. 볼씨 구멍은 공이의 그것처럼 네모로 깎는다.

[1] 사진 46 특이한 쌀개를 지닌 디딜방아
[2] 사진 47 두 개의 쌀개 구멍을 마련한 디딜방아

다. 확과 머리

디딜방아 확은 만두처럼 동글납작하다(사진 48). 그러나 안쪽은 팽이꼴이 되게, 위는 둥글고 아래로 내려가면서 조붓하게 다듬는다. 따라서 위는 넓지만 아래로 내려갈수록 좁으며, 바닥 면적은 공이 지름의 한 배 반쯤 된다(사진 49).

확은 땅에 묻으며, 밖으로 튀어나온 곡식을 쓸어 넣기 위해 주위를 흙이나 시멘트로 판판하게 바른다. 강원도 삼척시 도계읍 신리에서는 확을 앉힐 때, 자갈한 삼태기를 깔아 둔다. 이렇게 하면 확이 울리지 않고 흙이 떠오르는 일도 없다. 외다리방아는 곡식을 많이 찧지 않으므로 돌절구를 확으로 쓰는 일이 많다(사진 136).

확의 몸통은 땅에 묻혀서 형체가 드러나지 않는 까닭에, 아무렇게나 생긴 돌을 확으로 쓴다. 사진 50(강원대학교 박물관 소장품)이 좋은 보기이다. 뒤죽박죽으로 생긴 돌 한가운데에 우묵한 구멍을 마련하였을 뿐, 다른 데에는 전혀 손을 대지 않았다. 아무 데에나 흩어져 있는 돌을 확으로 삼은 것이다. 무엇을 깎고 저미고 다듬어서 맵시 내는 것을 즐겨 않는 우리네 성품이 잘 드러났다. 구멍도 가운데를 버리고 한쪽으로 치우쳐서 파기도 한다(사진 49).

박지원도 디딜방아의 결점으로 꼽았듯이 곡식의 양이 많거나 방아공이의 힘이 지나치면, 곡식이 확 밖으로 튀어나오는 것이 사실이다. 이 때문에 확 주위를 판판하게 고를 뿐만 아니라, 한 사람(이를 께끼꾼이라 한다)이 붙어 앉아서

사진 48 만두꼴 확(옆)

사진 49 만두꼴 확

비로 쓸어 넣어야 한다. 그러나 사진 51(온양민속박물관 소장품)의 방아는 이를 걱정하지 않아도 좋다. 확 주위에 흙으로 둥글게 쌓아 올린 까닭이다. 공이에 빗 맞아 튀어나온 곡식은 저절로 흘러 떨어져 께끼꾼의 일이 그만큼 줄었다.

우리는 인절미를 만들 때, 찐쌀을 안반이나 떡돌 위에 올려 놓고 떡메로 쳐서 빚는다. 그러나 전라남도 영광군 법성면 입암리의 신씨네는 디딜방아를 이용한 다(사진 52). 떡을 칠 때에는 방아 확 자리에 짚을 두툼하게 깔고 참죽나무로 만 든 '떡버텅'(사진 53)을 올려 놓는다. 떡버텅은 돌확보다 전이 얕고 바닥 또한 너 르고 평평해서 떡을 치는 데에 안성맞춤이다. 사람이 허리를 굽히지 않고도 쌀뭉 치를 뒤집을 수 있다. 영광 신씨네 종가인 까닭에 한 달에 한 번 이상 제사를 지 내야 하므로, 이를 마련하였을 것이다. 여러 대를 이어 써왔음에도 말짱하다.

사진 50 대강 다듬은 확

사진 51 확 주위에 흙을 쌓아 올렸다.

사진 52 떡을 치는 모습

사진 53 떡을 치는 나무 버텅

돌로 만든 확도 오래 쓰면 사진 54·55처럼 바닥이 패이고, 구멍이 나고 만다 (지름 49센티미터, 안지름 21센티미터, 깊이 25센티미터). 방아를 쓰지 않을 때에는 확에 잡물이 들어가지 않도록 널판을 덮는다(사진 56). 그러나 강원도 정선군 북면 여량리에서는 쌀겨나 보리껍질로 채워 두었다가 방아를 쓸 때마다 꺼낸 다음 물행주로 깨끗이 닦는다. 널을 구하기가 쉽지 않고 그대로 두면 닭이 똥을 싸기 때문이다. 오늘날에는 대팻밥을 쓴다(사진 57). 이 밖에 확 위에 장작개비 따위를 걸쳐 놓고 공이를 얹어 두기도 한다.

방아를 깎을 때 나무뿌리 쪽을 머리로 삼는다. 머리가 무거워야 잘 찧어지기 때문이다. 따라서 머리가 굵고 허리로 가면서 가늘어진다. 몸체가 크고 머리가 굵은 방아는 다리힘만으로 들어올리기 어렵다. 이때에는 머리에 짧은 막대를 박고 줄을 걸어 방아꾼들이 한 쪽씩 갈라 쥐고 당긴다.

1 사진 54 구멍 뚫린 확
2 사진 55 구멍 뚫린 확(바닥)
3 사진 56 확에 널판을 덮었다.
4 사진 57 대팻밥을 넣은 확

사진 58은 앞에서 든 신씨네 방아이다. 머리 쪽에 'ㄱ'자꼴의 나무를 따로 박고 끈을 잡아매었다. 사진 59는 이 끈을 당기며 방아를 찧는 모습이다. 네 사람은 천장에서 내린 끈을 한 손에 쥐고 몸의 균형을 잡으면서, 다른 손으로는 방아머리의 줄을 당긴다. 특히 맨 뒤의 남자는 몸을 틀어서까지 끈을 힘껏 당기는 중이다.

사진 60의 짧은 꼭지(광주민속박물관 소장품)는 머리에 한 번 감은 새끼줄이 벗겨지는 것을 막는다. 두 방아꾼은 줄을 갈라 쥐고 방아를 찧는다(사진 61).

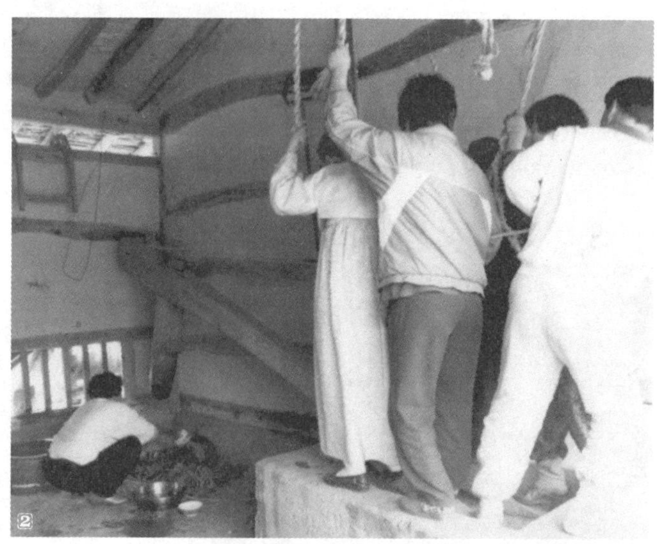

① 사진 58·방아줄 걸이
② 사진 59 방아줄을 당기며 찧는 모습
③ 사진 60 방아줄 걸이
④ 사진 61 방아줄을 당기며 찧는 모습(모형)

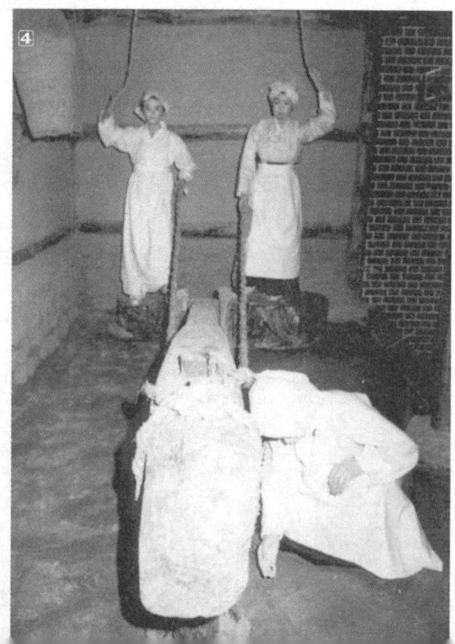

사진 62(한국민속촌 소장품)의 방아머리에 꽂은 짧은 막대도 끈을 걸기 위한 것이다. 이를 위해 꼭지를 앞쪽으로 기울여 박았다. 사진 63에 보이는 공이 옆의 둥근 나무도 같은 목적을 위해 마련하였을 가능성이 높다.

사진 64는 부여의 천일민속관 소장품이다. 방아머리 쪽에 짧은 기둥을 박고 줄을 걸었다. 여인은 줄의 한 끝을 왼손에 쥐었으나, 방아를 들어올리기보다 몸의 균형을 잡는 듯하다. 외다리방아이므로 따로 들어올릴 필요가 없는 것이다. 줄을 잡아맨 기둥이 비교적 높고, 머리에서 떨어진 허리께에 박은 까닭도 마찬가지이다. 기둥이 박힌 부분은 살을 두툼하게 남겨서 보강하였다.

전라남도 장흥지방의 방아타령에는 이 줄을 당기며 방아를 찧는 내용이 들어 있다.

① 사진 62 방아줄 걸이
② 사진 63 방아줄 걸이
③ 사진 64 방아줄을 걸어 놓은 모습

강태산이 조작방애
허이유화 방아야
도토리 껍덕 호왁에다
된담 넝쿨 줄에다
쟁인 쟁모도 당겨라
처남의 댁도 당거라

'도토리 껍덕 호왁'은 도토리 껍질처럼 오목하게 생긴 확을 이르고, '된담 넝쿨'은 산에서 자라는 식물이다. '강태산'은 강태공일 터이다. 방아를 오래 쓰면 머리 쪽이 갈라지기도 한다. 사진 65는 머리 주위에 홈을 파고 철사로 동여 놓았다.

사진 65 머리에 철사를 동인 모습

라. 손잡이와 틀

방아꾼이 몸을 바로 가누거나, 방아다리를 밟을 때 힘을 받으려면 무엇인가를 잡는 것이 좋다.

첫째, 가장 간단한 방법은 방앗간 보꾹에 끈을 잡아매고 한 손으로 잡는 것이다(사진 66). 몸의 균형을 잡는 데 뿐만 아니라, 몸을 숫구치면서 발에 힘을 주기도 편하다.

사진 67은 앞에서 든, 영광군 법성면 입암리 신씨네 방아 손잡이이다. 서까래에 박은 쇠고리에 철사를 늘이고 새끼줄을 잡아매었다. 새끼줄을 이어 놓은 까닭에 방아꾼들은 자기 키에 맞추어 줄이거나 늘일 수 있다. 사진 68에서는 여러 사람이 각기 자기 키에 알맞은 줄을 골라 쥐고 방아를 찧는다.

① 사진 66 손잡이를 쥐고 방아를 찧는 모습
② 사진 67 여러 개의 손잡이
③ 사진 68 손잡이를 쥔 모습

  사진 69·70(국립민속박물관 소장품)의 손잡이는 매우 특이하다. 쌀개 바로 뒤에 기둥을 세우고, 끝에 짧은 막대를 가로 걸어 놓았다. 방아머리 쪽에 박은 나무와 기둥 사이에 줄을 매고 탕개를 틀어서 손잡이 기둥이 힘을 받는다. 방아꾼은 천장에서 내린 줄과 손잡이를 잡는다.

  둘째, 한쪽에 세운 기둥과 벽 사이에 작대기를 걸쳐 놓는 방법이다(사진 71). 이것이 '찌껑나무(강원도에서는 찌깡이라 한다)'이다. 높이는 사람의 허리(사진 77)에서 가슴께를 잡지만(사진 72), 더 높은 것도 적지 않다. 사진 73은 어깨 높이에 이르고, 사진 74는 두 손을 치켜들어야 잡을 수 있다. 방아꾼은 철봉대에 오르듯이, 온몸을 번쩍 들어 올렸다가 다리를 밟으므로 능률이 난다. 사진 75에서는 방아꾼의 키에 알맞게 조정할 수 있도록 도리와 손잡이 사이를 새끼줄로 연결하였다. 찌껑나무를 쓰면 능률은 높지만, 방아꾼은 훨씬 고되다.

1 사진 69 기둥에 연결한 손잡이 줄
2 사진 70 기둥에 연결한 손잡이 줄(부분)
3 사진 71 찌껑나무

① 사진 72 찌껑나무를 잡고 방아를 찧는 모습
② 사진 73 높이 걸린 찌껑나무
③ 사진 74 찌껑나무에 매달려 방아를 찧는 모습
④ 사진 75 높이 걸린 찌껑나무

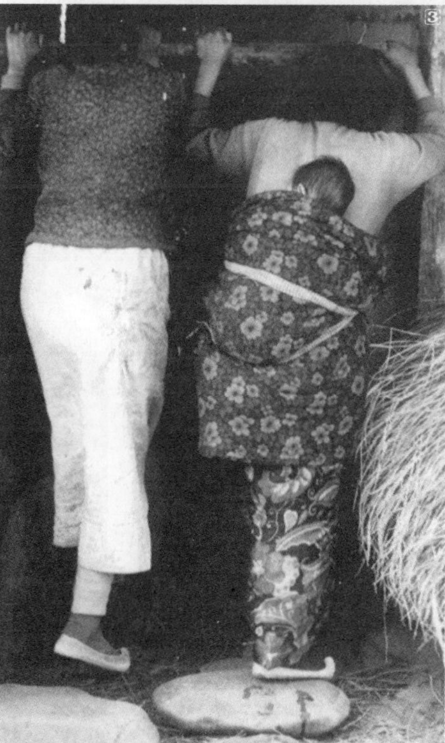

사진 76은 경기도 이천시 백사면 도림리의 마을 방아이다. 방아 디딤돌 앞에 지게 작대기처럼, 끝이 아귀진 두 개의 긴 작대기를 세우고 찌껑나무를 걸어 놓았다. 방아꾼 쪽으로 기둥이 쏠리는 것을 막으려고, 양쪽의 도리 사이에 나무를 건너지르기는 하였지만, 큰 힘을 받지는 못할 것이다.

강원도의 일부 지역에는 다리께에 'ㄷ'자꼴 틀을 따로 박아 놓고 찌껑나무로 쓴다(사진 77). 높이는 사람의 허리께에 이른다. 사진 78(강원대학교 박물관 소장품)에서는 이를 디딤대 안쪽에 세웠다.

1 사진 76 작대기 위에 걸어 놓은 찌껑나무
2 사진 77 ㄷ자꼴의 틀
3 사진 78 디딤대 안쪽에 세운 틀

사진 79·80은 전라북도 김제시의 동진 수리박물관 소장품이다. 볼씨가 박힌 널쪽 좌우 양쪽에 쪽널을 대고 그 끝에 기둥을 세운 다음, 작대기를 걸었다. 그리고 널쪽과 기둥 사이에 버팀목을 걸어서 손잡이가 힘을 받도록 하였다. 볼씨를 빈약한 널쪽 위에 세운 것을 보면, 필요에 따라 옮겨 놓고 쓰거나, 고추 따위의 양념을 빻거나 보리 따위를 대끼는 데에 쓰려고 만든 방아인 듯하다. 이것으로는 곡식을 찧기 어려울 것이다. 볼씨나 쌀개도 빈약하다.

사진 81·82는 강원도 삼척시 도계읍 신리의 디딜방아이다. 강원도의 산간지대에서는 흔히 방아를 노천에 설치하며 손잡이는 쓰지 않는다. 따라서 몸의 균형을 잡기 위해 작대기를 쥐기도 하나, 큰 도움을 받기는 어렵다.

① 사진 79 ㄷ자꼴의 틀　② 사진 80 ㄷ자꼴의 틀(옆)
③ 사진 81 한데의 디딜방아　④ 사진 82 한데의 디딜방아

사진 83·84는 전라남도 장흥군 관산읍 방촌리 위씨네(중요민속자료 제161호) 방아이다. 네 개의 짧은 기둥 위에 두 개의 나무쪽을 방아 길이로 걸쳐 놓고, 가운데 좌우 양쪽에 박은 기둥에 작대기를 걸어서 틀을 마련하였다. 앞에 놓은 토막나무는 볼씨이고, 뒤의 널은 디딤대 구실을 한다. 방아꾼은 높직한 틀 위에 올라서서 방아를 찧는다(방아틀은 1990년대 중반에 없어지고, 지금은 몸체만 덩그러니 남았다).

틀방아는 이것이 유일한 보기이다. 따라서 우리네 전형적인 방아로 보기는 어렵다. 일제 강점기에 일본의 영향을 받아 만들었을 가능성이 높다. 뒤에 설명하는 것처럼 중국 서남부 지역과 일본에서는 널리 써왔다. 그리고 중국에서는 한나라 때부터 선보였다. 따라서 틀방아를 받아들이지 않은 점도, 우리의 독자성을 알리는 증거의 하나이다.

황해도 무당노래 (〈병신 난봉가〉)에 봉사가 방아 찧기에 앞서, 방아틀의 크기를 재는 대목이 등장한다.

어디 방아틀을 둘러보구
길이로 이십리
세로 이십리, 가로 이십리

모루 이십리
사방 팔십리 그만하면 되겠네
방아나 찧어보세

사진 83 틀방아

사진 84 틀 모습

마. 디딤대

  디딜방아 다리께에는 흔히 돌 따위의 디딤대를 놓는다(사진 85). 이 위에 올라
서면 방아꾼이 힘을 쓰기 편하다. 돌의 크기와 높이는 방아에 따라 다르다. 좁
고 긴 것 한 개를 놓거나 두 개를 양쪽에 두기도 한다.
  사진 86(강원대학교 박물관 소장품)의 방아는 통나무를 디딤대로 삼았다. 그리고
이보다 조금 낮은 통나무에 볼씨를 세우고, 둘 사이에 세장을 질러서 고정시켰다.
  사진 87에서는 막돌을 쌓고 그 위에 네모 통나무를 얹었다. 방아가 워낙 높아
알맞은 나무를 구하기 어려웠던 까닭이다. 디딤대의 가로는 112센티미터, 세로
는 37센티미터이고, 높이(돌단 포함)는 43센티미터이다. 디딤대를 쓰지 않고 다
리께의 땅바닥을 우묵하게 파놓기도 하고(사진 88), 볼씨에서 다리에 이르는 바닥
자체를 높이 쌓기도 한다(사진 89).

① 사진 85 방아 끝에 놓은 돌 디딤대
② 사진 86 나무 디딤대

사진 87 돌단 위에 놓은 디딤대

사진 88 다리 끝을 파 놓은 모습

사진 89 바닥을 높인 모습

5. 디딜방아 만들기와 걸기

가. 디딜방아 만들기

옛적에는 대수롭지 않은 나무 한 그루를 베는 데에도 여간 조심하지 않았다. 누구나 날을 따로 받는 의례를 지켰다.

전라북도 임실군에서는 비록 집안의 나무일지라도 손이 없는 날을 가려서 베었다. 만약 이를 어긴 때에는 왼새끼의 한 끝을 베어낸 나무 밑둥에 묶고, 다른 한 끝은 그 옆의 살아 있는 나무에 감아 두었다. 죽은 나무의 목숨을 산 나무로 건네 준다는 뜻이다. 이렇게 하면 나무를 잘못 벤 이의 명을 구할 수 있다고 여겨 방앗감을 베는 데에도 마음을 졸였다.

방앗감이 될 만한 나무를 고르면, 문복장이에게 베는 날을 받는다. 그러나 좋은 날을 잡기 어려울 때에는 나무 주위에 금줄을 둘러 놓는다. 아무개가 미리 골랐으니, 함부로 건드리지 말라는 뜻이다.

충청북도 음성 지방에서는 나무를 벨 때, 제일 길게 뻗은 가지를 왼손에 쥔 도끼로 내려 찍으면서 '어명(御命)이요' 세 번 소리친다(윤병준, 1976 ; 10).

비슷한 의례는 강원도 강릉시 사천면 미노리에도 있다. 방앗감을 발견한 사람은 나무(박달나무)에 왼새끼를 걸어 둔다. 사람들은 이를 '절 받은 나무'라 하여, 얼씬거리지도 않는다. 베는 날을 따로 받아 제물을 차리고 고사를 지낸다. 도끼로 나무를 벨 때, 세 번 찍을 때까지 '어명' 소리를 거듭 외친다. 어명을 들먹이는 이유는 산의 주인인 산신에게 겁을 주어 크게 자란 신성한 나무를 베면 해를 입는다는 두려움에서 벗어나기 위함이다. 따라서 나라의 주인인 임금의 명에 따라

나무를 베는 것이니, 산신은 다른 마음을 먹지 말라는 뜻이다. 경상북도 영주군에서는 집을 고칠 때에는 기둥에 '어명'이라고 쓴 한지를 붙인다.

다음은 방앗감을 베어 나를 때 전라북도 장수군 천천면 삼고리 사람들이 부른 노래다.

<table>
<tr><td>어차 우야허</td><td>상투는 ㄲ떡</td></tr>
<tr><td>나무는 크고</td><td>고개는 짤록</td></tr>
<tr><td>군장은 작고</td><td>붕알은 딸랑</td></tr>
</table>

강원도 삼척시 도계읍 신리의 김성열(75세)님은 20대 초반에 박달나무 디딜방아를 걸었다(사진 90). 박달나무는 50년이 지나야 지름이 한 자쯤(약 30센티미터) 자라서 방앗감이 된다. 그는 집에서 십여 리나 떨어진 깊은 산속에서 도끼로 베고, 그 자리에서 자귀로 대강 다듬어 날랐다. 무게를 덜기 위해 다듬는 데에 하루가 걸렸다. 스무 날쯤 두었다가 나르면 훨씬 가볍다. 이때에는 두어 사람과 함께 가서 끌어내리며 길이 좋은 데에서는 지게에 얹어 번갈아 져나른다. 이들에게 따로 사례를 하지 않았다.

사진 90 박달나무 디딜방아

방아는 혼자 이틀 걸려 걸었다. 가장 어려운 일은 쌀개와 공이의 구멍을 뚫는 작업이다. 조금이라도 비뚤어지면 제 구실을 못하기 때문이다. 미리 먹으로 네모꼴을 그려 놓고 안팎에서 같은 크기로 뚫어 나간다. 처음에는 안쪽에서 뚫고 거의 다 되었을 때 바깥쪽에서 맞뚫는다. 구멍은 네모꼴이라야 '돌아가지 않으며' 헐거우면 쐐기를 박는다.

공이 굵기는 '부러지지 않을 정도'가 좋다. 공이 자리를 지나치게 '대가리' 쪽에 잡으면, 떨어지는 힘이 줄어든다. 따라서 몸체가 무거우면 바깥쪽에, 가벼우면 조금 안쪽에 잡는다. 워낙 무게가 나가면 '대가리'의 앞쪽을 '끊어 버린다.'

공이 길이는 받침돌의 높이에 맞춘다. 예컨대, 받침돌의 높이가 낮으면 공이는 짧아야 한다. 받침돌도 냇가의 돌을 들어다가 혼자 다듬어 세웠다. 신리에서는 볼씨를 나무로 걸기도 하지만 돌 볼씨가 더 많다. 쌀개는 나무보다 돌 위에서 더 잘 움직이기 때문에 방아 일이 그만큼 쉽다.

쌀개는 4~5년 자란 물푸레나무로 깎는다. 구멍의 위치는 '대가리'에서 3분의 2쯤 떨어진 곳이 알맞다. 다리 길이는 쌀개에서 '서너 자' 떨어져야 좋고 너비 또한 마찬가지이다. 이 정도면 둘이 올라서도 몸이 닿지 않는다.

확은 '돌쟁이'에게 맡기며 사흘쯤 걸린다. 확자리에 자갈 한 삼태기를 깔아 두면 움직이지 않는다. 밖으로 튀어나오는 곡식을 쓸어 넣기 위해, 확 주위에 찰흙을 두텁게 바른다. 방아의 허리와 다리는 위쪽으로, '대가리'는 아래쪽으로 가도록 앉힌다. 이렇게 해야 찧기 쉽다.

방앗간도 스스로 지었다. 네 귀에 구멍을 파고 기둥을 세운 다음, 도리를 걸고 지붕을 덮었다. 재목이 있으면 사흘 걸리지만, 산에서 새로 찍어 오면 더 걸린다. 방앗간은 삼면에 벽을 치고 사람이 드나들기 편한 쪽만 터놓되, '대가리' 쪽은 반드시 막는다. 방앗간은 함부로 헐거나 뜯어 옮기지 않는다. 옛적에는 거지나 문둥병자들이 디딜방앗간에서 묵기도 하였다.

박달나무 디딜방아는 바로 걸어도 터지지 않는다. 다만 생나무는 무거운 까닭에 말리는 것이 좋다. 이 방아는 비를 맞지 않으면 수백년 간다. 옛적에는 집마다 거의 디딜방아가 있었다. 재주가 없는 이는 남에게 부탁해서 걸고, 2~3일을 품으로 갚았다. 사람들은 방아를 걸려는 이에게 "어디에 가면 방앗감이 있다"고

서로 알려 주었다. 강원도에서 디딜방아를 흔히 노천에 설치하는 것은 나무가 많아 언제라도 새로 걸 수 있고, 이웃의 것을 빌리기도 쉽기 때문이다.

방아가 없는 이는 남의 것을 훔쳐 쓰기도 한다. 이때에는 방아머리에 보자기를 씌우고 밤중에 몰래 들여온다. 뒤에 주인이 알아도 해를 입는다고 하여 되가져 가지 않는다. 그러나 방아를 나르는 도중에 송장을 만나면 죽는다고 믿는다. 따라서 대단한 용기(?)를 가지지 않고는 마음먹지 못하였다.

경상남도 창녕군에서는 디딜방아를 철물상에서 팔기도 하였다. 값은 감에 따라 달랐으며, 박달나무 방아가 제일 비쌌다.

경기도 안성 지방의 무당노래(제석굿)에는 디딜방아를 만드는 과정의 일부가 들어 있다.

경신년 경신월 경신일 경신시
강태공네 조작방아 대령할제
공산(空山)의 너른 뜰에 외로이 선 바우는
정을 찔러 때려내야 방아 확을 대령하고
공산의 너른 뜰에 외로이 섰는 낭구
도끼로 꿍꿍 꽝꽝 찍어 내야
백옥 같은 금옥상미(金玉上米) 금수인간 다
수지로는 못먹사와 불기 새옹 지은 고양
임네도 위성하고 우리나라 상감님
수라진지 바쳐 놓고
억조창생(億兆蒼生) 나머지는
만민들이 먹고 나니 근들 아니 생연이요

강원도 정선군 북면 여량리의 김남기(63세)님은 디딜방아 서너 틀을 만든 경험이 있다. 그는 거친 땅에서 자란 박달나무를 첫손에 꼽는다. 같은 나무라도 바위 틈에서 자란 것이 더 단단하기 때문이다. 소나무 따위의 잡목으로도 방아를 깎지만, 가벼워서 잘 찍어지지 않는다. 또 박달나무는 비를 맞아도 '돌지 않는다(틀어지지 않는다)'고 한다.

이 나무는 특별한 쇠, 예컨대 '철가지(철도 레일)'로 날을 단 '박달' 도끼로 벤다. '막철' 도끼는 날이 먹지 않는다. 방앗감을 베어 두서넛이 대강 다듬은 뒤, 반드시 그날 안에 집으로 나른다. 감을 나르는 도중에 송장을 만나면 주인이 죽는다고 하여 늦은 밤에 옮긴다. 이러한 민속은 지게에 올려놓은 방아가 송장을 연상시키는 데에서 왔을 것이다. 옛적에 가난한 이는 주검을 거적 따위에 말아 지게로 날랐고 이를 '지게 송장'이라 불렀다.

쌀개감도 박달나무를 첫손에 꼽는다. 더러 참나무로 깎기도 하지만, 피나무는 쓰지 않는다. "가벼워서 방아가 돌아가고(움직이고), 심지어 볼씨를 뛰어넘기" 때문이다. 아닌게 아니라 정선에는 "한데 방아에 피나무 쌀개"라는 말이 있다. '피나무 쌀개'는 말을 자주 뒤집는 사람의 대명사이고, '한데 방아'는 마을에서 공동으로 세운 공용 방아이다. 한데 방아는 여량리에도 있었으나 관리가 어려워 없앴다고 한다. 내 것이 아니라 여럿이 쓰는 것이어서 피나무 쌀개를 꽂았을 것이다.

공이는 돌공이를 쓴다. 여량에서 질 좋은 돌이 나기 때문이다. 이곳은 본디 맷돌 고장으로 널리 알려져 있다. 무엇을 아무리 많이 먹어도 잘 삭이는 사람을 "여량 맷돌 같다"고 이른다. 같은 돌이라도 금점〔金鑛〕에서처럼, 굴속 깊은 데에서 떼어낸 '구뎅이 돌'이라야 새파란 '음'이 돋아 잘 먹는다. 음은 돌 표면에 돋아난 작은 돌기이다. 이것이 맞물려 돌아가면서 곡식을 찧거나 빻는다.

공이와 확은 석수에게 30만 원을 주고 맞춘다(1999년 4월 현재). 김씨는 맷돌 한 틀을 청보리 5가마와 바꾼 적이 있다. 오늘날에도 헌 맷돌 한 틀에 15만 원 나간다. 공이 길이는 방아를 걸고 나서 석수가 몸체의 크기나 '받침돌(쌀개)'의 높이 따위를 보고 정하되, 대체로 두 자에서 두 자 가웃을 잡는다. 공이 구멍 자리는 머리가 터지지 않을 만한 거리가 좋다. 돌공이는 깨지지 않는 한, 평생 쓴다.

그는 쌀개 구멍을 몸체의 중간에 잡는다지만 틀린 말인 듯하다. 정선은 물론, 다른 데에도 이러한 방아는 없다. 앞의 김성열님 말대로 3분의 2쯤 되는 곳이 알맞다. 구멍은 큰 끌로 둥글게 판다. 공이를 끼우고 나서, 위의 좌우 양쪽과 아래쪽에서 쐐기(박달나무)를 쳐서 고정시킨다.

확의 크기는 목도로 져나르는 사람 수로 정한다. 예컨대 작은 것은 '한 짐짜리', 큰 것은 '두 짐짜리'라 부른다. 깊이 한 자(약 30센티미터)의 두 짐짜리에 곡식 닷 되가 들어간다. 확이 너무 작으면 울려서 주위의 흙이 떠오른다.

이웃의 디딜방아를 빌려 쓸 때, 따로 사례를 하지 않는 것이 우리네 인심이다. 그러나 강원도 삼척시 도계읍 신리에서는 남의 디딜방아를 오래 빌리는 경우, 보답의 뜻으로 공이를 장만해 준다. 그러나 경상남도 합천군 용주면에서 불린 노래를 보면 삯을 내기도 하였던 모양이다.

오호야 방아야
이 방아가 누 방아고
강태공나 디딜방아
방아 싹는 올마요
하루 찍고 돈 닷돈

나. 디딜방아 걸기

디딜방아는 마을에서 공동으로 마련하거나 몇 집이 힘을 합쳐서 장만하는 일도 있다. 방아를 앉힌 날 저녁에 고사를 지낸다. 방아머리 쪽에 촛불을 꽂은 떡시루와 정화수 한 그릇을 놓고, 주인 내외가 절을 올리며 읊조린다.

토지신 목신(木神)님 아무개 집 아무개 씨, 대주 아무 생이 아무 년 해운 아무 월 아무 일에 방아를 만들어 걸었습니다. 오늘 이 정성 받으시고 이 집에 재수 복덕 내려 주시고, 아무 탈이 없도록 도와 줍소서. 이 제사 홍겹게 받으시고 기꺼이 받으시고 소원성취 주사이다. 바라옵고 원하옵니다.

마을 사람들은 떡을 먹고 술을 마시며 축하 인사와 덕담을 나눈다. 첫 방아는 반드시 주인이 찧는다. 경상남도 합천군 봉산면에서도 주인이 첫 방아에 나락을 찧어 밥을 해먹었다. 강원도 강릉시 사천면 미노리에서도 이날 고사를 지내고, 따로 무당을 불러 축원을 올렸다.

경상남도 창녕군에서는 볼씨에 막걸리를 부으며, "탈없이 오래 찧도록 도와주소서” 빌었다. 같은 도의 합천군 용주면에서는 볼씨를 세울 때, 달걀을 함께 묻고 술을 부었다. 미끄러운 달걀처럼 볼씨 위의 쌀개가 가볍게 움직이기를 바라는 유감주술이다.

방앗간에는 방아를 지키는 신이 있다고 여긴다. 따라서 고사 때에는 반드시 떡과 술과 간단한 음식을 바친다. “여든에 죽었어도 방아 동티에 죽었다”는 속담은, 방아를 찧다가 방앗간 귀신에게 벌을 받아 목숨을 잃었다는 뜻이다.

방아를 놓을 때, 방아머리가 집 안쪽이나 남의 무덤을 향하면 쿵쿵 울려서 좋지 않다. 고려 때 최충헌이 궁중에 약을 대는 관서를 다른 곳으로 옮기게 하였다는 기록이 있다. 이곳에서 밤낮으로 들려오는 방아 소리가 자기 집으로 들어오는 정기를 끊는다고 여긴 것이다. 조선시대의 홍만선도 《산림경제》 복거에 “방아머리 쪽에 집이 있으면 반드시 불안하다. 방아머리는 안으로 거슬러서는 안 되고, 밖으로 향해도 나쁘며 가로 곧게 설치해야 좋다”고 적었다.

강원도 삼척시 도계읍 신리에서는 ‘방아 대가리’의 방향이 집 안쪽으로 향하는 것을 꺼린다. 그러나 같은 도의 정선군 북면에서는 방아머리가 산을 향하면 나쁘다고 한다.

6. 디딜방앗간

    상류 가옥의 디딜방앗간(호남지방에서는 방아실이라고 부른다)은 흔히 안채 부엌 가까이 두지만, 곳간 옆에 붙이기도 한다(사진 91). 규모는 대체로 3칸이며 지붕은 짚으로 덮는다. '근검 절약하는 집'임을 보이고 싶기 때문이다. 방앗간에는 다리 쪽만 터놓고 나머지 삼면에는 낮은 벽을 치되 문은 달지 않는다. 따라서 겨울에는 한데나 다름이 없다. 방앗간 한쪽에는 헛간이나 여성 전용의 안뒷간이 딸리기도 한다.

사진 91 디딜방앗간(왼쪽 끝)

중류 가정에서는 방아를 헛간채에 두고 도장과 함께 쓴다. 마을 공동 방아는 사람들의 왕래가 빈번한 길가나 삼거리 등에 놓는다. 명절에 한꺼번에 많은 사람이 몰릴 때에는 선착순으로 찧는다.

방앗간은 동쪽에 두는 것이 좋다. 우리는 해가 뜨는 양(陽)의 방향인 동쪽을 상서롭게 여긴다. 강원도 철원 지방의 '집터 다지는 소리'에도 들어 있다.

> 북방으로 광을 짓고
> 에얼싸 지경이요
> 동방에는 방아 놓고
> 남방에는 우물 파고

조상의 위패를 모신 사당이나 남성의 거주공간인 사랑채를 동쪽에 배치하는 것도 마찬가지이다. 이 원칙은 궁중에서도 지켰다. 예컨대, 임금 내외가 기거하는 대조전(大造殿)에서도 임금의 방을 동쪽에 두고 '동 온돌'이라 불렀고, 왕비의 서쪽 방은 '서 온돌'이라 일렀다.

디딜방앗간을 중하게 여기는 생각은 경기도 화성군 정남면 귀래리의 방아못 설화에도 잘 드러나 있다.

> 부자 구두쇠가 있었다. 어느 날 중이 시주를 청하자, 곡식 대신 쇠똥 한 삽을 퍼 주었다. 이를 본 며느리가 몰래 쌀 한 되를 내 주면서 "우리 아버님을 용서해 달라"고 빌었다. 그러나 그는 "악행이 하늘에 닿아 어쩔 수 없습니다. 댁은 지금부터 나를 따라 오되, 뒤에서 무슨 소리가 들리든지 절대로 돌아보지 마시오" 하였다. 중의 뒤를 따르던 그네는, 천둥 치는 소리에 놀란 나머지 고개 돌리고 말았다. 그 순간 디딜방앗간이 물에 잠기고, 그네 자신은 돌이 되었다. 지금도 마을에서는 '방아못' 바닥에 큰 이무기가 살고 있다고 여긴다. '방아못'이라는 이름은, 그 자리에 디딜방앗간이 있었던 데에서 왔다.

상류층에서는 거의 집집마다 디딜방아를 갖추었고(연자매를 가진 집도 드물지 않다), 중류층에는 네다섯 집에 한 틀 꼴로 있었다. 옛적에는 필요한 때마다 알맞은 양의 곡식을 찧었으므로 디딜방아는 필수적인 기구였다. 오늘날과 달리 그만큼 신선한 곡물을 먹은 것이다. 36가구로 이루어진 충청남도 음성군 원남면 하노리 능촌 마을에는 1931년에서 1936년 사이에 디딜방아 여섯 틀, 연자방아 두 틀, 물레방아 한 틀이 있었다. 또 27가구의 하노리 하촌 마을에서는 디딜방아 다섯 틀, 연자방아 두 틀을 두고 썼다.

충청북도 음성군에서는 때로 방앗간에서 아이를 낳았다. 한집에서 두 여인이 해산할 경우, 몸을 먼저 푸는 쪽은 안채에서, 이보다 늦는 쪽은 디딜방앗간을 이용하였다. "한지붕 아래에서 두 아이가 태어나면 하나가 치이기" 때문이다. 방앗간의 산모는 태를 자른 뒤에야 방으로 옮겨 갔다. 따라서 이러한 일이 벌어질 듯하면 한쪽은 친정으로 간다.

디딜방아를 반드시 방앗간에 설치하는 것은 아니다. 앞에서 든 대로 강원도의 인제군, 도계읍, 평창군과 경상북도 문경시 등지의 산간에서는 디딜방아를 노천에 세운다(사진 92). 비나 눈이 내릴 때 쓰지 못하지만, 찧을 곡식이 많지 않을 뿐더러 물방아·물레방아·절구가 있어 불편을 느끼지 않는다.

사진 92 한데의 디딜방아

사진 93은 경상북도 안동시 임하면 상류 가옥의 디딜방아이다. 안채 처마 밑을 방앗간으로 삼았다. 처마 밑을 디딜방앗간으로 삼는 일은 드물지 않다. 전라남도 보성군에 있는 서재필 박사 생가에서도 외다리 디딜방아를 안채 담 곁에 두었다(사진 138·139). 몸체가 작은 외다리방아는 그렇다고 하지만, 두다리방아를 처마 밑에 두는 일은 매우 드물다. 더구나 이른바 양반집 디딜방아라 쉴 틈이 없었을 것을 생각하면 이해하기 어렵다. 곡식 따위를 찧는 일을 다른 데에 맡겨서 디딜방아의 필요성이 적었기 때문인 듯하다. 손잡이(찌껑나무)는 담벽에 붙인 긴 작대기와 처마 쪽에서 내린 나무 사이에 걸었다.

사진 94의 디딜방앗간(충청북도 제천시 청풍면 물태리 청풍문화재 단지)은 외양간 옆에 붙어 있다. 방아 다리께 위에 다락을 둔 것은 의문이다. 천장이 지나치게 낮아 방아를 찧기가 쉽지 않기 때문이다. 문화재 단지를 만들 때 디딜방아를 아무 생각 없이 들여놓은 듯하다.

사진 95에서는 디딜방아를 방 옆의 작은 공간에 걸었다. 더구나 부뚜막이 곁에 있어 옹색하기 그지없다. 자리가 워낙 좁아 쌀개의 왼쪽은 벽 밖으로 빼었고, 손잡이도 따로 마련하지 않았다.

1 사진 93 처마 밑의 디딜방아
2 사진 94 외양간 옆의 디딜방아

사진 96·97은 강원도 삼척시 도계읍 신리의 디딜방앗간이다. 지붕에 굴피를 덮고 벽 일부에 널쪽과 새로 엮은 자리를 둘러쳤다. 굴피가 바람에 들뜨는 것을 막으려고 돌과 긴 통나무 따위로 지질러 두었다.

굴피는 귀밤나무(도토리나무) 껍질로 20~30년 자란 나무에서 음력 7~8월에 떼어낸다. 이 무렵에 나무의 물이 알맞게 내리기 때문이다. 물이 오른 상태에서 껍질을 벗기면 나무가 죽고 지나치게 마르면 벗기기 어렵다. 나무 밑동에서 한 발쯤 되는 데까지 거둔다. 두께는 3센티미터쯤이다. 한 번 벗기고 나면 3년이 지나야 다시 벗길 수 있다.

도끼 날을 이[齒] 삼아 죽 그은 뒤, 도끼머리나 낫 등으로 껍질을 살살 두드리면 껍질이 갈라진다. 그리고 낫이나 도끼자루 끝(이 부분도 날처럼 생겼다)을 속으로 넣어서 떼낸다. 한 사람이 하루에 한 짐을 거둔다. 값은 15,000원(1984년 8월 현재)이다.

굴피를 집으로 옮겨와 4~5일 응달에 두었다가 바싹 마르기 전에 반반하게 펴서 차곡차곡 쌓는다. 돌로 질러 두어야 마르면서 오그라들지 않는다. 시월에 '떨어 잇기'를 한다. 안쪽으로 겹쳐 있던 것은 밖으로 끌어내고 햇볕을 받았던 부분은 안으로 집어넣는 것이다. 굴피는 끝이 10센티미터쯤 물리도록 덮어 나간다. 4칸 넓이를 덮는 데 백 짐이 든다. "기와 천년에 너와는 백년 가고, 짚 일년에 굴피는 십년 간다"

는 말이 있을 정도로 오래간다. 강원도 산간 지대에서는 방앗간뿐만 아니라 살림집에도 많이 덮는다.

이 방앗간은 지난 88 서울올림픽 때 헐리고 말았다. 신리 일대로 이른바 성화가 지나가게 되자 공무원들이 "지저분하니 뜯어내라"고 하였다는 것이다. 당시에는 정부가 온 국민이 올림픽을 위해 태어난 것처럼 몰아쳐 대었다. 따라서 그 여파가 이 산골에까지 밀려든 것은 놀라운 일이 아니다. 그러나 우리 문화에 대한 공무원들의 인식 수준이 이 정도밖에 되지 않는 것은 참으로 한심한 일이다.

같은 마을의 디딜방앗간인 사진 98의 지붕에는 너와를 덮었다. 너와(강원도에서는 '느에' 또는 '능애'라고도 한다)는 붉은 소나무〔赤松〕로 마른다. 200년쯤 자라 한아름에 차는 나무를 길이 50~70센티미터의 토막을 낸다. 이를 세운 다음, 참나무나 박달나무 쐐기를 박아 두께 10센티미터로 쪼갠다(붉은 소나무는 결이 곧아서 잘 쪼개진다). 한 토막에서 넉 장이 난다.

지붕을 덮을 때에는 용마루 쪽에서부터 끝을 조금씩 물려 나간다. 그리고 바람에 날리지 않도록 군데군데에 돌을 올려놓는다. 70장을 한 동으로 셈하며, 한 칸 덮기에 한 동 반에서 두 동이 든다. 수명은 5년이다. 굴피처럼 썩은 것을 들어내고 새 것으로 갈아 끼우는 '떨어 잇기'를 한다.

사진 98 너와를 덮은 방앗간

사진 99는 네 귀에 세운 기둥에 보를 걸고 볏짚을 덮었다(한국민속촌). 우리네
의 가장 전형적인 방앗간이다.

사진 100은 본디 초가이던 방앗간의 짚을 걷어내고 함석을 덮은 모습이다. 1970
년 중반에 거세게 불어댄 지붕 개량사업의 열풍 덕분에 방앗간 지붕에도 함석이
올라앉았다.

사진 101은 전라남도 장흥군 관산면 방촌리 위씨네 방앗간이다. 1978년에 초
가였으나, 1990년대 중반 양기와집으로 바뀌었다. 방앗간 자체도 현대의 기계식
농기구를 두는 헛간으로 탈바꿈하였다.

사진 102의 방앗간(경상북도 청송군 파천면 덕촌동)은 이제까지 알려진 가장
큰 디딜방앗간이다. 네 칸 건물 가운데 한 칸은 곳간이다. 지붕에 함석을 덮고

1 사진 99 볏짚을 덮은 방앗간　　2 사진 100 함석으로 덮은 방앗간
3 사진 101 양기와로 덮은 방앗간　　4 사진 102 슬레이트로 덮은 방앗간

널벽을 쳤다. 사진 103은 이 방앗간의 디딜방아이다. 허리에서 다리 뒤까지 돌과 흙을 써서 낮은 축대를 둥글게 쌓아 올렸다. 따라서 다리를 힘껏 들지 않아도 능률은 높게 마련이다.

사진 104도 우리에게 낯익은 방앗간이다(한국민속촌). 다리쪽은 트고, 나머지 삼면에 낮은 회벽을 둘렀다. 초가지붕 위에 열린 박이 친근감을 자아낸다. 방아를 오른쪽에 붙여 세우고 나머지 공간에 곡식가마 따위를 쌓아 두었다. 천장에서 유(U)자꼴로 내린 줄을 두 사람이 갈라 쥐고 방아를 찧는다(사진 105).

1 사진 103 사진 102에 설치한 디딜방아
2 사진 104 디딜방앗간
3 사진 105 사진 104에 설치한 디딜방아

7. 풍속도의 디딜방아

우리네 풍속도 가운데 디딜방아를 다룬 그림은 매우 드물다.

그림 12는 병풍(미국 클리블랜드 박물관 소장품)에 보이는 디딜방앗간 모습이다. 열 폭으로 구성된 이 병풍은 18세기의 작품이다. 조선시대의 방앗간 그림으로는 가장 오래된 셈이다.

네 아낙(한 사람은 보이지 않는다)이 방아를 찧고, 그 옆의 한 여인은 찧은 곡물을 키로 까부는 중이다. 방아는 두다리방아이고, 공이 끝에 쇠촉을 박았다. 이로써 18세기 이전에 쇠촉을 쓴 사실을 알 수 있다. 방앗간은 독채인 데다가 좌우와 오른쪽 앞으로 건물이 잇닿았다. 마을 아낙들이 모여서 대갓집의 곡식을 찧는 듯하다.

그림 12 풍속도의 디딜방아

여인들은 모두 디딤돌 위에 올라서서 천장에서 내린 줄을 잡고 있다. 오른쪽 아낙의 자세가 불안정한 것은 그린 이가, 그네의 얼굴이 보이도록 돌려 세웠기 때문이다. 키질하는 여인 옆에 검둥개가 앉았다. 머리 양쪽에 빗금을 그어 개의 궁금증(?)을 나타내었다. 앞에서 설명한 대로, 방앗간의 개는 고구려 요동성 무덤 그림(그림 10)과 중국 한나라 무덤에서 나온 명기에도 보인다. 확 주위에 붉은 점들을 찍어서 곡식이 밖으로 튀어나온 모습까지 표현한 것도 눈을 끈다.

그림 13도 18세기 민화 가운데 하나이다. 화
려한 무늬가 놓인 큰 확에, 여러 사람을 집어
넣고 날카로운 쇠촉이 달린 공이로 내려찧는
지옥도이다.

방아는 두다리방아이다. 께끼꾼인 엄장 큰
사나이가 왼손으로 방아머리를 잡은 채, 다른
손에 쥔 갈퀴로 확 안의 사람들을 뒤집고 있
다. 이와 비슷한 장면을 그린 인도의 불화(그
림 79)도 있다. 중생에게 지옥의 무서움을 보
여서 신심을 깨우치려고 만든 것이다. 이 지
옥도는 인도나 중국의 영향을 받았을 터이지

그림 13 지옥도의 디딜방아

만, 외다리가 아닌 두다리방아를 그린 점에 주목할 필요가 있다. 화가는 저쪽의
외다리방아를 두다리로 바꾸어 그렸을 것이다.

방아꾼은 방아머리에 잡아맨 끈을 왼손에 쥐고 당기는 중이다. 또 다리 양쪽
에 기둥을 세우고 가로대를 걸어서 손잡이로 삼은 점도 오늘날의 방아 그대로이
다. 볼씨를 나무 위에 세운 방아도 앞에서 보았다(사진 38·79).

19세기 말의 풍속화가 기산(箕山) 김준근(金俊根)은 농사짓는 장면을 화폭에
많이 담았다. 그 가운데에도 디딜방아 모습을 4점이나
남겨서 당시의 방아를 살피는 데에 큰 도움을 준다(김
광언, 1990 ; 395~405).

그림 14(대영박물관 소장품)의 네 아낙은 천장에서
내린 줄을 잡고 방아를 찧는다. 그리고 께끼꾼은 방
아머리에서 확 밖으로 튀어나온 곡물을 쓸어 넣고 있
다. 방아 몸체가 매우 빈약하고 다리가 지나치게 긴
점을 제외하면, 오늘날의 것과 다름이 없다. 이들의
머릿수건으로 미루어 북한 지방의 방앗간인 듯하다.

사진에서는 나타나지 않았지만, 화제(畵題)를 '발
방에 ^짓는 모양'이라고 적었고, 방아머리 왼쪽으로

그림 14 풍속도의 디딜방아

그림 15 풍속도의 디딜방아

'그라인딩 라이스(Grinding Rice)'라고 쓴 영문이 보인다. 내용이 궁금했던 원 소유자가 적어 넣은 듯하다.

그림 15(영국도서관 소장품)의 디딜방아는 특이하다. 볼씨 사이에 두 개의 세장을 건너지른 것이다. 몸체는 아래 세장에 얹혀 있고, 위의 세장은 볼씨를 고정시키는 구실을 한다.

매우 불합리한 구조이다. 방아허리가 고정되지 않아 몸체가 오르내릴 때마다 흔들리게 마련이다. 또 아래 세장이 방아 무게를 얼마나 받을지도 의문이다. 나는 이제까지 우리나라는 물론, 디딜방아의 종주국이라 할 중국에서도 같은 꼴의 방아를 보지 못하였다. 그러나 일본 풍속화에서 닮은 구조를 지닌 방아(그림 65)를 찾았다. 이만저만 흥미로운 일이 아니다.

그림 16(프랑스 국립 기메동양박물관 소장품)은 앞 그림 15의 디딜방아를 매우 닮았다. 언뜻 보면 사람과 방아의 위치만 달라진 것으로 여겨진다. 그러나 쌀개와 볼씨의 구조가 다르다. 앞에서는 몸체가 쌀개 위에 얹혀 있었지만, 이 그림에서는 꿰어 있는 것이다. 디딜방아의 구조상으로는 이것이 옳다.

화제도 '발방에 ^짓는 모양'에서 '발방에 모양'으로 바뀌었다. 기산의 그림 가운데에는 이처럼 인물이나 물건의 위치를 바꾸고 화제를 달리 적은 것이 적지 않다. 특히 외국인들 사이에, 그의 그림의 인기가 높아지자 다른 이가 모작하였기 때문이다. 낙관이 다른 그림이 적지 않은 까닭도 이에 있다.

이미 지적한 대로, 디딜방아의 구조에서나 그림의 질적인 면에서 보나, 그림 15는 모작임에 틀림없다. 그것도 디딜방아를 모르는 이가 흉내를 낸 까닭에 잘못 그린 것이다. 그리고 그림 15는 흰 종이에 먹으로 그렸지만, 그림 16은 채색화인 점도 기억해 둘 일이다.

그림 16 풍속도의 디딜방아

그림 17 이형(異形)방아

그림 17(프랑스 국립 기메동양박물관 소장품)은 외다리방아도 두다리방아도 아닌 이형(異形)방아이다. 굵은 쌀개에 몸체를 비롯해서 손잡이와 발판까지 박아 놓았다. 더구나 방아는 몸체만 있을 뿐, 다리는 달리지 않았다.

쌀개에 어슷하게 박힌 손잡이와 디딤목의 형태도 같다. 방아꾼이 디딤목을 딛으면, 손잡이가 앞쪽으로 숙여지는 동시에 공이가 올라간다. 따라서 방아꾼이 발판에 힘을 주면서, 손잡이를 당기면 일이 그만큼 쉽다. 매우 합리적인 방법이다.

'조쟉 방에 모양'이라는 화제도 그렇거니와, 구조도 단순화하고 방아꾼도 한 사람이다. 따라서 주로 거친 쌀 따위의 곡식을 두벌 찧는 데에 쓰는 간단한 방아로 보인다. 확을 땅에 묻지 않고 노출시킨 것도 연관이 있는 듯하다. 돌 확이 아니라 나무 확일 가능성이 높다. 방아머리를 보면 이 부분이 나무의 뿌리 쪽임을 알 수 있다.

같은 구도와 내용을 지닌 그림이 미국의 스미스소니언 박물관에도 있다. 화제를 '살 ^슬는 모양'으로 달리 적었을 뿐이다. 종이에 먹으로 그렸다. 이것도 앞 그림의 모작일 것이다. '쌀'을 '살'이라 적은 화제를 보면, 화가가 부산에 머물 때 그린 것으로 생각된다.

그림 18 이형(異形)방아

그림 18의 디딜방아(비엔나 민속박물관 소장품)도 형태는 앞의 것과 거의 같다. 매우 긴 볼씨를 네모진 나무토막에 박고, 확 대신 허리가 가는 잘록 절구를 쓴 점만 다르다. 그러나 붙박이가 아니라 필요에 따라 옮기는 이동식 방아인 점을 떠올리면 이만저만한 변화가 아니다. 무엇보다 방앗간을 따로 갖출 필요가 없다. 여름에 시원한 그늘을 찾아가고 겨울에는 너른 부엌으로 들어가므로, 땀을 비오듯 흘리거나 덜덜 떨지 않아도 좋은 것이다. 방아를 쓰는 쪽에서 보면 대단한 발명이다. 이보다 더 편리한 방아는 일찍이 없었다.

그럼에도 이 방아는 널리 퍼지지 않았다. 참으로 아쉬운 일이다. 새로운 것을 반기지 않는 우리 농촌의 타성을 충분히 알 만하다. '방에 ^지여 ^기질 ㅎ는 모양'이라는 화제대로, 여인은 애벌 찧은 곡식을 키에 담아 까부른다. 방아머리를 지게 작대기처럼 끝이 아귀진 나무로 괴었다.

손잡이와 발판이 어슷하게 박힌 굽은형(그림 17·18)과 곧은형(사진 106) 가운데 어느 것이 좋은지는 알 수 없다. 곧은형은 방아가 무거워서 두 사람이 찧으므로 효율은 더 높다. 디딤목과 몸체 사이에 작대기를 건너지르고 디딤목과 손잡이를 곧은 틀에 마련한 것도 이 때문이다.

앞에서 든 방아의 실물이 한국민속촌에 있는 것은 반가운 일이다(사진 106·107·108). 방아 형태는 그림 18을 닮았지만 손잡이와 디딤목이 쌀개에 평행으로 박히고, 디딤목과 몸체 중간에 작대기를 질러 놓은 점은 다르다. 작대기는 다리 힘을 방아공이 쪽으로 전달하는 구실을 한다. 손잡이와 발판이 평행을 이룬 까닭에, 손잡이를 당겨서 방아를 들어 올리지 못하는 기능을 작대기가 대신하는 셈이다.

이 방아는 발로 디딤목을 딛는 동시에 손잡이를 앞으로 당기므로, 힘이 그만큼 덜 든다. 따라서 아낙네는 혼자서도 찧을 수 있다. 허리를 구부려야 하는 불

1 사진 106 한국민속촌의 이형방아
2 사진 107 한국민속촌의 이형방아(옆)
3 사진 108 방아 찧는 모습

편이 따르기는 하지만, 일반 방아에 견주면 축소 개량형인 셈이다.

  이것은 오직 한국민속촌과 김준근의 풍속도에만 보일 뿐이다. 오랫동안 디딜방아를 찾아 다녔어도 보지도 듣지도 못하였다. 김준근은 함경남도 원산을 비롯한 북한 지역에서 활동한 사람이었던 만큼, 북한의 산간지대에서 썼거니 짐작만 하고 지내왔다. 북한에서 나온 관계 서적에 등장하지 않는 것도 그 때문으로 여겼다.

  한국민속촌에 찾아가 현재의 진열품을 어디서 가져왔는지 물었다. 최종호 박물관장은 복제품이라며 만든 이를 알려 주었다. 김영호(민속과 주임)님과 함께 안동현(76세) 목수를 만났다. 그는 전라북도 고창군 고수면 은사리에서 태어났다. 스무 살 무렵, 같은 면 은산리에 있던 당숙의 집에서 쓰는 방아(그는 조작방아라 부른다)를 보고, 매우 편리하겠다 싶어 집으로 돌아와 만들었다. 15세 무렵부터 목수일을 배웠던 그는 낙엽송으로 이틀 만에 완성하였다. 확은 소나무 둥치의 가운데를 파서 대신하였다. 방앗간은 헛간에 까작(까대기라고도 한다)을 달아 내어 세웠다.

방아는 마을 사람들 사이에 인기가 높았다. 그들은 자기 집의 것을 두고 그의 집으로 몰려들었다. 간편하여 혼자 찧는 데다가 능률이 높았기 때문이다. 5년쯤 지나 방아가 못 쓰게 되자, 이번에는 '수침이(물방아)'를 놓아 세를 받았다. 1950년대에 발동기를 쓰는 소형 정미기가 퍼지면서 수침이도 쓸모가 없어졌다.

그는 이 방아를 당숙과 자기 집에서만 썼다고 한다. 마을의 다른 집이나, 다른 고장으로 퍼져 나가지 않은 까닭은 모른다. 또 당숙이 이 방아를 어디서 배웠는지에 대해서도 아는 것이 없었다. 솜씨가 좋았던 당숙은 줄곧 고창군에서만 살았으며, 그 자신도 1973년 한국민속촌으로 오기까지 다른 곳으로 떠난 적이 없다.

한편, 한국민속촌에 근무하는 김판봉(57세)님은 어릴 적, 전라북도 남원군 운봉면의 외가에서 이 방아를 보았다고 한다.

방아를 잰 값이다.

◎ 몸체 길이 165센티미터, 지름 15센티미터
◎ 볼씨 높이 68.5센티미터, 지름 17.5센티미터
◎ 손잡이 가로 96센티미터, 세로 120센티미터, 지름 5센티미터
◎ 쌀개 길이 109.5센티미터, 지름 18센티미터
◎ 공이 끝 부분 가로 5.5센티미터, 세로 7.5센티미터
◎ 공이 길이(몸에서 끝까지) 66센티미터, 몸에서 솟은 부분 19센티미터

8. 디딜방아와 경신신앙(庚申信仰)

 디딜방아를 짓고 나면 흔히 몸체에 "경신년 경신월 경신일 경신시 강태공 조작(庚申年 庚申月 庚申日 庚申時 姜太公 造作)"이라고 쓴다(사진 109·110). 이를 '방아상량'이라고 하지만, '방아상량문'이 옳다. '상량문'인 만큼, 집 들보의 상량문처럼 잡귀를 물리치려는 목적이 첫째이다. 우리는 옛적부터 상량문을 중요하게 여겼다. 모든 것을 다 갖추었으나 막상 요긴한 것을 빠뜨렸을 때 "귀한 것은 상량문"이라는 속담을 들먹였던 것이다.

 또 충청북도 제천시 일대에서는 경신일과 경신시를 성스럽게 여긴 나머지, 디딜방아를 고치거나 새로 놓을 때 반드시 이 날 이 시간에 맞추었다. '방아 동티'를 막기 위해서이다.

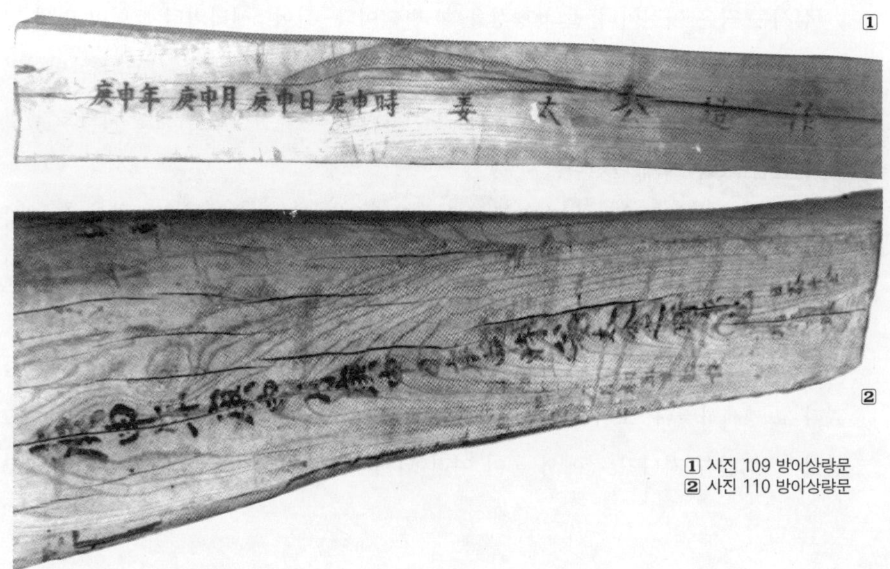

1 사진 109 방아상량문
2 사진 110 방아상량문

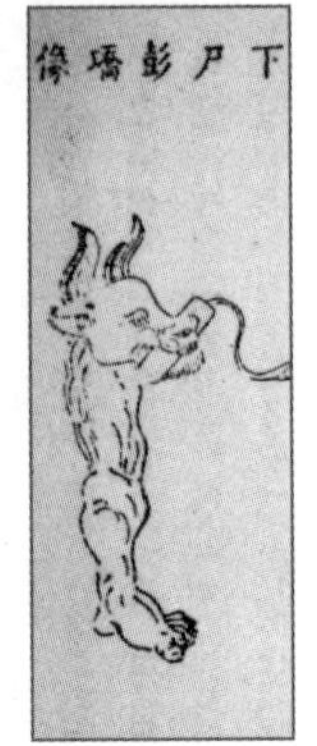

그림 19 삼시 그림

방아상량 풍속은 경신일을 특별하게 여기는 중국의 도교와 관련이 깊다. 60일에 한번씩 경신일이 돌아오면, 사람의 몸에 기생하는 '삼시(三尸)' 또는 '삼시충(三尸蟲)'(그림 19)이 하늘의 상제(上帝)에게 가서 주인공이 저지른 죄과를 낱낱이 고해 바친다고 한다. 따라서 경신날 밤, 잠을 자지 않고 밤을 지새면 천수(天壽)를 누린다는 것이 이른바 도교의 장생법이다. 도교에서는 사람이 태어나면서 2주갑(周甲), 곧 120년의 수명을 받지만 살면서 저지르는 악행의 정도에 따라 수명이 짧아진다고 가르친다. 이에 대한 유래담이다.

강소성(江蘇省) 광릉현(廣陵縣)에 주(朱) 아무개가 살았다. 그는 젊어서부터 뱃속에 독이 차는 이상한 병에 걸려 시달렸다. 어느 날 휴산(睢山)에 사는 도사 완구(玩丘)를 찾아갔다. 그를 가엽게 여긴 도사는 "만약 네 뱃속에 있는 세 마리 벌레인 삼시(三尸)를 없애면, 병을 고칠 뿐만 아니라 선인(仙人)이 되어 불로장생을 누릴 것이라"며 이렇게 말하였다.

"삼시는 작은 어린이나 말의 형상을 한 벌레이다. 길이 6센티미터에 털이 덮여 있다. 이것은 인간이 태어날 때부터 몸안에 생겨나서, 언제나 경신일(庚申日) 밤이면 주인이 깊이 잠든 사이에 하늘로 올라간다. 그리고 그가 저지른 악행을 하나도 남김없이 천신(天神)에게 알린다.

천신은 죄의 많고 적음에 따라 주인공의 목숨을 크게 줄이거나 조금 깎는다. 따라서 악행을 많이 저지르면 목숨이 짧아져서 결국 죽고 만다. 이를 막으려면 경신일 밤에 잠을 자지 않거나 약으로 벌레를 죽여야 한다."

이를 들은 주 아무개는 "만약 당신이 내 병을 고쳐만 준다면, 30년 동안 시중을 들겠다"고 맹세하였다. 도사는 일곱 가지의 원료로 만든 약을 매일 아홉 개씩 먹으라고 일렀다. 백일쯤 지나자 간에서 물이 여러 되 흘러 나오면서 병이 사라졌다. 그리고 수십 일 뒤에는 완전히 나아 본디 모습을 되찾았다. 도사는 《황정경(黃庭經)》을 주면서 매일 세 번씩 읽어 내용을 알게 되면 선인이 되리라 하였다. 얼마 뒤 도사는 그를 부양산(浮陽山)의 옥녀사(玉女祠)로 데려가 80년쯤 있었다. 그 사이에 흰 머리털은 모두 검어졌고 키도 1미터쯤 커졌다. 주 아무개는 집으로 돌아와 서너 해 있다가 어디론가 떠나버렸다.

중국에서 경신신앙이 널리 퍼진 것은 5세기 무렵이다. 경신을 지키는 일에 관한 시도 많이 나왔고 풍속 또한 다채로워져서 축제와 다름이 없었다. 《원각경(圓覺經)》을 읽었다고 하므로, 불교도 끼어든 모양이다.

우리네 '경신수야(庚申守夜)' 풍속이 중국에서 언제 들어왔는지는 알 수 없다. 뒤에 설명하는 대로 일본에는 8세기에 전파되었으므로, 이보다 이른 시기로 보는 것이 합당하다. 가장 오랜 기록은 《고려사》에 있다. 제24대 임금인 원종(元宗) 6년(1265) 4월 경신일의 기사이다

> 태자가 안경공(安慶公)을 맞아 잔치를 베풀고, 날이 밝을 때까지 풍악을 울렸다. 이는 나라의 풍속이다. 도가(道家)의 설에 따라 경신일이 돌아올 때마다, 반드시 모여서 술을 마시며 밤을 새우는 것을 수경신(守庚申)이라 한다. 태자 역시 시속에 따른 것이다. 사람들은 태자의 행동을 비난하였다.

당시에 왕공이나 귀족은 물론이고, 일반에까지 경신일에 잠을 자지 않고 밤을 지키는 관습이 널리 퍼져 있었던 것이다. '나라의 풍속〔國俗〕'이라 불렀다니, 그 열기가 충분히 짐작된다. 이 풍속은 조선시대에도 이어졌다.

조선왕조의 건국을 노래한 《용비어천가》(78장)에 태조가 경신일 밤에 정도전 등의 훈신(勳臣)들을 불러, 풍악을 잡히고 잔치를 베풀었다는 내용이 보인다.

> 술에 취한 태조가 정도전에게 묻는다.
> "과인이 여기까지 이른 것은 경들의 힘이니, 서로 공경하고 삼가는 것이 자손만대까지 이르는 것을 기약할 수 있겠소?"
> 정도전의 대답이다.
> "제(齊)나라 환공(桓公)이 포숙(鮑叔)에게 어떻게 나라를 다스리겠느냐 묻자, 그

는 '바라건대 공께서는 거(莒)나라에 있던 때를 잊지 마시고, 저는 함거(檻車)에 있던 때를 잊지 않겠습니다' 대답했습니다. 신은 바라건대, 전하께서 말에서 떨어지던 때를 잊지 않으시고, 신 또한 쇠사슬로 묶였던 때를 잊지 않는다면 자손만대를 기약할 수 있습니다."

태조는 고개를 끄덕인 다음, 사람을 시켜 〈문덕곡(文德曲)〉을 부르게 하고 정도전에게 말한다.

"이것은 경이 지어서 바친 것이니, 경은 마땅히 일어나서 춤을 추라."

그는 바로 일어나 춤을 추었다. 태조가 웃옷을 벗고 춤을 추라 이르고, 드디어 귀갑구(龜甲裘)를 내리며 매우 즐거워하였다. 잔치는 날이 밝아서야 끝났다.

다음은 이 노래에 붙은 경신일 풍속에 대한 주이다.

도가의 말이다. 사람 몸에 있는 상시의 이름은 팽거(彭距), 중시의 이름은 팽지(彭躓), 하시의 이름은 팽교(彭蹻)이다. 상시인 청고(靑姑)는 사람의 눈에, 중시인 백고(白姑)는 사람의 오장에, 하시인 혈고(血姑)는 사람의 위명(胃命)을 잘 침노한다. 하나는 사람의 머리에 있으면서 큰 욕심을 내게 하며, 수레와 말을 좋아한다. 또 하나는 사람의 내장에 있으면서 먹고 마시고 성을 내는 것을 좋이 여기며, 소기(少氣)를 많이 잊게 한다. 나머지 하나는 사람의 다리에 살면서 색욕을 좇고, 죽이기를 즐겨서 관절이 움직이고 오장이 춤을 춘다. 삼시는 사람의 드러나지 않는 잘못을 엿보고 적어둔다. 매번 경신일이 되면 주인이 깊이 잠들기를 기다려, 몸안의 칠백(七魄)과 함께 하늘로 올라가 허물과 죄를 말하여 흠향(歆饗)을 구한다. 허물이 많은 사람은 돌림병으로 일찍 죽는다. 도를 닦은 이는 마땅히 먼저 끊어 없앤다. 경신일을 세 번 지키면 삼시가 숨고, 일곱 번 지키면 없어진다. 지킨다는 것은 잠을 자지 않아 삼시가 허물을 이르지 못하게 막는 것이다. 옛적부터 해마다 마지막 경신일에 모여서 밤을 새우며 즐겁게 놀았다. 비록 도가의 설이기는 하지만 월령(月令)에 들어 있으므로, 12월에는 악사(樂師)를 청하여 크게 연주를 베풀었다. 그러므로 봄, 여름, 가을의 경신일은 지키지 않는다.

조선시대에 들어와 경신일 민속은 더욱 널리 퍼졌다. 《조선왕조실록》에도 이에 관한 기사가 자주 나타난다.

첫 기록은 태종 17년(1417) 9월 2일(갑인)의 것이다. 회양(淮陽) 부사 김사문(金士文)이 갑오년 경신일에 이속의 집에 가서, 이속 및 유복중(柳復中)과 더불어 밤새 마시고 유의 아내 하씨와 함께 윷놀이를 하면서 사통하였다는 내용이다.

뒤에 설명하는 대로, 경신풍속은 섣달 그믐에 밤을 새는 민속과 연관이 깊을 뿐더러 잠이 들면 눈썹이 희어진다고 하여 윷놀이도 벌인다.

왕궁의 경신 행사 규모는 더욱 커졌고 임금도 즐겼다. 태조와 태종은 물론이고 세종과 세조도 예외가 아니었다. 그러나 세조대에서 성종대 사이에 행사가 중단되었던 모양이다. 다음은 성종 임금이 승정원에 묻는 내용과 이에 대한 승지들의 답변이다(《성종실록》 10년 12월 6일 정사).

"옛적 세종조에서는 해가 바뀌는 때에 경신(庚申)하여, 종친을 모아 혹은 격봉(擊棒)을 하면서 밤을 새었다. 옛 시에도 경신일을 지키면서 읊은 것이 있다. 이런 일은 본디 경전에 적히지 않았지만, 역신(疫神)을 내쫓고 나례(儺禮)를 구경하는 것은 세속에도 있다. 나는 해가 바뀌는 때에 종친과 함께 밤을 새우려 하는데 어떻겠는가? 이런 일은 묻지 않고 벌여도 좋다. 그러나 내가 처음으로 거행하는 것인 만큼, 만약 의논하지 않으면 사사로이 종친들을 모아 잔치 베풀기를 즐긴다고 여길 듯하여 묻는 것이다."

"저희들도 세종께서 이런 행사를 하셨다는 말을 들었습니다. 비록 지금 벌이더라도 나쁘지 않습니다. 만약 이를 그만둔다면, 역신을 쫓고 나례를 구경하는 것도 막아야 할 것입니다."

'내가 처음 거행하는 것'이라 한 점으로 미루어, 그 동안 중단되었음이 분명하다. 성종 임금은 해마다 연 것으로 보인다. 어느 해(《성종실록》 13년 11월 26일 경신)에는 입직 관료들에게도 술을 내려서 잔치판을 벌이고, 시를 지으라며 녹비(鹿皮) 두 장과 활 네 틀을 상으로 걸었다.

오늘은 바로 경신의 명일(名日)이다. 따라서 승정원과 도총부 그리고 병조에 입직한 당상관과 홍문관 및 경연관에게 술을 내린다. 밤새도록 마시며 즐길 일이다. 또 '경신일 밤을 지키는 겨울 모란[守庚申冬日牧丹]'이라는 제목의 사운(四韻) 율시(律詩)를 지으라.

경신일을 명절이라 할 만큼 성종 임금의 경신 행사에 대한 관심이 얼마나 깊은가를 알 수 있다. 그러나 바로 이 때문에 대신들이 들고일어났다. 4년 뒤인 17년(1486) 11월 16일(정사), 사헌부의 장령(掌令) 이계남(李季男)이 아뢴다.

…… 어두운 밤에 종친이 기공(妓工)의 무리들과 더불어 궁중 엄밀한 곳에 섞여 있는 것이 옳습니까?…… 더구나 밤을 새워 즐기시면, 성체에도 피로가 쌓일 것입니다.

그러나 왕은 '종조에서도 벌였으니, 다시 말하지 말라'며 듣지 않았다. 이튿날 대사헌 이경동(李瓊仝) 등이 다시 차자(箚子)를 올렸으나, 마음을 바꾸지 않았다. 경신일 당일(11월 19일 경신)에는 사간원 헌납(獻納) 김호(金浩)도 나섰다.

밤을 새워 즐기고 잔치하며 여악(女樂)까지 써서, 남녀가 뒤섞이는 것은 지극히 옳지 못합니다. 전자에 이계동(李季仝)이 연회에 입시하였다가 매우 취해서 기생에게 과일을 던져 희롱하였습니다. 요즘 또 궁중에서 희롱한 일이 발각되었으니, 밝은 낮에도 오히려 이와 같은데 하물며 어두운 밤이겠습니까?

임금은 한발 물러선다.

잔치는 낮에 벌이고, 또 기생과 섞이지 않도록 하겠다.

그러나 경신 행사를 낮에 벌인다면 종래의 '수경신풍속'과는 거리가 먼 것이 아닌가? 임금이 실제로 약속을 지켰다고는 보기 어렵다. 폐지를 주장하는 신하들의 항의가 이어졌기 때문이다.

같은 날 잔치에서 대사헌 이경동 등과 사간원 사간 허황(許篁)이 "경신일 밤을 지키는 것은 도가(道家)의 말에서 나왔습니다. 허황하고 바르지 못하며, 잔치가 끝나지 않으면 물러가지 않겠습니다"고 아뢰었다. 하는 수 없이 왕은 "마침 비가 내릴 듯하여 파하는 것이지, 경들의 말을 따르는 것은 아니라"며 잔치를 끝냈다. 이들이 물러나오자, 과연 비가 내리고 천둥이 치며 날이 어두워 지척을 분간하지 못하였다고 한다.

성종은 이듬해(1487) 경신일(18년 11월 25일 경신)에 승지와 주서(注書) 그리고 입직한 홍문관·문관·병조·도총부의 제장에게 음식을 내렸다. 그리고 경신일에 눈이 내린 것을 제목으로 배율(排律) 육운시(六韻詩)를 지으라 하였다.

신하들의 반대도 끈질기거니와 왕의 고집도 이만저만한 것이 아니었다. 이러한 점에서는 연산군도 마찬가지였다.

성종 3년(1497) 11월 23일 경신에 그는 승정원에 술과 안주, 호피, 각궁(角弓) 따위의 물건을 내렸다. "오늘은 경신일이니, 함께 밤을 새우고 놀이 삼아 내기를 하자"고 부추겼다. 대사헌 이집(李諿) 등이 나서서 "수신의 유희는 민간의 호협아(豪俠兒)들이나 숭상하는 것"이라며 반대하였으나 듣지 않았다.

성종 11년(1505) 12월 10일(경신)에도 여러 당상들을 빈청(賓廳)에 불러모아 밤을 새웠다. 스스로 시를 읊으며 신하들에게 화답하는 글을 짓고 율시도 바치게 하였다. 다음의 연산군 시는 《조선왕조실록》의 번역자가 뜻을 살리지 못한 아쉬움이 있다.

> 삼팽이 두려워 세속에서 밤새움 안타까워라
> 교묘한 풍습이 인간을 현혹시킴 그 누가 알리
> 밤 깊은 대궐 뜰에 은혜가 젖었는데
> 막강한 심력이 추위에 부딪혀 소리하리

경신풍속은 중종대에도 이어진다. 관례에 따라 승정원·병조·도총부의 입직 원들에게 녹비, 각궁, 술, 고기 따위를 내렸다(《중종실록》 1년 12월 17일). 또 28년(1533) 11월 22일(경신)에 이렇게 말하였다.

> ……오늘이 마침 경신일인 까닭에 왕자군과 부마, 그리고 종친들을 대내(大內) 밖 충신당(忠信堂)에서 인견하고 싶다. 밤이 깊어 나갈 수 없게 되면, 각기 구종(丘從) 한 명씩 데리고 내사복(內司僕)에서 머물도록 하라. 그래서 미리 말해 둔다.

앞 기사에 음식과 물건을 내렸다고 하였을 뿐, 임금 자신이 밤을 새웠다는 내용은 보이지 않는다. 또 전례에 따라 종친들을 만나기는 하되, 밤을 새우며 잔치를 벌이려는 의도는 없는 듯하다. 경신풍속에 대한 관심이 그만큼 엷어진 모양이다.

영조대에 이르러 이 풍속은 궁중에서 사라졌다. 영조의 말이다(《영조실록》 35년 12월 26일 임인).

……교년(交年)과 경신 같은 것은……비록 고문에 있었으나, 모두 정도에 어긋나
서 부엌신에게 아첨하는 데에 가깝다.…… 비록 부엌신에게 제사를 지낸다고 하더라
도 무슨 이익이 있겠는가? 이는 복을 구하는 사특한 일에 지나지 않는다. 그리고 경
신에 주공(周公)이 앉아서 아침이 되기를 기다린 사실을 본떠 잠을 자지 아니한다
면, 어찌 특별히 경신일뿐이겠는가? 더러는 두려워하여 잘못을 사뢴다 하더라도, 역
시 부엌신에게 제사를 지낸다는 뜻일 것이다.…… 사람이 잘못을 두려워하는 바가
어찌 꼭 이 이틀뿐이겠는가? 360일이 모두 경신일일 것이다.

11여 년 뒤인 46년(1770) 10월 8일의 경신날에 또 이렇게 말한다.

나도 내국에 3개의 붉은 비단 주머니와 단오절의 쑥띠를 없애라고 하였다. 신구 경
신일과 과세하는 밤에 진배(進拜)하는 풍속은 그 유래를 알 길이 없었다.《사문유취
(事文類聚)》를 지금 상고하여 보고,…… 경신일과 제석에 앉아서 밤을 지샌다 하여 무
슨 보탬이 되겠는가? 이 뒤로는 팥죽 뿌리는 일도 막아서, 잘못된 풍속을 바로잡으려
는 나의 뜻을 보이도록 하라.

영조는 경신 행사는 말할 것도 없고, 한걸음 더 나아가 단오와 동지 풍속도 버
리라고 이른다. 이로써 적어도 기록상으로, 1265년부터 벌여온 궁중에서의 경신
풍속은 500여 년 만에 자취를 감추고 말았다. 민간에서 이 풍속을 얼마나 그리
고 어떻게 지켰는지 알 수 없다. 그러나 궁궐에서 경신 행사를 성대하게 벌였던
만큼 큰 관심을 기울였으리라 짐작된다.

영조 때의 가객(歌客) 이정신(李廷藎)의 시조이다.

묵은 해 보내올 제 시름 함께 전송(餞送)하세
흰 곤무콩 인절미 자채 술 국 안주에 경신을 새우려 할제
이윽고 자미승(粢米僧) 도라가니 새 해런가 하노라.

1849년쯤 《동국세시기》를 낸 홍석모(洪錫謨)는, 우리네의 섣달 그믐날 불을
밝히고 자지 않는 풍습이 경신신앙에서 왔다고 하였다.

민간에서는 수세(守歲)라 하여 이날 다락·마루·방·부엌에 모두 등잔을 켜 둔다.
흰 사기 접시 하나에 실을 여러 겹으로 꼬아 심지를 만들고, 기름을 부어 외양간과 뒷

간까지 환하게 밝힌다. 그리고 밤새도록 자지 않는다. 이는 경신을 지키던 유속(遺俗)이다. 온혁(溫革)의 《쇄쇄록(碎瑣錄)》에 "제야에는 신불(神佛) 앞이나, 마루·방·뒷간 등에 불을 밝혀 새벽까지 집안을 밝게 한다"는 기록이 보인다. 또 《동경몽화록(東京夢華錄)》에도 "서울 사람은 제야만 되면 부뚜막에 불을 켜 놓는 것을 조허모(竈虛耗)라고 하며, 일반 백성의 집에서는 화롯가에 둘러앉아 아침이 되도록 자지 않는 것을 수세(守歲)라 이른다"는 내용이 있다. 이 밖에, 소동파(蘇東坡)가 촉(蜀) 지방의 풍속을 적은 대목에 "술과 음식으로 서로 맞이하는 것을 별세(別歲)라 하고, 제야에 자지 않는 것을 수세한다"고 일렀으니, 지금 풍속은 이에서 나온 것이다.

우리네 조왕신앙이 경신풍속에서 유래하였다는 내용 또한 흥미롭다. 아닌게 아니라, 우리는 조왕신이 섣달 그믐날 옥황상제에게 가서 집주인의 한 해 동안의 선악을 보고한다고 여긴다. 따라서 방·마루·부엌·다락·뒷간·외양간·우물 등에 불을 밝혀 두고 잠을 자지 않는다. 이를 어기면 눈썹이 희어진다고 하여 윷놀이를 벌이거나 술을 마시면서 날밤을 새운다. 그리고 하늘에 올라간 조왕신의 입이 붙어서 말을 못 꺼내게 하려고 아궁이 주위에 엿을 발라 둔다. 경신풍속과 조왕신앙의 연관성에 대해서는 영조 임금도 말한 적이 있다. 중국에서도 경신풍속과 조왕신앙이 합쳐져 이것이 우리에게 들어왔을 가능성도 있다.

그림 20 중국의 조왕신상

조왕신을 모시는 행사는 우리와 중국 사이에 차이가 있다. 중국에서는 이날 저녁 9시쯤 되면 집집마다 부뚜막 위에 붙여 놓은 조왕신 그림(그림 20) 앞에 과자·엿·떡·만두 따위와 조왕신이 타고 올라갈 말(수숫대로 만든)과 여비(종이 돈)를 차린 상을 마련한다. 엿은 신의 입이 떨어지는 것을 막는 구실을 한다. 식구들은 절을 올린 다음 "하늘에 올라가도 나쁜 것은 털어놓지 말고, 좋은 것만 말씀해 주십시오" 하거나, "좋은 점은 부풀리고, 나쁜 내용은 줄여 말씀해 주십시오" 읊조린다. 자정 무렵에 이르면 폭죽을 터뜨리고 신상을 불사른다. 중국에서는 불에 태우는 모든 것은 하늘로 올라간다고 여긴다. 부뚜막 신이 돌아오는 그믐날 밤, 새 그림을 붙여서 그를 맞는 행사로 삼는다.

이에 비해 우리는 아궁이에 엿을 붙이고 빌 뿐, 음식을 차리지 않는다. 또 우리는 정화수를 부뚜막의 신체로 삼지만, 저쪽에서는 신의 그림을 섬긴다. 다만, 우리네 절간 가운데에 조왕신의 그림을 거는 데가 있다(그림 21). 이는 중국을 본뜬 것으로 보인다. 부뚜막 신을 섬기는 날도 우리와 중국이 다르다. 중국에서도 양쯔강 이남과 대만 및 동남아시아 일대에서는 대체로 스무 나흗날 받든다.

경신날 밤에 잠을 자지 않음으로써 이른바 삼시(三尸)를 물리친다는 풍속은 8세기 말 무렵 일본에 들어갔다. 그리고 헤이안시대(平安時代, 8~12세기)에는 귀족들이, 밤을 새며 노래를 짓는 이른바 '경신어유(庚申御遊)'의 잔치를 벌였다.

그림 21 동학사의 조왕신상

이 행사에 천황이 참석하면 어경신(御庚申), 불참하면 수경신(守庚申)이라 불렀다. 종교적인 의례라기보다 먹고 마시며 밤을 지새는 성격이 짙다.

이것이 일반에 널리 퍼진 것은 15~16세기에 이르러서이다. 농촌이나 어촌에서는 경신의 신(神)을 농업이나 잠업 또는 풍어의 신으로 받들었다. 본디 경신신앙은 하늘의 신에게 인간의 죄를 고해 바쳐서 죄값을 치르게 하는 종교임에도, 일본에서는 인간에게 이익을 베푸는 신으로 바뀐 것이다. 특히 스님들은 수경신의 공덕과 경신일에 지켜야 할 금기와

예법 그리고 유래 따위를 불교적으로 설명한《경신연기(庚申緣起)》를 지어 읊조렸다. 이로써 불교적인 색채가 두드러졌다. 일본의 가장 오래된 절인 사천왕사(四天王寺)에 경신당이 있는 까닭이다. 15세기 무렵에 세워진 이 당은, 정월 7일 제석천의 부하인 금면금강(金面金剛)이 내려온 것이 계기가 되었다고 한다.

경신신앙은 16세기에 원숭이를 숭상하는 민간신앙과 맞물렸다. 실상, 경신의 '신(申)'은 저들이 산신의 사자로 여기는 원숭이인 것이다. 이에 따라 여러 곳에 경신당(庚申堂)이 세워지고(사진 111) 지역 신자들을 하나로 묶는 경신강(庚申講)이 조직되었다. 현재 어디서나 볼 수 있는 경신탑은 원숭이를 3년 동안 공양한 표지물이기도 하다. 일본에서 가장 오래된 경신탑은 도쿄(東京都 練馬區 春日町)에 있는 것으로 1488년에 세워졌다.

규슈(九州)의 가고시마현(鹿兒島縣)에 있는 탑만 500개에 이른다고 한다. 이 가운데 가장 오래된 것은 1488년에 세웠다. 역사가 오래된 만큼 종류도 오륜탑(五輪塔), 층탑(層塔), 판비(板碑), 육지장탑(六地藏塔) 등 매우 다양하다. 18세기에는 청면금강상(靑面金剛像)도 등장하였다(사진 112). 높이 120센티미터 정도

사진 111 경신당

사진 112 청면금강상

의 상대석(上臺石)에는 오른쪽으로부터 "듣지 않고, 보지 않고, 말하지 않는다"는 세 원숭이를 새기고 아래쪽으로 닭 두 마리, 그 위에 동자 둘이 보인다. 청면금강은 불꽃형의 머리에 성난 표정을 짓고 있으며, 여섯 개의 손에 해·달·활·화살과 함께 악귀를 꿴 창을 든 모습이다. 한편, 경신은 논이나 밭의 신으로도 등장한다.

17세기에는 이른바 수험도(修驗道)나 신도(神道)에서도 독자적으로 경신신앙을 다루면서 전국적으로 퍼져 나갔다. 경신강은 같은 곳에 사는 사람들끼리의 지역협동체적인 성격을 지닌다. 뜻을 같이하는 사람들끼리의 동지적인 조직체 구실을 하는 곳도 있으며, 경제적인 도움도 주고받는다. 규모는 작으면 세 집, 많으면 백 집에도 이르지만 흔히 열 집으로 구성된다.

경신일에 밤을 샐 때 남녀는 자리를 따로 한다. 이를 지키지 않으면 태어난 아이가 뒤에 바보나 불구 또는 도적이 된다는 것이다. 또 이날 혼인하면 대머리가 되거나 얼굴이 일그러진다고 한다. 빨래를 하거나 머리를 감지 않고, 밤늦게 일하지 않는다. 재봉일이나 산과 바다로 가는 일을 삼가고 파나 무 따위를 먹지 않는다. 고기나 생선을 먹으면 입이 비뚤어지거나 눈이 찌그러진다고도 한다.

지금도 경신이 잡귀를 물리치고 아이, 누에, 말을 지키며 사업을 일으켜 주고 안산(安産)을 도와준다고 믿는다. 뿐만 아니라 도쿄도(東京都) 일대에서는 화재를 막아주는 신으로도 받든다. 새해 들어 첫 경신을 맞는 아침 왼새끼로 꼰 줄을 중심기둥[大黑柱]에 거는 들보에 감아 둔다(사진 113). 이렇게 하면 불이 나지 않는다는 것이다. 따라서 경신신앙은 도교의 삼시설에 전통적 신앙과 습속이 합쳐진 셈이다. 섣달 그믐날 잠을 자면 머리털이 희어지거나, 얼굴에 주름이 잡힌다고 여긴다.

중부지방에서는 한 해 두 번, 곧 6월과 12월에 경신 제사를 지낸다. 경신을 원숭이라고 하여 마구나 부엌에 작은 사당을 만들고 원숭이 해골을 놓기도 한다.

오키나와에서는 10월에 받든다. 이날 산의 신이 바다로 와서 고기를 잡는다고 하여 아이가 있는 친척집에 떡, 돼지나 소를 잡아 고기를 돌린다. 그리고 그 어깨뼈나 다리뼈를 왼새끼에 잡아매고 마을의 경계에 달아 둔다.

경신은 못을 만드는 신, 바삐 일하는 신, 어업의 신, 상업 번창의 신, 철을 다루는 신, 상업 신, 길 안내의 신, 개척의 신, 출세의 신, 병을 고치거나 쫓는 신, 화재나 물의 위험을 막아주는 신, 집안을 지키는 신, 집안 번창의 신, 아이를 지키는 신 등 성격이 다양하다.

다음은 아오모리현(靑森縣)의 경신 이야기이다.

사진 113 왼새끼를 감은 들보

어느 곳에 경신을 믿는 가난한 부부가 살았다. 제사에 아무 것도 바칠 것이 없어 걱정하던 주인은 마을 어귀에서 기다리고 있었다. 큰 바람이 불고 비가 쏟아졌다. 그때 거지 하나가 와서 "경신신은 다른 나라를 다니는 중이어서, 대신 내가 왔다"고 하였다. 부부는 크게 기뻐한 나머지 잘 먹이고 재웠다. 이튿날 아침, 그는 황금으로 바뀌어 있었다.

오늘날에도 경신날 큰 바람이 불고 비가 내리면 경신신이 외국에서 지금 일본에 도착하였다고 말한다.

중국에서도 부부가 경신날 밤 동침하지 않는다. 송대(宋代)에는 경신일 외에 부부가 따로 자는 날이 한 해에 며칠씩 있었다. 천지가 서로 어울려서 음양이 다투는 날이기 때문에 피한다는 것이다.

지금까지 중국과 우리 그리고 일본의 경신신앙의 일면을 알아보았다. 중국에서 싹이 터서 일본에서 꽃이 핀 셈이다. 가운데에 긴 우리는 비켜간 셈이다. 그러나 중국은 물론이고, 일본에도 경신년으로 시작해서 경신시로 끝나는 간지를 적어 두는 풍속은 없다. 더구나 디딜방아에서는 그 자취조차도 찾지 못하였다. 그 위에 일본의 디딜방아는 우리가 건네 주었음에도 경신 간지를 써두는 풍속은 따라가지 않았다.

디딜방아 몸에 강태공과 경신의 해·달·일·시의 간지를 쓴 까닭이 무엇이며, 이 풍속이 언제부터 시작되었는지 궁금한 일이다. 부질없는 말을 거듭할 때 "경신년 글강 외듯 한다"고 빗댄다.

9. 디딜방아와 강태공(姜太公)

디딜방아에는 앞에서 든 경신 운운하는 글귀 뒤에 흔히 '강태공 하마처(姜太公下馬處)'라 적는다(사진 114). 경상북도 상주시 은척면 장암리의 방아에는 경신년·월·일·시에 이어 '강태공 조작 봉목(姜太公 造作封木)'이라 쓰고, 그 옆에 '단기 사천삼백육년 구월 초구일 봉목(檀記四千三百六年九月初九日封木)'이라 덧붙였다(사진 115). '구월 구일'인 중구일(重九日)은 좋은 날로 여긴다.

온양민속박물관 소장품에는 경신 운운한 다음, '강태공 하마처'라는 글귀 아래 오른쪽에 '제왕목(帝王木)'이라 쓰고, 왼쪽에 방아상량을 쓴 날짜를 적었다(사진 114). 또 앞에서 든 방아 (사진 110)에 '경신년·월·일·시 강태공지소작야(姜太公之所作也)'에 이어, 오른쪽 아래에 '일기천금(日器千金)'이라고 적은 것이 보인다(왼쪽에도 글이 있으나 알아볼 수 없다). '일기천금'의 한자 '日器'는 '一器'의 잘못인 듯하다. '천금만큼이나 소중한 기구'라는 뜻일 터이다. 한편, 황해도의 무당들은 '강태공의 도덕방아'라 읊조린다. '도덕'은 '조작'의 사투리일 터이다.

강원도 삼척시 하장면 한소리에서는 디딜방아

사진 114 강태공이 적힌 방아상량

사진 115 강태공이 적힌 방아상량

뿐만 아니라 물레방아를 세운 뒤에도 '강태공조작침(姜太公造作砧)'이라고 적은 한지를 거꾸로 붙였다. 세월이 지나 글귀가 희미해져도 다시 써 붙이지는 않았다.

강태공을 내세우는 것은 위대한 인물이 지은 것이므로, 잡귀가 덤벼들어 해를 끼치지 말라는 뜻이다. 말하자면 방아 동티를 막기 위한 주문(呪文)인 셈이다. '강태공이 내려준 나무[封木]', 또는 '강태공이 말에서 내린 데'라는 글도 마찬가지이다.

우리는 집을 짓기 위한 개공(開工) 고사를 지낼 때, 붉은 종이에 개공대길(開工大吉)이라고 쓴 종이를 들보 머리에 붙인다. 그리고 이와 별도로, 처음 손질할 나무에 잡귀를 쫓기 위해서 붉은 글씨로 "강태공이 여기 있다[姜太公在此]"고 쓴 황색 종이를 걸어둔다. 실제로 중국의 도교에서는 강태공이 집에 들어오는 돌림병을 막아준다고 이른다.

이규경(李圭景)도 그의 《오주연문장전산고(五洲衍文長箋散稿)》에 "집을 새로 짓고 나서 대문에 경신년 경신월 경신일 경신시 강태공 조작"이라고 써 붙인다고 적었다. 또 그는 중국 문헌인 《금천기잡록(金天基雜錄)》에도 "강태공이 여기 있다"고 써둔다는 내용이 적힌 사실을 들었다.

1996년 중국 길림성(吉林省) 용정시(龍井市) 삼합진(三合鎭) 북흥촌(北興村)의 우리 겨레붙이인 양기현님 집에서 강태공 운운하는 상량문을 보았다.

경신년(庚申年) 경신월(庚申月) 경신일(庚申日) 경신시(庚申時) 이태백하마처(李太伯下馬處) 강태공조작입주(姜太公造作立柱) 목수(木手) 아무개 가주(家主) 아무개

상량문에 강태공과 더불어 당나라의 시인 이태백이 등장한 것은 의외의 일이다. 1947년에 문 아무개가 지은 이 집은 그가 죽은 뒤, 아들과 사위네가 살다가 그들이 떠나면서 인민공사에서 2년간 식당으로 썼다. 북한으로 건너가려던 양씨가 이 집을 산 것은 1960년으로 당시에는 비어 있었다. 반 값인 300원만 먼저 물고 나머지는 나중에 갚았다. 그는 집을 지을 때 품을 팔았던 그의 어머니도 8년 동안 살다가 세상을 떠났다며 감개무량한 표정을 지었다. 우리네 집에는 매우 드문 앞의 상량문이 중국의 영향을 받은 것인지, 함경도 등지의 상류 가옥에서 흔히 썼는지는 알 수 없다.

그림 22 강태공상

중국의 강남 지방에서는 택지가 선정되면 주위에 엉성한 담장을 두르고 "강태공이 예 있으니 모든 잡귀는 물러가라〔姜太公在此 百無禁忌〕"고 쓴 붉은 종이를 붙여 둔다. 이렇게 하면 집을 다 지을 때까지 아무 탈이 없다. 제사에는 세 종류의 고기를 마련하고 향을 피운다. 저녁에는 목수들에게 음식과 술을 대접한다. '백무금기'라고 쓴 강태공의 신상을 파는 곳도 있다. 이 그림에는 네 명의 부하가 각기 도장, 몽둥이와 칼 그리고 언월도를 들고 호위한다(그림 22).

귀주성(貴州省) 귀양시(貴陽市) 화계구(花溪區)에 거주하는 부이족(布依族)의 집에는 현관에 강태공 조각을 걸어 놓았다(사진 116). 3칸으로 이루어진 현관 가운데에 반쪽 널문을 달고, 상부 좌우 양쪽에 베푼 살창에 조각장식을 걸었다. 왼쪽 것은 견우와 직녀의 상봉 장면이고(사진 117), 사진 118에는 무길(武吉)이라는 사람이 땔나무를 져나르는 한편 강태공이 낚시질을 하는 모습을 나타내었다. 강태공 조각은 이른바, 문화대혁명 때 사람들이 떼어서 산산조각을 냈으나, 주인이 용케 보관하고 있었다. 그 조각들을 모아 놓고 찍은 것이 사진 118이며, 사진 119는 강태공의 모습을 확대한 것이다.

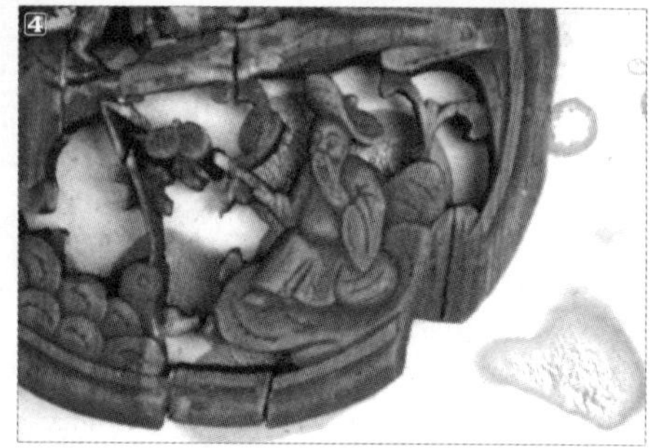

① 사진 116 강태공상이 있던 자리 ③ 사진 118 무길과 강태공
② 사진 117 견우와 직녀의 상봉장면 ④ 사진 119 강태공상

　조각에는 글씨도 보인다. 무길 쪽에는 '땔나무 파는 무길〔武吉打柴〕', 강태공 쪽에는 '낚시하는 강태공〔釣魚姜太公〕'이라 적었다. 아닌게 아니라 무길은 양끝에 장작을 매단 긴 장대를 어깨에 메었고, 강태공은 낚싯대를 드리웠다. 긴 수염이 보기 좋은 강태공은 채양이 넓은 모자를 쓰고 오른손에 낚싯대를 잡았다. 무길도 전설상의 인물이다. 강태공의 억울한 죽음을 애통하게 여긴 그는, 땔나무를 해서 팔아가며 강태공을 위한 제사를 올렸다고 한다.

　중국에서는 예부터 강태공을 액운이나 잡귀를 물리쳐 주는 신으로 받들어 온다. '강태공이 여기 있다'는 말은 '강태공이 모든 재앙을 쫓으므로 만사가 순조롭게 해결된다'는 뜻이다. '강태공재차 백무금기(姜太公在此 百無禁忌)' 또는 '강태공재차 제신퇴위(姜太公在此 諸神退位)'라고 쓴 종이나 돌 부적도 마찬가지이다. 산동 지방에서는 길에 면한 지붕 합각에 '태공재차'라고 새긴 돌을 박아두

기도 한다(사진 120·121). 이와 함께 '태산재차(泰山在此)'라는 글귀를 대문 옆
에 써놓는 곳도 있다(사진 122).

태산은 산동성 중부에 자리한 태산산맥의 주봉(1532미터)이다. 진한(秦漢)
이래 오악(五嶽)의 하나인 동악(東岳)이라 하여, 역대 정부가 제사를 받든 명
산이다. 특히 천명을 받은 자는 이 산 정상에서 제사를 올려야 한다는 도가의
설에 따라, 진의 시황제를 비롯하여 한의 무제, 당의 현종, 송의 진종 등은 성
대한 봉선(封禪)의식을 거행하였다.

후한 때부터, 이 산의 신이 인간의 생명을 지배하며, 죽은 이의 영혼은 모두
이 산으로 돌아와 재판을 받는다는 민간신앙이 퍼졌다. 그리고 현세의 부귀영
화 또한 그의 손에 달렸다고 한다.

강태공에 관한 속담도 낚시질과 연관이 있다. 강요하지 않고 스스로 그의 올
가미에 걸리기 원하는 자만 다루고 지배한다는 뜻을 "강태공이 낚시질을 해도,
자원자만 낚는다〔姜太公釣魚 願者上鉤〕"고 이른다.

우리도 제 뜻을 펴지 못하고 비통하게 죽은 인물을 떠받들어 온다. 고려의 최영
은 무당의 신이 되었고, 서해 도서의 어민들은 조선의 임경업 장군을 바다신으로
받든다. 또 단종 임금은 영월 지역의 수호신으로, 남이 장군은 강원도 춘성군 일

1 사진 120 합각에 붙인 '태공재차'
2 사진 121 합각에 붙인 '태공재차'
3 사진 122 문에 새긴 '태산재차'

사진 123 성주풀이에서 강태공으로
등장한 목수

대의 산신으로 섬겨진다. 원통하게 죽은 이들의 한을 달래고 풀어 주면 복을 받을 것이라 기대하는 심정은 중국이나 우리나 다름이 없는 셈이다. 건축에 관련된 강태공 풍습은 중국에서 들어왔을 것이다.

제주도 무가인 성주풀이에 강태공이 목수로 등장하는 것은 흥미롭다(사진 123). 성주풀이는 집을 새로 짓고 성주를 모시는 굿으로, 심방은 강태공으로 하여금 집을 지어나가는 과정을 읊조리게 한다. 도끼를 어깨에 멘 목수 차림의 강태공은 영등산의 덕이 깃든 나무를 베고 주추를 놓아 기둥을 세우고, 서까래 위에 백기와를 덮어서 집을 짓는다.

밖에서 기다리고 있던 강태공은, 심방이 부르는 소리를 세 번 듣고서야 대답한다. 심방이 안으로 끌어들이면 비틀거리다가 쓰러져 죽은 체 한다. 불사약을 먹고 되살아난 그는 "무슨 일로 날 불렀는가?" 묻는다.

심방의 대답이다.

강태공 서목시[首木手] 살았구나. 그러면 이 주당에 입주상냥(立柱上樑) 집 세울 때, 좋은 낭 비여단 이 집 상냥 허여 줍센. 이 주당 주부가 모든 먹을 양석이나 일천기덕(一千器德 : 모든 기구의 뜻)을 다 올려 보내였는디 그건 어떵했소?

강태공은 쌀을 비롯한 여러 가지 음식과 술 따위를 주워 섬기며, "다 가져왔소" 한다. 심방의 "일천기덕은 어찌 되었소? 다 내어놓으시오" 하는 말에, 그는 도끼 한 자루를 들었다 놓으며 읊조린다.

대황기(큰도끼)·소황기(작은 도끼)·번자귀(까뀌)·먹통·곱은자(직각 자)·젠미리(변탕)·후미리(젠미리에 맞춘 소리)·대끌·소끌·대톱·소톱 ……

심방이 "당신은 도끼 하나를 모든 연장 삼아 쓰오?" 묻자, 이렇게 대답한다.

그러니 신범[神奇]한 목수가 아니요? 강태공은 도끼날 하나 놓고 이모로 쓰고, 저모로 쓰고, 팔모[八方]로 쓰는 법이요.

다음 노래에는 강태공이 집을 짓는 과정과 이 집에서 사는 사람들의 명과 복을
비는 내용이 들어 있다.

성주일월 연마지로

상성주, 중성주, 하성주

날년성주 달년성주

칠년성주 구년성주

배는 지어 삼년만에

연신마지 지냅네다

집은 지어 삼년만에

성주 기도를 드립네다

올라사민(올라서면)

산신전 산백관

강태공 서목쉬〔首目手〕

백 가지 낭(나무) 비여다가

성주 설연을 하였수다

성주 기도를 지냈수다

사귀살성을 제초하였수다(없앴습니다)

이 집 짓엉(짓고) 삼년만에

성주 기도를 지냅네다

아들랑 낳건

나라 충신 시겨(시켜) 줍서

부미(부모) 소자(효자) 시겨 줍서

일가방상(일가 친척) 화목 시겨 줍서

딸랑 낳건 열여(열녀)로 납서

쇠랑 낳건 황쇠(황소)로 납서

말랑 낳건 영매〔靈馬〕로 납서

도새기(돼지)랑 낳건 토신(土神)으로
납서

고냉이(고양이)랑 낳건 지신으로 납서

맹〔命〕광(과) 복을 제겨(지니게) 줍서

수년 명상 멕여(먹여) 줍서

만년 지탱 시겨 줍서

자손 전대전손 시겨 줍서

먹을 연도 나사옵서(나타나게 하여 주
소서)

입을 연도 나사옵서

행공발신(行公發身) 할 일을

만(모두) 나사와 줍서

나력방에 나력이나

다력방에 다력이나

간송 입송 할람 상궁

도덕 접관 불이 외손

멘(화재) 넷(날) 곳을 막아 줍서

소원성취 드립네다.

이 밖에 제주도 무속의 하나인 초감제에서는 강태공이 천지왕·바구왕·총맹부
인·대밸왕·소밸왕 등과 더불어 '성인(聖人)'으로 등장한다.

제주도에서 이처럼 큰 대접을 받는 강태공임에도, 어찌된 까닭인지 내륙의 다
른 지역에서는 자취조차 찾을 수 없다. 성주풀이를 뒤져보아도 소동파·이적선·

백낙천 등의 시인은 나타나지만, 강태공은 그림자도 보이지 않는다. 제주도의 무가가 내륙보다 더 오래된 것이라 한다면, 내륙에서는 사라지고 제주도에만 남은 결과인지, 내륙에는 본디부터 없었던 것인지, 그렇다면 강태공이 제주도에만 들어간 까닭은 무엇인지 궁금한 일은 한두 가지가 아니다. 또 강태공이 내륙의 디딜방아에 남게 된 이유가 어디에 있는지 수수께끼는 꼬리를 잇는다.

중국 주(周)나라 초기의 공신인 강태공은, 춘추시대의 대국이었던 제(齊)나라 시조이기도 하다. 성은 여(呂), 이름은 상(尙)으로, 태공(太公), 태공연(太公涓), 태공망(太公望) 등으로도 불린다. 전한대(前漢代)의 유향(劉向)이 쓴 《전국책(戰國策)》에 실린 그의 면모는 다양하다. 제(도읍지는 지금의 山東省 淄博市)나라에서는 아내에게 쫓겨난 남자였고, 조가(朝歌;은나라의 도성이 있던 지금의 河南省 淇縣)에서는 썩은 고기를 팔던 푸줏간 주인과 자량(子良)에게 쫓긴 신하였으며, 자신의 고향인 자진(剌津;지금의 河南省 滑縣의 서남부)에서는 자신의 몸을 팔려고 하여도 사는 사람이 없었던 처량한 신세의 거지였다.

그는 위수(渭水)에서 낚시를 하며 지내던 중, 주나라의 문왕(文王)을 만났다. 다음은 《수신기(搜神記)》에 전하는 내력담이다.

여망(呂望)이 위수의 북쪽 물가에서 낚시를 하고 있었다. 그때 주나라 문왕(文王)이 사냥을 나가려고 점을 쳤다. 점쟁이의 말이다. "오늘 어떤 짐승을 잡으실 터인데, 그것은 용도 이무기도 아니며, 큰 곰도 아닙니다. 제왕의 태사(太師)로 삼기에 안성맞춤입니다." 그는 위수 북쪽 물가에서 과연 태공이라는 인물을 만났다. 그와 이야기를 나누어 본 문왕은 크게 기뻐한 나머지 함께 수레를 타고 도성으로 돌아왔다.

태공이라는 이름은, 그가 주나라의 선조 태공이 큰 기대를 걸었던 인물임을 알고 그렇게 부른 데에서 왔다. 태공은 문왕과 무왕을 도와, 은나라를 멸망시켰고 그 공으로 제나라 왕이 되었다. 산동 지방의 이민족이 여러 차례 반란을 일으켰음에도 국정을 정비하고, 풍속을 개혁하며, 산업을 일으키고 국토를 확장하는 등 나라의 기초를 튼튼히 하였다.

생애의 반이 전설에 가려져 있지만, 그는 전국시대부터 한대에 걸쳐 경세 및 병법가로서 재능을 펼쳤다. 《육도(六韜)》 여섯 권도 그의 저작이라고 한다. 구궁

법(九宮法)의 창시자이기도 하다. 이는《주역(周易)》의 후천수(後天數)인 낙서(洛書)에 연월일시의 수를 적용하고, 구성(九星)과 팔문(八門)을 더하여 길흉을 점치는 방법이다. 한나라 장량(張良)과 제갈량은 병법으로도 썼다. 이 뒤로 천문과 지리에서부터 인간의 일상생활에 이르기까지 길흉과 성패를 가르는 중요한 법칙이 되었다. 우리나라에서는 고려 초기부터 관심을 모았고, 강감찬(姜邯贊)·무학(無學)·서경덕(徐敬德)·이지함(李之函) 등이 연구를 거듭하였다.

중국에서도 강태공은 도사로 등장한다.《수신기》의 내용이다.

> 주나라 문왕은 태공망을 관단령(灌壇令)으로 삼았다. 한해가 되자 바람이 없는데도 나뭇가지가 흔들려 저절로 울었다. 문왕의 꿈에 매우 아름다운 여인이 길을 막고 통곡하였다. 까닭을 묻자 이렇게 대답하였다.
>
> "저는 태산(泰山)신의 딸로 동해군(東海君)의 아내가 되었습니다. 친정 나들이를 왔다가 동해로 돌아가려는데, 지금의 관단령이 길을 막고 있습니다. 제가 가려면 반드시 큰 바람과 폭우가 쏟아질 터인데, 그렇게 되면 그의 덕이 손상될까 두렵습니다. 이 때문에 우는 것입니다."
>
> 잠에서 깨어난 문왕은 태공망을 불러 물었다. 이날 과연 폭풍이 불고 비가 쏟아지면서 그가 다스리는 고을을 비켜 지나갔다. 문왕은 그를 다시 대사마(大司馬)에 임명하였다.

그의 면모는 실로 다양하고 눈부시다. 후한 때의 왕충(王充)이 쓴《논형(論衡)》의 내용이다.

> 무왕이 걸을 치려고 접점을 치자 '나쁘다'는 괘가 나왔다. 태공은 시초라는 풀을 밀어내고 귀갑(龜甲)을 짓밟으면서 "썩은 뼈다귀나 시든 풀 따위가 어찌 길흉을 알리요" 하였다(卜筮).

청나라의 마국한(馬國翰)이 편찬한《옥함산방집일서(玉函山房輯佚書)》의 기록이다.

> 무왕이 걸을 칠 때 심한 천둥과 번개가 일어나, 그의 말이 맞아 죽었다. 이에 주공은 "하늘이 주를 돕는가?" 물었다. 이에 태공은 "국군(國君)에게 덕이 있으니, 하늘

인들 어찌 하겠습니까?" 하였다.

북송(北宋)의 이방(李昉)이 쓴 《태평어람(太平御覽)》은 이렇게 전한다.

무왕이 은을 치려고 배에 올라 황하를 건널 때 병고(兵庫)가 나와 배가 파손되었다. 태공이 "태자는 아버지를 위하여 원수를 무찌르고, 죽은 자를 다시 살려야 합니다" 외쳤다. 그리고 다리를 건넌 뒤 부두와 다리를 모두 태워버렸다.

이 밖에 여러 가지 고사가 전한다.

무왕이 걸을 치려고 지금의 하남성 온현(溫縣)의 동북부에 이르자 방패가 세 조각이 나고 사흘 동안 비가 내렸다. 불안을 느낀 왕이 태공을 불러 "걸을 치지 말라는 뜻인가?" 물었다. 이에 그는 "세 조각이 난 방패는 군을 셋으로 나누라는 뜻이고, 사흘 동안 내린 비는 군사를 깨끗이 씻기기 위한 것입니다" 하였다. 왕은 "그러면 어찌 하는 것이 좋으냐?" 되물었다. 그는 "사람을 사랑하는 이는 지붕 위에 있는 새도 사랑합니다만, 사람을 미워하는 자는 그의 뼈까지 증오합니다. 적을 모두 죽여서 하나도 살려 보내서는 안 됩니다" 하였다(前漢 초기의 韓嬰이 쓴 《韓詩外傳》 권 3).

역시 주의 걸을 칠 때 일어난 일이다. 약속했던 정후(丁侯)가 나타나지 않자, 태공이 화상을 그려 놓고 활을 쏘았다. 그는 곧 큰 병에 걸렸고 용서해 달라고 사자를 보냈다. 살을 뽑자 그의 병이 씻은 듯 나았다. 사방의 민족들이 이를 듣고 선물을 보내왔다(唐代 歐陽詢 編, 《藝文類聚》 권 59).

무왕이 걸을 치는 데에 사해(四海)의 해신(海神)과 하백(河伯), 우사(雨師), 풍백(風伯) 등이 나서서 도움을 준 것 또한 태공 덕분이었다(淸 嚴可均 編, 《全上古三代秦漢三國六朝文》).

강태공이 잡귀를 쫓는 내용을 그린 명나라 때 소설 《봉신연의(封神演義)》는 이러한 이야기를 바탕 삼은 것이다. 강태공은 우리네 《고려사》와 《조선왕조실록》에도 여러 차례 등장한다. 충신으로, 병서의 저자로, 전략가로, 국가에 충성을 다하는 신하로, 《비기(秘記)》의 저자로, 위대한 교육자의 본보기로 다채롭게 나타난다.

《고려사》의 첫 기록은 거란이 고려 문종을 왕으로 봉한다는 책문(冊文)에 들어 있다(원년 9월).

> 아아 갸륵하다. 주문왕(周文王)은 은사(隱士)를 소중히 여겼으나, 강태공을 제나라 땅에 봉하는 데에 그쳤다. 한고조가 흰 말을 잡아놓고 맹세를 다진 것도 유씨(劉氏)의 종통(宗統)을 굳히려는 것이었다. 지난 일을 누구이 살펴보아도 특전을 준 예는 많지 않다. 당신은 유구한 복록을 누리기 위하여 나에 대한 성의를 더욱 굳건히 하라. 이 훈계를 잘 지키면 신명의 도움을 받을 것이다.

협박과 공치사가 한껏 어우러졌다. 강태공이 의로운 사람이라면 무덤을 박차고 뛰어나왔을 것이다.

두 번째는 숙종이 벼슬에서 물러나려는 소태보를 만류하는 대목이다(8년).

> 문종께서는 그대를 복심으로, 선종께서는 그대를 재상으로 등용하셨으며, 나도 즉위 전부터 그대의 명망을 많이 들었고 선위받은 뒤에는 오직 그대를 믿고 모든 시책을 반드시 문의하였으며, 수상으로 뽑아서 큰 권한을 주었는데 어찌하여 이렇게 갑자기 나이가 많다는 이유로 물러나려 하는가? 옛날 태공망(강태공)은 70세에 주나라 문왕을 처음 만났는데, 그대는 이제 겨우 70세가 되었을 뿐인데 재삼 퇴직하려고 요구하니 이는 내가 기뻐하지 않는 바이다. 하물며 그대는 정신이나 기력이 건강하여 아직 노쇠하지 않았으니, 마땅히 조정에 있으면서 국정을 살피고 재상의 중책을 맡아야 할 것이다. 고대의 전례(典禮)에 따라 특수한 은전을 베푼다.

신하를 사랑하는 임금의 심정이 절절하게 묻어 난다. 이것이 선례가 되었는지는 알 수 없지만, 조선왕조의 왕들도 나이가 들어 물러나려는 신하에게 강태공을 들어 만류하였다.

다음은 《조선왕조실록》에 등장하는 강태공의 여러 모습이다.

그는 충신이다. 성종 임금이 충신이 드물다고 한탄하자(5년 9월 25일 무인), 신하가 "어찌 오백년 큰 도읍 가운데, 강태공 같은 충신이 없겠습니까?" 반문하였다. 정조 임금대(8년 9월 17일 기사)에도 "주나라 무왕에게는 강태공 같은 신하가 있었다"는 말이 보인다.

그는 병서의 저자이다. 성종 임금(13년 10월 21일 병술)이 우승지 김세적(金世勣)에게 "병서는 얼마나 읽었는가?" 물었다. 그는 "대강 일찍이 여러 책을 읽었으나, 강태공의 《육도》는 못 읽었습니다" 대답하였다. 이에 왕은 《장감박의(將鑑博議)》를 주었다.

그는 전략가이다. 성종 임금에게 신하들이 아뢴다(15년 5월 29일 을묘).

> 무사들의 본업은 활쏘기와 말타기지만, 그 중에서 경서(經書)에 익숙한 자는 대체로 적습니다. 그리고 《무경칠서(武經七書)》는 비록 많고 적음은 같지 않으나, 모두 병가의 긴요한 말이므로, 그것을 익히는 것은 좋은 일입니다. 지금 만일 강서하지 않는다면, 강태공이나 황석공(黃石公)의 글은 으레 모두 읽지 아니할 것이니, 아마 옳지 못할 것입니다.

그는 늙어서도 충성을 다한다. 나이 많음을 들어 벼슬을 사양하는 신하에게, 인조 임금(22년 8월 23일 무인)은 "강태공과 범증은 나이 80이 되어서도 종군하였다"고 이른다. 같은 내용은 영조 4년 4월 8일(무자)과 28년 7월 2일(경신), 그리고 숙종 원년 5월 26일(계축)과 3년 5월 27일(임인) 기사에도 들어 있다. 특히 영조 임금은 "강태공은 80세에 공을 이루었다" 하고, 뒤에서는 "80세에 재상이 되었다"며 막았다. 숙종 또한 태공이 90세에 문왕을 도왔고, 뒤에 제나라의 시조가 되었음을 강조한다.

그는 《비기》의 저자이다. 연산군이 술서의 하나인 《태일경(太一經)》에 대해 묻자(8년 5월 1일 임신), 이극돈(李克墩)과 성현(成俔)이 아뢴다.

> 황제는 《태일국(太一局)》을 만들어 치우(蚩尤)를 쳐, 오제(五帝)의 우두머리가 되었고, 강태공은 금경식(金鏡式)을 가지고 상신(商辛)을 쳐 삼왕(三王)의 사표가 되었습니다. 또 오왕(吳王)이 패권을 다툴 때, 유돈(劉敦)이 황기(黃旗)의 《국운》을 설명하였고, 한(漢) 고조가 천명을 받자, 장량(張良)이 금도(金刀)의 《부록(符錄)》을 비전(秘傳)하였습니다.

그는 교육자이다. 중종 때(12년 1월 19일 을미) 홍문관 부제학이 원자를 가르치는 글을 올리는 내용이다.

주(周)나라 문왕이 태공망을 태자의 스승으로 삼았을 때입니다. 태자가 포어(鮑魚)를 즐겨 먹자, 강태공은 주지 않으면서 "예문(禮文)에 포어는 제물에 오르지 못하는데, 어찌 예 아닌 것으로 태자를 기르겠는가?" 하였습니다.

강태공은 우리 속담에도 등장한다.
1) 강태공이 위수변(渭水邊)에서 주(周) 문왕(文王) 기다리듯.
   (큰 뜻을 품은 사람이 때를 기다리는 모양을 이른다.)
2) 강태공의 곧은 낚시질.
   (강태공이 곧은 낚시질을 하며 때를 기다린 고사에서, 큰 포부를 안고 기회를 노림을 이른다. 큰 뜻을 품고 때가 이르기를 기다린다며, 무위(無爲)한 시간을 보내는 이를 비꼬기도 한다.)
3) 강태공이 세월 낚듯 한다.
   (때를 기다리는 강태공이 세월을 보내려고 위수 가에서 곧은 낚시질을 하였다는 데에서 나온 말로, 무슨 일을 하되 매우 느리고 더디다는 뜻이다.)

강태공은 우리네 시조에도 자주 보인다. 지금까지 알려진 5,492수 가운데, 그의 모습이 비치는 것은 13수이다. 낚시꾼이나 낚시와 관련된 것이 8수, 학식과 덕망을 갖춘 선비와 신하로 나타나는 것이 2수, 1수에는 병법가로, 또 1수에는 영웅으로, 나머지에는 당나라 때의 시인인 두목지 · 소동파 · 이태백 및 도술가인 동방삭 사이에 끼어 있다.

낚시와 연관된 신흠(申欽)의 시조와 병법가의 면모를 보이는 사설(지은이 모름), 그리고 영웅으로 그려진 이세보(李世輔)의 시조를 소개한다.

인간을 떠나 니는 이 몸이 한가하다
사의(簑衣)를 늬믜차고 조기(釣磯)로 올라가니
웃노라 태공망(太公望)은 나 간 줄을 몰래라

대장부 돼여 나셔 공맹(孔孟) 안증(顔曾) 못 하량이면 찰하리 다 떨치고 태공 병법 외와 내야 말만한 대장인(大將印)을 허리아래 빗기 차고 금단(金壇)에 노피 안자 만마천병(萬馬千兵)을 지휘간(指揮間)에 너허 두고 좌작진퇴(坐作進退)함이 긔 아니 쾌

할소냐? 아마도 심장적귀(尋章摘句)하난 썩은 선비를 나는 아니 부러워하리라.

> 녹음 슈양니의 낙대를 드럿쓰니
> 한가하다 저 어옹아 네야 무삼 일 잇스랴
> 아마도 만고 영웅은 태공인가

조선시대에는 강태공을 주인공으로 삼은 우리말 소설도 나왔다. 2권 2책의 국문 경판 방각본과 1책으로 된 우리말 필사본 세 종류가 전한다(작자와 출판년대는 알 수 없다). 1920년에 대창서원(大昌書院)과 보급서관(普及書館) 등에서 우리말 활자본이 나온 것을 보면, 근래까지 강태공에 대한 관심이 깊었음이 분명하다. 소설의 내용은 대략 다음과 같다.

중국 은나라 때, 동해 허주 땅에 태공이라는 별명을 가진 '강자아' 라는 사람이 살았다. 곤륜산에서 40년 동안 도를 닦던 그는, 세상에 나와 마씨와 혼인하고 남의 점을 보아주면서 지냈다. 어느 날 '옥석비파' 라는 요괴를 물리친 공으로, 주(紂)왕으로부터 벼슬을 받았다. 한편, 주왕이 사랑한 후궁 달기(妲己)는 실상, 구미호가 변신한 인물이었다. 그네는 죽은 옥석비파의 원수를 갚으려고 기회만 엿보는 중이었다. 이를 안 태공은, 위수로 달아나 낚시질을 하고 있었다. 달기에 홀린 주왕은 갖은 학정을 다할 뿐만 아니라, 서백후인 회창까지 옥에 넣었다. 아버지를 구하려던 그의 아들은 오히려 주왕에게 죽임을 당하고, 서백후는 죽은 아들의 고기로 빚은 떡을 먹고서야 풀려난다. 그는 자기 고장으로 돌아와 강태공을 스승으로 삼고 정사를 잘 보살폈다. 서백후가 죽고 무왕(武王)이 즉위하자, 은나라 주왕은 무왕을 치려 들었다. 이에 강태공이 나서서 마침내 은나라를 쳐부수었고, 무왕은 주나라를 세웠다.

이 소설에서 도사인 강태공은, '옥석비파' 라는 요괴를 쫓아내고, 악의 화신인 주왕을 물리친다. 작가는 그를 현실의 부조리를 깨치고 새로운 나라를 세우는 위대한 인물로 그린 것이다. 이것은 당시 사람들이 강태공에 대해 마음에 품고 있던 공통적인 생각이었을 것이다.

심지어 강태공의 부인 마씨도 서낭신으로 등장한다. 다음은 전라북도 완주군 일대의 서낭신 근원 설화이다.

강태공이 언제나 책만 읽으며 집안 살림을 돌보지 않자, 참다 못한 그의 아내 마씨는 집을 나갔다. 그러나 강태공이 벼슬을 얻어 돌아오는 것을 보고 다시 살기를 바랐다. 이에 강태공은 물 한 대접을 떠오라고 한 뒤, 쏟아 버리며 "한 번 엎지른 물은 다시 담을 수 없다"고 막았다. 부끄러움과 애절함을 못 이긴 그네는 죽어서 서낭신이 되었다. 남편이 엎지른 물을 다시 채우지 못하고 죽은 까닭에, 그네의 무덤 곁을 지나가는 사람들은 침을 뱉어서 그네의 목마름을 풀어 준다.

강태공이 "침 세 사발을 뱉어 놓으면 함께 살겠다"고 하였지만, 두 사발을 뱉고 나서 침이 말라 죽었다는 이야기도 있다. 그래서 그네의 무덤을 지나는 나그네는 침을 세 번 뱉어 그네의 영혼을 위로한다는 것이다.

디딜방아 주인에게 강태공의 이름과 함께 경신년 운운하는 글귀를 써 두는 이유를 물으면 대체로 "그가 디딜방아를 발명하였고, 경신월 경신일에만 방아를 만들거나 수리하기 때문이라"고 대답한다.

강태공이 우리네 디딜방아에 등장한 까닭이 무엇인가? 중국에서 들어왔다면 그 시기는 언제인가? 과연 도교와 함께 전래하였는가? 수수께끼는 풀리지 않는다. 강태공의 나라 중국의 디딜방아에는 물론이고, 일본 방아에도 '강태공 운운' 하는 글귀가 보이지 않는 것 또한 의문이다. 현재로서는 이에 대한 대답을 뒤로 미루어 둘 수밖에 없다.

10. 디딜방아 찧기

디딜방아 찧기에 관한 가장 오래된 기록은 《삼국사기》(권 제47, 열전 제5)에 보인다. 고구려 영양왕 때의 온달 장군 고사에 들어 있다.

그의 용모는 여위고 허름하여 우습게 보였지만 마음은 착하였다. 어린 시절 집안이 몹시 가난하여 언제나 밥을 빌어 눈먼 어머니를 받들었다. 떨어진 옷과 낡은 신을 신은 까닭에, 사람들은 그를 '바보 온달'이라 낮추어 불렀다.

평강왕(일명 평원왕)의 딸이 어려서 울기를 잘하므로 임금은 "네가 늘 울어서 내 귀를 시끄럽게 하니 훌륭한 사람의 아내가 되기는 어려울 듯하다. 이 다음 바보 온달에게나 시집을 보내야겠다"며 입버릇처럼 놀렸다. 그네가 16살이 되자 왕은 상부 고씨에게 시집 보내려 하였다. 이에 공주는 "아버님께서는 언제나 온달의 아내가 되라고 하셨습니다. 어째서 지난날의 말씀을 뒤집으십니까? 보통 사람도 거짓말을 해서는 아니되거늘, 하물며 임금님이 거짓말을 할 수 있습니까? 이 때문에 임금은 농담을 해서는 안 된다는 말까지 있습니다. 아버님의 말씀을 따르지 않겠습니다" 하였다. 성이 난 왕은 "내 말을 듣지 않으려거든 집에서 떠나라" 일렀다.

공주는 진귀한 보석들을 싸들고 온달의 집을 찾아 나섰다. 그네는 눈먼 어머니에게 온달의 행방을 묻자, "내 아들은 가난하고 보잘것없어 귀인이 가까이 할 사람이 못 됩니다. 그대에게서는 꽃다운 향기가 나고 손은 부드럽기가 솜과 같습니다. 누구의 허튼 말을 듣고 여기까지 왔습니까? 내 자식은 주림을 참다 못하여 느릅나무 껍질을 벗기려고 산속으로 갔습니다" 하였다.

한동안 기다리던 그네는 온달을 맞이하려고 산으로 갔다. 온달에게 이야기를 꺼내자 불끈 성부터 내며 "여기는 어린 자녀들이 나돌아다닐 만한 데가 아니다. 반드시 사람이 아니라 여우일 것이다. 내게 가까이 오지 말라"며 소리쳤다.

쓸쓸하게 돌아온 공주는 그날 밤을 사립문 밖에서 지새었다. 이튿날 아침 다시 안으로 들어가 자세한 이야기를 펼쳐 놓았다. 온달은 마음을 정하기 어려웠다. 그러나 어머니는 "내 자식은 지지리 못나서 귀인의 짝이 될 수 없습니다. 내 집 또한 가난해서 귀인이 있을 수도 없습니다" 거절하였다.

공주는 이렇게 대답한다.

"옛적 사람들은 '한 말의 곡식도 찧어서 함께 먹을 수 있고, 한 자의 베도 기워서 같이 입을 수 있다' 하였습니다. 만일 마음만 맞는다면, 어찌 반드시 귀해야만 같이 살겠습니까?"

그 뒤 온달은 공주가 기른 말을 타고 왕을 따라 사냥에 나선다. 그는 가장 많은 짐승을 잡는다. 왕은 그의 이야기를 듣고 놀라는 한편 기특하게 여긴다. 북주(北周)의 무제가 쳐들어오자 온달은 맨 앞에 나서서 무찌른다. 왕은 "이 사람이 나의 사위"라며 예의를 갖추어 맞아들이고, 대형(大兄)의 벼슬을 내린다. 온달은 신라에게 빼앗긴 한강 이북땅을 되찾으러 자원해서 나선다. 아단성 밑에서 신라 군사와 싸우던 그는 화살에 맞아 죽는다. 그의 장례를 치르려 하였지만 관이 움직이지 않는다. 공주가 와서 어루만지며 "죽고 사는 일이 끝났습니다. 이제는 돌아가십시오" 한다. 그제야 널이 들려서 무덤에 묻는다. 이 말을 들은 왕은 더욱 슬퍼한다.

온달이 전사한 아단성의 위치는 두 가지 설로 갈린다. 서울 성동구 광장동에 있는 아차산성과, 충청북도 단양군 영춘면 하리의 단양산성이다. 단양산성 동북쪽 산 아래의 남한강변 절벽에 온달굴이라는 석화암 동굴이 있고, 성과 마주한 북쪽 강 건너에는 온달 장군에 관한 민담도 전한다. 단양산성 쪽이 더 그럴 듯한 까닭이다. 구중궁궐의 공주가 방아 찧는 일을 이처럼 잘 알고 있었던 것은 뜻밖의 일이기도 하다. 그만한 그릇의 주인공이었으므로 온달의 아내가 되고, 또 그를 훌륭한 장군으로 만들었을 것이다.

방아 찧는 일에 관한 두 번째 기록은 《고려사》(고종 2년 을해 7월)에 보인다. 다음은 그 내용이다.

어떤 사람이 중방(重房)에 말하기를 "상약국(尙藥局)이 대궐 서쪽에 있어 항상 방

아를 찧으니 산서(山西)의 왕기(旺氣)를 손상할까 두렵다" 하였다. 이에 마음대로 상
약국, 상의국(尙衣局), 예빈성(禮賓省) 등 무릇 사십여 채를 헐어 옮겨 지었다. 또 중
방은 새 길을 천령전(千齡殿)으로 내어서 오가도록 하였다.

고려시대의 중방은 2군(軍) 6위(衛)의 상장군(上將軍) 16명이 같이 앉아서 군
에 관한 일을 논의하던 기관이다. 정중부가 난을 일으킨 뒤, 무신들이 권력을
움켜쥐자 이른바 무인정치의 핵심기구로 떠올랐고, 한때는 최고 행정기관 구실
까지 하였다. 당시에는 최충헌이 권력을 휘둘렀으므로, 앞의 일은 그의 지시에
따라 일어났다고 보아도 좋을 것이다.

상약국이 디딜방아 때문에 왕기가 손상될 것이라는 내용은 지나치다. 곡식 방
아라면 모를까, 목초의 뿌리를 부드럽게 만들거나 가루를 내는 약방아인 것이
다. 누구인가 아첨을 떨고 싶었던 모양이다. 이를 들은 쪽의 반응 또한 가관이
다. 궁궐 건물을 무려 40여 채나 헐어냈다지 않은가?

조선시대 성종 때 나온《동문선(東文選)》권 8에는 디딜방앗간의 분주한 모습
을 손에 잡힐 듯이 그린 시가 있다. 쌀 찧는 노래〔舂米行〕라는 이름의 칠언고시
(七言古詩)이다.

큰며느리는 동쪽에서 찧고
작은며느리는 서쪽에서 찧네
작은아들은 남쪽에서 찧고
큰아들은 북쪽에서 찧네
어린 딸은 방아머리에 올라 힘을 보태고
어린 녀석은 쌀 장난하느라 키를 뒤집네
푸른 치마 큰 아낙네 높직한 머리쪽지
기운 센 다리로 방아를 밟는구나
큰아들 작은며느리 놀래어 서로 물으며
익살로 웃음지어 왁자하게 떠드네
땀이 등에 철철 흐르면 숨 돌리고
쌀 집어서 흰가 어떤가 살펴도 보네

방아가 설면 다시 찧으니
그 고생 말로다 못 이르네
하늘이 준 재주 크게 다르지 않건만
빈부가 어찌 이렇게 갈리는가?
양반과 농민은 어우러져야 하는 것
지난해엔 풍년으로 쌀값 눅었고
올해엔 삼과 밀 모두 잘 익었네
더구나 나라에서 세금을 줄여
키 든 아낙과 체 든 남정네 흐뭇하네
찧고 날리고 까부른 다음
설렁설렁 일어서 부글부글 끓이네
대아(大雅)의 증민(蒸民)에도 후직(后

稷)의 노래

만고에 그 공 그지없어라

오늘날 농촌엔 풍년 찾아들고

사해(四海) 평안하여 먼지도 안 이네

해마다 거르지 않고 태평하여서

쌀 한 말에 서푼하던 옛날 같기 바라네

땀은 등으로 강물처럼 흐르고 육신은 더할 수 없이 고되어도, 풍년 든 것만 다행하고 즐거워 웃음이 벙글벙글 번져 나온다. 농군으로 태어나서 고된 노동에 시달려야 하는 신세한탄이 아주 없지 않으나, 세금까지 내려서 참으로 살맛 나는 세상을 만났다. 찧은 곡식으로 밥을 지어 한 술 입에 넣으니, 온 우주가 내것인 듯 싶다. 쌀 한 말 값이 서푼이어서 살기 좋았던 옛적이 오늘에도 이어지기를 바랄 뿐이다. '증민'은 《시경(詩經)》의 대아(大雅)에 들어 있는 편(篇) 이름으로, 주나라의 시조 후직의 공덕을 칭송한 글이다. 사람들은 농사를 일으킨 그를 농신으로 받든다.

디딜방아로 곡식을 찧거나 빻는 일은 흔히 세 집에서 어울려 품앗이로 한다. 그러나 품앗이 상대가 없을 때에는 품을 산다. 1940년대에는 하루 삯으로 쌀 2~3되를 내었다. 가난한 이들은 부잣집에서 방아를 찧을 때 스스로 나서서 도왔고, 주인은 상대의 형편에 따라 보리쌀을 주었다. 경상남도 창녕군 남지읍의 어떤 부인은 한 말을 내었다고 한다.

황해도 무당의 방아타령 가운데 봉사가 방아 찧기 전에 삯을 달라는 대목이 있다.

> 무당 : 누이 일대동방아를 찧으면 방아삯은 얼마나 주나? 나는 현금으로 주면 좋겠어. 눈이 안 보여 보지를 못하니, 삼인이 있실(을) 적에 방아 품삯을 주면 좋겠어.
>
> 장구 : 염려 말아요. 방아삯은 이천냥 두푼 오리 주구요, 평생에 좋아하시는 참새 공알에, 쇠털같이 긴 샘에, 장질같이 긴 담뱃대를 다 드리니, 방아타나 잘 둘러보구 오세요.

방아 일은 보통 세 사람이 하지만, 방아가 크고 일이 많으면 다섯 사람이 힘을 모은다. 이들 가운데 '께끼꾼'은 확 쪽에 앉아서 밖으로 튀어나온 곡물을 쓸어 넣는 한편(사진 124), 애벌 찧은 것을 키로 까불거나 체에 내려서 무거리를 가린다.

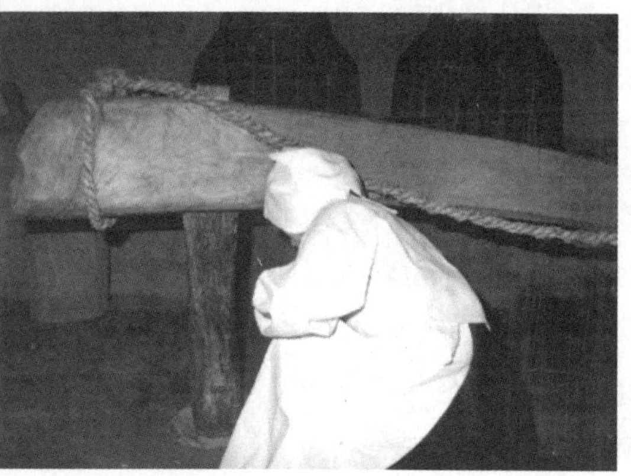

사진 124 확으로 곡물을 쓸어 넣는다.

사진 125 방아 찧기

경상북도 상주에서는 이 일을 "방아 씨를 본다"고 이른다.
경상남도 양산지방 노래에 이 내용이 들어 있다.

> 방아끝에 안진 처녀
> 누구 간장을 녹일랴고
> 지조롭게 잘 생겼나

경상북도 상주에서는 서속을 세 번 거듭 찧는다. 첫 방아는 '아시', 두 번째 방아는 '두벌', 세 번째 방아는 '세벌'이다. 셋이 찧는 데에는 한 시간쯤 걸린다(사진 125). 이와 달리 보리는 아시와 두벌만 찧는다. 아시 때 물 한 바가지를 붓고, 한 시간 찧고 나서 키로 까부른 다음, 다시 반 바가지를 더 붓고 두벌 찧어서 '대낀다'. 나락 한 말은 네 번 찧으며, 한 시간 반이 걸린다. 떡방아는 두 시간을 잡는다.

강원도 정선군 북면 여량리의 전옥매(65세)님 이야기이다. 많은 곡식을 찧을 때에는 곡식을 확에 차고 넘치도록 붓는다. 확 안의 곡식은 물론, 옆에 쌓인 곡식도 일부 섞여 들어가 찧어지기 때문이다. 확 안팎의 곡식은 크게 뒤섞이지 않는다. 따라서 확의 것을 들어내고 가장자리의 것을 더 찧으면 문제가 없다. 나락 한 말은 3시간 걸린다. 께끼꾼은 필요치 않다. 잘 익은 것은 두 되 가웃이, '죽은 벼(덜 여문 벼)'에서는 두 되가 나온다.

보리 방아를 찧으려면 아이찧기·옆찧기·쓿기·넝구기(넘기기)의 네 과정을 거친다.

'아시' 때는 보리 한 말을 확에 넣고 물 한 바가지를 붓는다. 마른 것을 찧으면 껍질이 벗겨지기 전에 부서진다. 한 시간이 지나 껍질이 반쯤 벗겨지면 키에 올려 까불어서 껍질을 날린 다음 널어 말린다. 옆찧기는 이를 확에 넣고 물을 부어 다시 찧어 말리는 과정이다. 쓿을 때에는 물은 붓지 않으며, 반 시간쯤 찧어 말린다. 보리 방아에는 께끼꾼이 앉아 '우겨 넣어 주어야' 일이 쉽다. 그러나 사람이 없으면 긴 작대기에 빗자루를 잡아매고 찧는 이가 스스로 우겨 넣기도 한다. 넝굴 때에는 다시 물을 붓고 30분쯤 찧는다. 보리를 정성껏 찧으려면 아이찧기 전에 쓿는 과정을 거친다.

잘 여문 것은 보리쌀 석 되가, 그렇지 못한 것은 두 되가 나온다. 여유 있는 집에서는 댓 말의 보리를 앞의 세 과정을 마친 다음, 그대로 두었다가 밥을 지을 때마다 '넝군다'. 보리쌀을 '넝구고' 나서 오래 두면 물기가 있어 상하기 쉽고 밥이 부드럽지 않기 때문이다. 또 빛도 검어서 보기에 좋지 않다. 그러나 없는 집에서는 바로 먹을 수 있도록 껍질을 다 벗기며, 이를 '곱다지'라 부른다.

곡물이 귀했던 옛적에는 넘기고 난 뒤의 보리겨를 버리지 않고 보리개떡을 쪄 먹었다. 보리겨에는 싸래기가 조금 들어 있어 그런 대로 먹을 만하였다. 보리 한 말에 손바닥 크기의 개떡 댓 조각이 나왔다. 나위 먹으려면 보리껍질을 벗기지 않는다. 처음 쓿기만 하고 솥에 넣어 볶아서 맷돌에 탄 다음, 죽을 쑤거나 밥을 짓는 것이다. 이것이 '가랑죽' 또는 '가랑밥'이다.

메밀은 물을 붓고 삶은 다음, 건져서 입에 넣고 깨물면 똑 소리가 날 정도로 바짝 말린다. 이를 보리 넝구듯이 물을 붓고 찧으면, 세모꼴의 메밀쌀이 된다. 잘 여문 것은 석 되가 나온다.

〈정선 아라리〉에 세모꼴 메밀이 등장한다.

수암 다님 봉두군이   오글박작 끓는데
세모잽이 메물쌀   시어머니 잔소리는
사절치기 강낭밥은   부싯돌 치듯 한다
주먹 같은 통노구에

메밀쌀로 쑨 메밀국죽은 술국으로 첫손에 꼽는다. 메밀쌀과 함께 장을 풀어 넣고 보글보글 끓이다가, 채를 친 두부와 밀가루 수제비 그리고 갓김치를 숭숭 썰어 넣는다. 고춧가루를 타서 입에 넣으면 오돌오돌 씹히는 맛이 훌륭하다.

삶아서 말린 뒤에 디딜방아로 찧지 않고 맷돌에 넣고 탄 것이 멥쌀(메밀쌀)이다. 키에 올려 까부른 뒤, '얼개미'에 내려서 다시 맷돌에 탄다. 이 과정을 서너 번 거쳐야 쌀이 된다. 쌀은 디딜방아로 빻아 체에 내려 가루를 낸다. 제일 먼저 낸 거친 가루도 버리기 아까워 국수를 만든다. 워낙 끈기가 없어서 국수발을 손가락 굵기로 빼며, 급히 먹다가는 발로 콧등을 치이기 쉽다. 메밀국수의 하나인 '콧등치기'이다. 부침개에 쓸 가루는 고운 체에 서너 번 내린다. 껍질은 모아 두었다가 베갯속으로 쓴다.

메밀을 빻고 체에 올리기를 거듭하면, 그 안에서 흰 차돌처럼 반짝거리는 녹쌀이 나온다. 멥쌀의 핵이다. 매우 귀한 까닭에 병자를 위해 죽을 쑤었다. "앓다가도 녹쌀이라니 혹한다"는 말은 이에서 나왔다. 메주도 디딜방아에 찧었다. 장 담그는 겨울철, 메주 함지를 머리에 이고 이 집 저 집으로 몰려다니는 일은 힘들었다. 산골에는 방아가 서너 집에 한 틀뿐이어서, 사람들이 방아가 있는 집으로 몰려들었다. 따라서 온 마을을 헤집고 다녀야 하였다.

오늘날의 방법은 간편하다. 메주를 정부미 자루에 넣고 묶은 다음, 바닥에 자루를 깔고 보자기를 덮어 발로 꼭꼭 밟아 부서뜨린 뒤에 디딜방아로 빻는다. 막장거리는 '도드미'나 얼개미로 내리지만, 고추장거리는 곱게 빻을수록 좋다.

경상남도 창녕군 일대에서는 보리를 찧는 앞의 세 과정(씻기 제외)을 아시·두불·세불이라 이른다. 도움을 받을 사람이 없으면, 등에 맷돌 한 짝을 지고, 나머지 한 짝은 머리에 이고 찧는 수도 없지 않았다. 몸무게를 불리기 위해서이다. 이때에는 빗자루를 잡아맨 긴 작대기를 한 손에 쥐고 곡식을 뒤집는다. 방아다리의 한쪽이 가늘고 다른 쪽이 굵은 때에는 힘 좋은 이가 굵은 쪽을 딛는다. 두 사람 모두 오른발로 딛는다.

전라남도 영광군 법성면 입암리 신씨네 떡방아는 한 다리에 세 사람씩 모두 여섯이 찧는다(사진 126). 이처럼 많은 사람이 들어설 때에는, 나이 어린 사람은 옆으로 서고 힘 좋은 사람이 다리 끝을 밟는다.

이 밖에 방아의 크기나 곡물의 양이나 종류에 따라 혼자 찧는 경우도 없지 않지만(사진 127), 거의 언제나 둘이 찧는다. 이에 비해 외다리방아는 대체로 혼자 찧게 마련이다.

몸체가 튼튼하고 다리가 긴 디딜방아는 여덟 사람이 붙는다. 중국 동북지방에 사는 우리 겨레붙이들의 방아타령이다.

이 방아가 무슨 방아	움이 나네 싹이 나네
강태공의 조작방아	방아공이서 싹이 나네
이짝 가랭이 너일세	이 방앗돌이 무슨 확
저짝 가랭이 너일세	청애나 청돌 돌확일레
일 여덟이 찧는 방아	이 방아가 무슨 방아
건공에다 못 놓고	감나무야 방아거든
뭘 할가 뭘 해여	간간하게도 굴러 놓고
단내 나네 단내 나네	이 방아가 무슨 방아
방아 쌀개서 단내 나네	고욤나무야 방아거든

① 사진 126 여럿이 찧기
② 사진 127 혼자서 찧기

곤곤하게도 굴러 놓고   오동 통통 굴러 놓고
이 방아가 무슨 방아   가죽나무야 방아거든
대추나무야 방아거든   가죽 벗겨서 찧어보세
대충대충 굴러 놓고   한 섬 두 섬 찧는 방아
이 방아가 무슨 방아   열에 열 두 살 찧는 방아
잣나무야 방아거든   찧은 곡식 어디 갔나
자춤자춤 굴러 놓고   어린 자식 늙은 부모
이 방아가 무슨 방아   밥을 달라 보채는 소리
오동나무야 방아거든   가슴속에 수심일레

여덟이 달려들어 열심히 찧는 까닭에 쌀개와 볼씨가 마주 닿는 부분에서 단내가 난다는 대목은 그럴 듯하다. 방앗감으로 등장하는 나무 이름을 빌려서 방아의 특징을 붙인 것도 흥미롭다. 또 '열에 열 두 살'에는, 어린 시절부터 방아일에 매달리지 않을 수 없었던 고달픔이, '어린 자식 늙은 부모, 밥을 달라 보채는 소리'에는 늘 굶주려 배를 곯는 삶이 드러나 있다. '청돌 돌확'은 강원도 정선군 북면 여량리에서 나는 돌처럼, 오톨도톨한 음이 잔뜩 돋은 푸른 빛깔의 돌이다.

방아 일이 아낙네들의 몫이라고는 하여도 햇곡식을 거두어 들여, 바쁠 때에는 남자들도 나섰다. 하루 5~6명이 두 가마의 벼를 찧었다. 경상북도 김천시에서는 발을 딛는 장소를 노래로 알린다.

디디게 디디게 못가래서 디디게   언지나 다 찧고 적마실 가꼬
못가래서 디디면 상가래서 힘을 쓰네   시아바이 잡놈아 적상 받아라
호오호 호이야 사이 잘한다(받는 소리)   얼른 뚝딱 설거지고 적마실 간다
콩다콩 콩다콩 찧는 방애   호오호 호이야 사이 잘한다

'상가래'는 방아다리의 끝 부분을, '못가래'는 방아다리 중간 부분을 가리킨다. 시아버지에게 욕을 퍼붓는 내용이 익살스럽다.

다음은 경기도 화성군에서 방아를 찧을 때, 몸을 어떻게 움직여야 하는지를 이르는 노래이다.

발뒷굼치를 들먹들먹 찧세 어백미가 한 섬이로다
어화라 잘 찧는다 어서 찧자 이 방아를
삼동허리 굼일어 무릎 아래 힘을 주어 어서 찧고 가서 애기 젖을 주자
방아를 덜커덩덜커덩 찧세 삼동허리를 굼일어서
한 말 두 말 찧어 내니 떨걱떨걱 잘두 찧는다

'삼동허리'는 머리, 몸뚱이, 팔다리의 세 부위를 합하여 일컫는 말로, 온 힘을 다하여 찧는다는 뜻이다. '어백미(御白米)'는 임금에게 바치는 쌀이다.

디딜방아에서 처음 나오는 겨는 '아씨 댕기'라고 하여 소에게 주고, 두 번째 거두는 '두벌 댕기'는 돼지에게 준다. '아씨 댕기'는 왕겨의 경상도 사투리이다. 경상북도 달성군의 노래이다.

얼커덩 덜커덩 찧는 방애 얼커덩 덜커덩 찧는 방애
언제나 다 찧고 마실가꼬(받는 소리) 두벌 댕기 까불러 돼지 주고
얼커덩 덜커덩 찧는 방애 얼커덩 덜커덩 찧는 방애
아씨 댕기 까불러 소를 주고 언제나 다 찧고 마실가꼬

충청북도 음성군에서는 방아다리 끝을 딛는 사람을 '상가래꾼', 모서리에서 다리 중간을 딛는 사람을 '옆가래꾼', 가랑이 쪽을 딛는 이를 '밑가래꾼'이라 한다. 상가래꾼은 옆가래꾼보다 힘이 더 든다. 다음의 방아타령이 그것이다.

방아를 찧자
상가래꾼두 굴러라
옆가래꾼두 굴러라

전라남도 함평군의 '방아 찧는 소리'에는, 찧어 나가는 과정이 잘 나타나 있다.

여섯이 찧는 방애 어깨야 다리야 한심 써라
한몸 한뜻 당거 주소 오늘밤도 야심허다
웃가래서 힘써 주면 방아 씰으는 저 부인네
밑가래서 힘써 줌세 굉기 끌지 모르는가

괴기사 괼레마는   오야라 장창 당거 주소
한바탕만 당거 주소   어느 누가 사정 볼까
당거 주소 당거 주소   괭깃대가 사정 보제

괭깃대는 괴밑대의 사투리이다. '괭기를 괴는 일'은 방아 일이 끝남을 나타낸다. "방아 씰으는 저 부인네, 괭기 괼지 모르는가?" 하여, 마치 께끼꾼이 괴밑대를 괴지 않아서 방아 일이 끝나지 않은 것처럼 읊조렸다. 방아 일이 어찌나 힘이 들었으면 저런 소리가 나오는가 싶다. 또 "어느 누가 사정 볼까? 괭깃대가 사정 보제" 하는 대목에도 노동의 고달픔에서 구원해 주는 것은 사람이 아니라 오직 괴밑대뿐이라는 절망이 스며 있다.

전라남도 신안군의 노래도 마찬가지이다.

에헤양 에헤야   물 섞어 놓고
강태고니(강태공이) 저죽(조작)방애   메느리 오기만 기달리고
저므나 새도록 찌어도   한방 끝에 쩍 빠라 놓고
겉보리 서 말 내 못찧고   딴님 오기만 기다린다.
보리 방애   에헤용 에헤요

이에 비해, 경상남도 양산 지방의 방아노래에는 풍년을 거둔 이의 넉넉한 마음씨가 엿보인다.

쿵더쿵더 디딜방아   다섯번 방아를 찍어가니
한 사래기는 찍어가니   우리야 올키야 공양 짓고
성주야 시주님을 공양하고   여섯번을 찍어서는
두번 사래기는 찍어가니   우리 짐승의 공양하고
조왕님 대접을 하여시고   올라간다 올라간다
삼세번을 찍어가며   부처님전에다 올라간다
시아버지씨 시어머니 공양 짓고 두더덩 두덩 방아소리는
네별내기는 찍어가니   아이구나 아이구나 다 했구나
신랑님 공양을 지으시고

성행위는 '살방아'라 이른다.

산에 가서 나무하고 들에 나가 가을걷이 날 궂으면 살방아라도

이런 살림 저런 살림 쌓이고 쌓여 역사 되니 그 역사가 청사렷다(고은,《고은시전집》).

방아를 쓰지 않을 때에는 사진 128에서처럼(강원도 삼척시 도계읍 신리) 공이를 들어올리고 괴밑대로 받쳐 둔다. 그러나 불안정한 까닭에 사람이 다칠 위험이 없지 않다.

이와 대조적으로 강원도 영월군과 정선군의 일부 지역에서는 방아다리를 발로 밟아 내린 다음, 사람의 키를 넘는 긴 작대기를 다리와 방앗간 천장 사이에 질러 둔다(사진 129). 따라서 공이는 번쩍 들려 있다. 방아머리 쪽을 괴밑대로 받쳐 두면 걸리적거려서 드나들기 불편하다고 한다.

안정성으로 보면 괴밑대나 작대기보다 사진 130처럼, 방아머리에 새끼를 둘러서 보꾹에 잡아매어 두는 것이 더 좋다(한국민속촌 소장품).

그러나 이보다 더 간편한 방법은 사다리꼴로 짠 받침대로 괴어 두는 것이다

① 사진 128 괴밑대로 받친 방아
② 사진 129 작대기를 질러 둔 방아
③ 사진 130 줄에 걸어 둔 방아머리

(사진 131·132). 이 틀은 끝이 가위다리 모양으로 벌어진 나무 두 개를 나란히 놓고 위아래 두 곳에 세장을 건너질러 고정시켰다. 그 위에 다시 토막나무를 얹었으며, 안팎으로 손잡이까지 박아 놓았다. 더구나 방아머리가 닿는 부분의 살을 조금 발라내어서, 머리 아래쪽이 받침대에 바짝 붙었다. 생각 깊은 사람의 세심한 배려라 하겠다(농업박물관 소장품).

방아꾼과 께끼꾼의 호흡이 맞지 않으면 께끼꾼이 크게 다친다. 전라남도 완도군 보길면의 어떤 마을에서 방아꾼이 다리의 힘을 빼는 바람에, 공이가 엎드린 채 곡식을 뒤집던 께끼꾼의 뒷머리를 치는 사고가 있었다. 뇌를 다친 당사자는 그 뒤로 정신박약증에 시달렸고, 이제껏 홀로 산다.

황해도 굿거리 가운데 성주거리나 대감거리 그리고 말명거리에는 방아 찧는 대목이 등장한다. 쌀 두어 말을 담은 큰 함지에 길이 4미터쯤 되는 대나무 장대를 세우고, 흰 천(너비 60센티미터, 길이 5미터) 다섯 갈래를 잡아맨다. 큰무당과 네 명의 여인들이 차례로 서서 한 갈래씩을 쥐고 돌아가며 방아노래를 먹이고 받는

사진 131 받침대(앞)

사진 132 받침대(뒤)

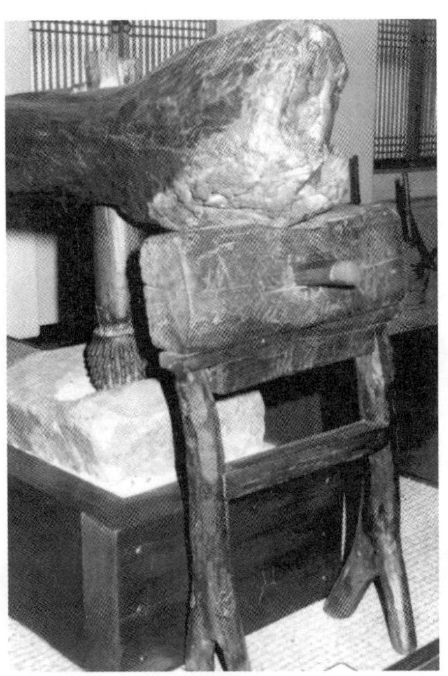

다. 천은 장대에 휘감겨 내려온다(사진 133).

　이번에는 쌀을 가지고 방으로 들어가서 주인과 여러 구경꾼들에게 쌀 산(算)을 준다. 무당은 쌀을 집어 상대방 손바닥에 놓는다. 알갱이를 헤아리되 짝이 맞으면 '좋은 산', 홀수이면 '나쁜 산'이다. 좋은 산을 받으면 명과 복이 늘어나리라 여긴다. 나쁜 산인 경우에는 '좋은 산'이 나올 때까지 거듭한다. '산 주기'가 끝나면 무당은 쌀을 봉지에 넣어 사람들에게 돌리며 "다른 사람에게 주지 말고 집에 가지고 가서 밥을 지어 먹으라" 이른다.

　방아 찧기는 부귀를 상징한다. 황해도 무가 (〈병신 난봉가〉)에서 방아를 찧은 봉사가 떠나면서 부르는 대목이다.

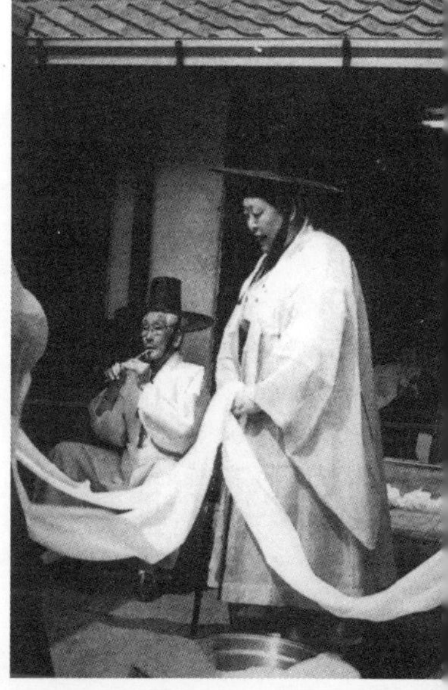

사진 133 방아노래를 부르는 무당

　　간다 간다 내가 간다
　　방아를 찧고서 내가 돌아간다
　　자손만대에 부귀방아를 찧었으니
　　소원성취 이룰테니 나는 가네

이어 부귀덩덩 타령을 부른다.

　　부귀 부귀 부귀덩덩
　　부귀덩덩 잘 살아라 부귀 부귀 부귀덩덩(받는 소리)
　　아들을 낳으면 효자를 낳구 딸을 낳으면 효녀를 낳아
　　밑에 곡식은 매가 들구 위 곡식은 싹이 났다
　　식구가 늘면 방이 차구 재산이 늘면 곳간이 차지

그림 23 방아꾼을 물고 가는 범

방아를 찧다가 호랑이에게 물려 가는 일도 있었다(그림 23).

　조선시대에 청도군에 살던 박윤손(朴閏孫)은 나이 열일곱 살에 어머니와 함께 방아를 찧던 중 뜻밖에 범이 나타나 어머니를 물고 가자, 왼손으로 어머니를 붙잡고 오른손으로 돌을 집어 범을 치면서 크게 고함 질러 오 리를 쫓아갔다. 이웃들이 듣고 몰려오자 마침내 범은 어머니를 버리고 갔다. 그러나 그 어머니는 그날밤 돌아가셨다. 이 일이 조정에 알려지자 정문을 세워 표창하였다(《동국신속삼강행실도》).

11. 디딜방아 노래

   디딜방아 노래에 대한 기사는 《삼국사기》(권 제48, 열전 제8 백결선생)에 처음 보인다. 그 내용이다.

   신라 도읍 경주 낭산(狼山) 기슭에 사는 거문고 명인을 백결(百結)선생이라 부른다. 하도 많이 기운 옷을 입고 지내기 때문이다. 섣달 그믐날 이웃집 떡방아 소리를 듣다 못한 부인이, 찧을 곡식조차 없음을 한탄하자, 그는 "삶과 죽음은 명에 달렸고 부귀는 하늘에 매였소. 오는 것은 막지 못하고 가는 것은 잡지 못하거늘, 그대는 무엇을 근심하시오? 내가 방아소리를 들려줄 것이니 마음을 푸시오" 하였다. 그가 거문고로 지어낸 방아소리가 대악(碓樂)이다.

   거문고로 방아소리를 내었다고 하였으니, 노랫말은 처음부터 없었을 터이다. 《삼국유사》(권 제4, 의해 제5 양지사석)의 내용은 이보다 상세하다.

   중 양지(良志)의 조상이나 고향은 모른다. 오직 신라 선덕왕 때의 자취를 알 뿐이다. 그가 지팡이〔錫杖〕 꼭대기에 베자루 하나를 걸어 놓으면, 지팡이가 저절로 시주하는 집으로 날아갔다. 지팡이가 흔들려 소리가 나면, 그 집에서 이를 알고 재 올릴 비용을 집어넣는다. 자루가 다 차면 날아서 되돌아온다. 이 까닭에 그가 사는 절을 석장사(錫杖寺)라 하였다. 그의 신통함과 이상함 그리고 남이 헤아릴 수 없음이 이와 같았다. 여러 가지 재주에도 두루 밝고 신묘함도 뛰어났다. 글씨 또한 잘 썼다. 영묘사(靈廟寺) 장육삼존상(丈六三尊像)·천왕상(天王像)·전탑(殿塔)의 기와·천왕사 탑 밑의 팔부신장(八部神將)·법림사(法林寺)의 주불(主佛) 삼존(三尊)·좌우 금강신(金剛神) 등은 모두 그가 빚었다. 영묘사와 법림사의 절 이름 현판도 그가 썼다. 또 일찍이 벽돌을 조각하여 작은 탑 하나를 만들고, 이와 함께 부처 3천개를 지어 그

탑을 절 안에 모시고 공경하였다. 그가 영묘사의 장육상을 빚을 때에는 스스로 선정에 들어가 잡념을 버린 상태에서 일하였다. 이에 온 성안의 남녀들이 다투어 진흙을 날랐다.

그때 부른 노래는 이러하다.

오라 오라 오라 오라
인생은 서러워라
서럽다 우리들이여
공덕 쌓으러 오라

지금까지도 사람들이 방아를 찧거나, 다른 힘든 일을 할 때에는 이 노래를 부른다. 장육상을 처음 만드는 데에, 곡식 2만 3700석이 들었다. 평론하여 말하건대, 이 스님이야말로 온갖 재주를 다 갖추었고 덕행이 충만하였다. 그는 여러 방면의 대가였으나, 하찮은 재주만 드러내고 자기 실력은 숨긴 이라 하겠다.

찬미하는 시에 다음과 같이 일렀다.

재 끝난 불당 앞에 지팡이 한가할 새
향로를 차려 놓고 향불을 피울거나
남은 불경 읽고 나니 다른 일 더 없으니
부처님 빚어 두고 합장하고 뵈리

노랫말의 내용이 불교도를 위한 것이어서 널리 퍼지지는 않았을 듯하다. 다만 우리는 삼국시대에 이미 여럿이 방아를 찧을 때 소리를 합하여 노래를 불렀음을 알 수 있다.

고려시대 방아노래〔相杵歌〕가 조선 초기의 《시용향악보(時用鄕樂譜)》에 오른 것은 매우 반가운 일이다. 오늘말로 옮긴 것이다.

덜커덩 소리나는 방아지만
하찮은 밥이라도 지을 수 있어 다행이로다
시부모님께 상을 차려 드리고
남기시는 것이 있으면 내가 먹으리라

몹시 가난한 집으로 시집을 온, 마음씨 고운 며느리의 따듯한 심정이 담뿍 묻어난다. 우리 옛분네들은 비록 가난하게 살았지만, 적은 음식이라도 반드시 나누어 먹었다. 가장이 먼저 상을 받으면, 아무리 시장해도 음식을 다 먹지 않고 남겨서 안식구들을 먹였다. 이것이 '대궁상'으로, 먹다가 그릇 안에 남긴 밥은 '대궁밥'이다. 안식구들은 또 이를 다시 남겨서 종들을 주었다.

관가에는 이 풍속이 1900년대 초에도 남아 있었다. 관아(官衙)의 점심시간은 12시부터 4시까지였다. 판서의 점심이 끝나면 대궁상을 참의에게 넘기고, 참의가 먹다 물린 것은 아전들에게 돌아갔다. 점심시간이 길었던 것은 서열에 따른 상물림 관행 때문이었다. 노래의 주인공인 새색시도 시부모가 남길 대궁상을 기대하고 있는 것이다.

한편, 신라시대에는 갸야금 반주에 맞추어 추던 '대금무(碓琴舞)'가 있었다(《삼국사기》권 32 악지). 또 조선시대 성종 때 김종직(金宗直)은 신라의 백결선생이 지은 악곡인 대악의 유래에 대해 악부시(樂府詩)를 읊었다는 기록이 보인다. 방아노래는 연면히 이어져 내려온 듯하다.

판소리 〈심청가〉에도 황성 잔치에 가던 심봉사가 아낙들 틈에 끼여 들어 방아를 찧는다.

다음은 그 대목이다.

어유와 방아요
황성천리 가는 길에
방아 찧기도 처음이로다
어유와 방아요
안 첩에 들어가
이 나무 저 나무 베어다가
이 방아를 놓았는가
어유와 방아요
한다리 내려딛고

오르랑 내리랑 하는 양이
이상하고도 명랑하다
어유와 방아요
보리쌀 두물에 풋호박 끓여라
우리 방아꾼 배 충족하자
어유와 방아요
떨그렁떨그렁 잘 찧는다
점심 때가 늦어 간다
어유와 방아요

〈춘향가〉의 이몽룡과 성춘향도 방에서 사랑놀음을 하며 방아타령을 부른다.

　　　사랑 사랑 내 간간 내 사랑이야
　　　아니 그것도 나는 싫소
　　　그러면 너는 죽어 될 것 있다
　　　너는 죽어 방애 확이 되고
　　　나는 죽어 방애 공이 되야
　　　경신년 경신월 경신일 경신시의
　　　강태공 조작방애
　　　떨석덩 떨구덩 찧거들랑
　　　날인줄 알려므나

〈심청가〉의 방아타령은 사실적이다. 그러나 〈춘향가〉에서는 성춘향을 방아 확에, 이몽룡을 방아공이에 비겨서 외설적인 분위기를 풍긴다. 실제로 민간에서는 방아 찧기를 성행위에 견주기도 하였다.

옛적에는 디딜방아 찧는 행위가 남녀의 교합을 연상시킨다고 하여 안채에 가까운 곳에는 세우지 않았다. 강원도 삼척시 북평의 새우니〔灑雲里〕 단구암 설화에도, 디딜방아 공이를 빼다가 마을에 해를 끼치는 마녀의 음부에 박아 주자, 좋아하다가 죽었다는 내용이 있다.

판소리 〈심청가〉 중에서 심학규가 읊조리는 대목은 더욱 노골적이다.

　　　이내 몸 방아 되고
　　　주장군이 고가 되어
　　　각시님네 보지 확을
　　　밤낮으로 찧었으면
　　　다른 물은 아니 쳐도
　　　보리방아 절로 익지

남자의 성행위를 가죽방아에 비긴다.

뫼에 올라 산전방아

들에 내려 물방아

여주 이천·밀따리방아

진천 통천 오려방아

남창 북창 화약방아

각 댁 하님 용정방아

이 방아 저 방아 다 버리고

칠아삼경 깊은 밤에

우리님은 가죽방아만 찧는다

오다 오다 방아 찧는 동무들아

방아 처음 내던 사람

알고 찧나 모르고 찧나

경신년 경신월 경신시

강태공의 조작방아

사시장춘 걸어 두고

덜구덩 찧어라

전세 대동이 다 늦어 간다

두다리방아의 가랑이진 부분을 여성의 신체에 빗대는 내용은 판소리 〈심청가〉에도 있다.

옥빈홍안의 태돌런가

가는 허리다 잠을 질렀구나

어유화 방아요 어유화 방아요

사람을 비양턴가

한 다리를 치켜들고

또 한 다리를 굴리는 구나

어유화 방아요

중국 동북지방에 사는 우리 겨레붙이들이 부르는 노래에는 젊은이뿐만 아니라, 노인도 등장한다.

어여라 방아로다

이 방아 저 방아를 다 젖혀놓고

논 김 방아를 찧어나 보세

어여라 방아로다

양덕 맹산의 물레방아요

열 두 삼천리 생명수 방아라

어여라 방아로다

앞산 뒷산엔 황금산 방아요

앞뜰 뒤뜰엔 황금벌 방알세

어여라 방아요

처녀 총각엔 사랑방아요

백발 청춘엔 갱소년 방알세

이 밖에 찧는 내용물에 따라 여러 가지로 읊조렸다.

흉년들면 쑥방아	광업진흥 은금방아
백미현미 풍년방아	산업발전 딱방아
매운 고추방아	지금지금 보리방아
구스름한 깨묵방아	찧기 좋은 나락방아
미끈미끈 기장방아	사시로 찧는 식량방아
사박사박 육미방아	명절에 찧는 떡방아

황해도 장연군 일대에서는 정월 대보름날 시절윷놀이를 벌일 때 다음의 방아 노래를 불렀다.

에기혀 에헤야 방아로구나
이게 누구네 방아냐
단군 어른 조작방아일세
산에 올라 산정방아
벌에 내려 수전방아
신재령 나무리벌 올벼방아

방아를 만든 이가 강태공이 아니라 단군 할아버지라고 한 점이 눈을 끈다. 신재령은 신천과 재령을 가리킨다.

다음 노래에는 곡식을 찧는 즐거움보다 남는 것이 적음을 한탄하는 내용이 들어 있다. 옛적 우리 생활의 고달픈 단면을 알려 준다.

여보소 농부네들	정방산성 솔 괴로다
방아를 찧어 보세	해는 벌써 석양일세
이 방아가 뉘 방안고	해도 어이 바쁘고나
강태공의 조작일세	일주야에 찧은 곡석
방아 풍채 누구 풍채	삼사 석이 되었으니
대추나무 상살가지	백옥 같은 이쌀이며
방아 괴는 무슨 괸가	황금 같은 조쌀일세

이쌀은 도지 물고
조쌀은 우리 먹자 하였드니
한 석으로 도지 물고
한 석으로 잡세 무니

남은 한 석 가지고서
이 어이 살아갈꼬
걸음마다 눈물이요
생각끝에 한숨일세

이와 대조적으로, 경기도 과천 지방의 노래에는 희망이 실렸다.

이 방아를 찧어 보면
백옥 같은 흰쌀일세
여러분의 잡술 식량
이 방아가 뉘 방아뇨
밥도 술도 어디 있나
우리 일심이 김매여서
곡식 가꿔 놓고 보면
천지 영웅 받은 곡식
가을이면 결실 내여
서서 타작하여 보면

곡식 가마 산떼밀세
우리 많이 먹고사는
우리 힘이 아니라뇨
여러분과 합심해서
일시 한시 노지 말고
일을 하는 원본이요
천하지대본이며
농자밖에 이 또 있는가
열심히 우리 동지
합심 전력하여 보소

전라북도 익산 지방의 방아타령에는 조선 임금 세조가 속리산을 찾은 내용이 들어 있다.

이 방아가 웬 방아냐
에 헤 방아 헤(받는 소리)
강태공의 조작이로다
기산 영수 별건곤
소부 허유 놀아 있고

보은 속리 문장대에
세조 대왕 놀아 있고
우리들은 놀 디 없어
이 방아로 놀아 보세

12. 디딜방아 민속

디딜방아는 농가의 귀중한 연장인 만큼, 이에 딸린 민속도 한두 가지가 아니다. 방아로 돌림병을 막는 민속은 거의 전국에 퍼져 있다(사진 134).

사진 134 다리에 옷을 씌운 방아

경상북도 상주시 은척면의 경우이다. 이웃 마을에 돌림병이 들었다는 소문이 돌면, 여럿이 다른 마을에 몰래 가서 방아를 훔쳐 가지고, 어이어이 곡소리를 내며 돌아온다. 방아는 마을 어귀에 다리가 위로 향하도록 세우고, 장가를 세 번 간 사람의 아내 속옷을 걸어 둔다. 이렇게 하면 돌림병이 더럽게 여겨서 달아난다는 것이다. 충청북도 보은군 삼승면에서는 가랑이에 끼워 놓은 아낙네 속옷에 붉은 칠까지 해 놓았다.

충청남도 아산시 온양 부근에서는 여자들이 나서서 훔쳐 온다. 방아 가랑이에 개의 피를 바르고 주위에 윈새끼를 두른 다음, 전나무 가지를 꽂아 둔다. 또 아낙네 단속곳을 방아머리에 씌우면서 "네가 여기 와 있었구나" 읊조린다. 디딜방아 주인은 돌림병이 완전히 사라질 때까지 찾아가지 않는다. 액운이 덮친다고 믿기 때문이다.

실제로 그런 일이 있었다. 전라남도 구례군 토지면의 어떤 부인이 50여 년 전에 겪었다. 방아를 되찾아 온 며칠 뒤, 당사자인 시어머니가 방아머리에 앉아 곡식을 뒤집다가 손가락을 찧었고, 그 다음날 며느리인 자신도 같은 부상을 입었다는 것이다. 그네의 말대로 오른손 새끼손가락이 'ㄱ'자꼴로 구부러져 있었다.

1940년쯤 전라북도 장수군 천천면 삼고리에서도 염병이 돌자, 여자들이 이웃 마을의 디딜방아를 뽑아다가 서낭당 옆에 세웠다. 이 같은 풍속은 전라북도의 산간지대인 장수군과 진안군 그리고 무주군 일대에 집중적으로 분포한다. 한편, 같은 도의 장수군 계북면에서는 정월 대보름 무렵에 이웃 마을의 디딜방아를 가져다가 서낭당 옆에 세우고 한 해의 태평무사를 빌었다.

여자들이 훔친 방아를 메고 마을을 돌 때, 남자들은 절대로 내다보지 않는다. 여자로 꾸민 남자들이 방아를 훔쳐 오는 고장도 있다. 돌림병의 귀신이 여자인가 남자인가를 가리기도 한다. 여성은 디딜방아에 잠방이를 씌워서 세우고, 남성은 여자를 상징하는 짚신이나 수박 또는 호박을 잘라 문전에 달아맨다.

전라남도 순천 지방에서도 '디딜방아 액막이 놀이'를 하였다. 정월 열나흗날, 아낙들이 액막이 방아를 훔치러 간다. 디딜방아를 가진 집에서는 밤새 지키지만, 우격다짐으로 달려드는 아낙들에게 손을 대기 어려워 빼앗기고 만다. 아낙들은 방아를 멘 채, 풍장을 치고 노래를 부르며 돌아온다.

어럴럴럴 디딜방아야
응아차 응아(받는 소리)
어럴럴럴 잘도 간다
어럴럴럴 발도 맞추고
어럴럴럴 소리도 맞추세
어럴럴럴 우리 마을 잡귀 쫓고
어럴럴럴 풍년오네

마을 어귀에 이르면 확·볼씨·쌀개 따위를 가져다가 방아를 임시로 건다. 각 집의 곡식을 찧으며 새해의 풍년을 빌고 아울러 신명나게 논다. 이때 부르는 노래가 디딜방아 소리이다(최덕원, 1980:404).

어유화 방아야
이 방아가 누 방안가
강태공의 조작이로다
떨꺼덕떨꺼덕 자주 찧자
방아 방아를 잘도 찧네
쌀 방아도 찧고
된장국에 밥 몰아 먹세
자주 찧고 모실을 가세
쿤네 아짐에 궁꾿꾿이 보소
대틀 대틀 잘도 찧네

이 방애를 어서 찧고
씨어매 씨아배 밥해 디리자
치장방애를 찧어 보고
서숙방애도 찧어 보세
앞을 들면 뒷발을 굴르고
내 혼자 몸이 되고
이른방애를 또 찧게 되야
그 누가 방에야
어유화 방아야

밤이 깊으면 디딜방아를 거꾸로 세우고 가랑이에 과부의 속옷을 씌운 다음 얼굴을 그린다. 아낙네들은 손에 손을 잡고 강강술래를 부르며 디딜방아 주위를 돈다. 한 해 동안의 태평무사를 바라는 뜻으로, 왼새끼를 디딜방아에 감는다.

왼새끼는 금줄이라고도 한다. 보통 새끼는 짚을 왼손 바닥에 놓고 오른손으로 비벼 가며 꼬지만, 이것은 이와 반대로 짚을 오른손 바닥에 놓고 왼손으로 비벼 꼰다. 따라서 왼새끼는 특별한 줄인 까닭에 잡귀가 달아난다고 여긴다. 아기를 낳았을 때 대문에 거는 인줄은 물론이고, 동제를 지낼 때 당산목에 거는 줄도 모두 왼새끼이다. 왼쪽은 귀신이 두려워한다는 속신도 있다. 예컨대 상가(喪家)에 들어갈 때 왼발을 먼저 딛거나, 도깨비와의 씨름에서 왼쪽으로 딴지를 걸면 이긴다는 따위이다.

충청남도 대전 지방에서도 디딜방아로 돌림병을 쫓는 일을 '디딜방아 방이' 또는 '디딜방아 뱅이'라 일렀다. 방이나 뱅이는 '막는다', '예방한다'는 뜻이다. 사람들은 이웃 마을에서 훔친 방아를 상여처럼 메고 돌아오면서, 상여소리에 얹어 방아타령을 부른다(이창식 채록).

방아로 액귀를 물리친다
오호 방아야 (받는 소리)
방아로 악귀를 몰아낸다

방아에 복을 실었나 곡식을 실었나
방아를 메 가지고
어서어서 떠납시다

방아를 메었으니	오호 방아야
몽땅 액귀를 몰아주소	

디딜방아를 거꾸로 세우고 나서, 다음의 노래를 부른다.

정월이라 대보름날	삼월이라 삼짇날
액막이가 떠난다	제비새끼가 떴단다
에라디여 에헤요	사월이라 파일날
방아총에로다(받는 소리)	관등놀이가 떴단다
이월이라 한식날	오월이라 단오날
춘추절이 떴단다	추천줄이 떴단다

디딜방아에 아낙네 단속곳이나 개짐 따위를 씌우거나 걸어 두는 것은, 잡귀가 더러운 옷이나 냄새에 질려서 달아나리라 여기기 때문이다. 충청남도 아산시 온양 일대에서 디딜방아 가랑이에 개 피를 발랐던 것도 마찬가지이다. 이와 달리 팥죽을 뿌리기도 한다. 팥죽의 붉은 기운이 잡귀를 쫓는다는 믿음은 널리 퍼져 있다. 옛적에는 대문 문설주에도 뿌렸다.

훔친 디딜방아를 상여 위에 놓고 흰 천을 덮어서 여자의 주검처럼 꾸미기도 한다. 여자의 시체를 훔쳐 오는 것으로 여기는 것이다. 마을로 돌아올 때 소복 차림의 여인네들이 상여소리를 부르는 한편, "아이고, 아이고" 곡을 하거나, "어흥, 어흥" 범이 울부짖는 시늉을 낸다. 그리고 돌림병의 종류에 따라 "홍역 물리자, 홍역 물리자" 외치는 고장도 있다(이필영, 1994 ; 235).

경상남도 합천군과 산청군 일대의 민속은 이제까지의 설명과 다르다. 심한 가뭄이 들었을 때 부녀자들이 이웃 마을의 디딜방아를 훔쳐다가 강이나 모래사장에 거꾸로 세운다. 이것이 '방아메기(메기는 막이의 사투리이다)'이다. 합천군 봉산면에서는 주인 몰래 옮겨온 방아를 앞산 높은 곳에 세우고 돼지를 잡아 고사를 지냈다. 또 방아가 마을 앞을 지날 때 사람들이 방아에 대고 "비가 내리게 해 주소서" 축원하며 절을 올렸다. 이 풍속이 가뭄을 돌림병과 한 가지로 본 데에서 나왔는지, 디딜방아의 가랑이를 여성의 음부로 여기는 생각이 바탕이 되었는지는 알 수 없다. 두 가지 관념이 다 작용했을 가능성도 있다. 충청북도 괴산군 청천면과 장연면 일대에서는 1930년대 중반에도 방아 액막이를 하였다.

한편, 디딜방아가 없었던 강원도 삼척시 하장면 한소리의 주민들에게도 같은 풍속이 있었다. 이웃 마을에 돌림병이 들어오면 물레방아의 공이만을 뽑아다가 붉은 흙칠을 한 다음 마을 입구에 거꾸로 박아둔 것이다. 훔쳐 왔던 디딜방아는 정월이 지나 돌려주지만, 전라남도 순천시 낙안 읍성에서는 개울에 놓아서 다리로 이용하였다.

디딜방아로 병을 고친다. 경상북도 상주에서는 귓병이 났을 때, 귀지를 후벼서 쌀개에 넣고 찧는다. 쌀개에 낀 귀지가 가루가 되듯이, 병도 그렇게 없어진다는 유감주술이다.

디딜방아에는 신비한 기운이 있다. 정월 대보름날 찰밥을 얻어다가 디딜방앗간에서 먹으면 버짐이 없어진다. 전라북도 정읍시 일대에서는 대보름날 아침, 마을 어린이들이 조리를 들고 집집마다 찾아다니며 음식을 거둔 뒤에, 디딜방앗간에서 함께 먹었다. 이렇게 하면 일년 내내 병에 걸리지 않는다는 것이다.

닮은 민속은 경상남도에도 흔하다. 정월 대보름날, 백 집의 밥을 얻어 먹어야 운수가 좋다고 한다. 이날 아침 세 집의 밥을 빌어서 동쪽으로 뻗은 디딜방아 다리에 역시 동쪽으로 걸터앉아 먹으면, 명이 길어지고 더위도 쫓는다고 믿는 고장도 있다. 이러한 생각은 디딜방아를 전설상의 인물인 강태공이 만든 까닭에, 주술적인 힘이 있다는 데에서 왔다. 경기도 이천시 일대에서 다래끼가 났을 때, 눈썹한 개를 뽑아서 디딜방아에 넣고 찧으면 낫는다고 여기는 것도 마찬가지이다.

강원도 강릉시 사천면 미노리에서는 못 쓰게 된 방아일지라도 불에 태우거나 버리지 않고 벽에 걸어서 잘 보관한다(사진 135). 함부로 굴리면 '방아 귀신이 들어 붙기' 때문이다. 강원도 삼척시 도계읍 신리에서도 같은 풍습을 지켰으나, 걸어 두는 대신 사람의 눈에 잘 띄지 않는 곳에 버렸다. 공이도 마찬가지이다. 디딜방아가 귀중한 연장인 데다가, 앞에서 설명한 것처럼 방아 자체를 사람의 몸으로 생각하는 점과도 연관이 있을 것이다. 경기도 이천시에서 임산부가 디딜방아에 걸터앉으면 난산을 한다고 여긴다.

방아를 거는 일에 갖은 정성을 기울이지만, '방아 동티'가 나기도 한다. 열이 오르고 음식을 들지 못하며, 약을 먹어도 낫지 않을 때 무당을 찾는다. 그네가

사진 135 벽에 걸어 놓은 방아

'방아 동티'라 이르면, 신기하게도 환자는 눈을 뜨고 정신을 차린다. 동티는 무당이 잡는다. 대문 밖 양쪽에 황토 세 무더기를 놓고, 금줄을 쳐서 잡인의 출입을 막는다. 도끼로 방아머리를 찧는 시늉을 하고 나서, 물이 담긴 바가지를 들고 환자와 방아 사이를 오가면서 주문을 외운다. 이튿날 환자의 병은 사라진다(윤병준, 1976:32).

강원도 삼척시 도계읍 신리에서는 붉은 물감으로 그린 부적을 방아에 붙여 둔다. 이것은 '방아 동티'를 미리 막는 데에도 도움이 된다. 새해 들어 첫 쥐날, 빈 방아를 찧어서 쥐의 피해도 막는다. 빈 방아소리는 매우 크므로, 집안의 쥐들이 놀라 달아난다는 것이다.

한편, 삼척시 일대에서는 정월 보름날 방아를 찧기 전 방아 주위를 돌면서 "노낙각시 침준다, 노낙각시 침준다" 읊조리면서 재를 놓고 다시 솔잎으로 덮는다. 이렇게 하면 방앗간에 벌레가 끼지 않는다는 것이다.

〈춘향가〉의 방아타령에서 이몽룡은 죽어 방앗공이가 되고 성춘향은 방아 확이 되어 즐거움을 누리자는 대목처럼, 방앗공이는 남성을 상징한다. 경기도 이천시 장호원 사람들은 방앗간에서 성행위를 하면 남자아이를 낳는다고 여긴다. 경상남도 합천군 봉산면에서 남의 산에 있는 명당을 차지할 때 주검 대신 방앗고를 묻은 것도 같은 이치이다.

상류 가옥에서 시끄럽다는 이유를 붙여, 디딜방앗간을 구석진 곳에 두었던 것도 그 때문이다. 방아 자체를 사람에 견주어서 몸체·머리·가랑이·다리 등으로 부른 것도 이와 연관이 깊을 것이다. 경기도 이천시 장호원에서는 초상이 나면 방아를 찧지 않았다. 땅이 울리면 시신이 '곯기' 때문이다.

디딜방아를 다른 곳으로 옮길 때 날을 따로 잡고 고사를 지낸다. 방아머리에 기름 보자기를 씌운 뒤, 지게에 올려놓고 "강태공이 조작방아 떠난다" 외치며 지고 간다. 방아다리가 둘인 데에서, 두 집에서 아들을 서로 바꾸어 가며 양자를 들이는 것을 '방아다리 양자'라 한다. 양자를 들인 집에서 아들을 낳고, 양자를 준 집의 아들이 모두 일찍 죽는 수가 있다. 이 경우 양자를 들인 집에서 뒤에 낳은 아들을 양자를 준 집으로 보내는 것이다.

'방앗골'이나 '방아다릿골'은 풍수설과 연관이 있다. 마을 뒤의 산과 이에서 좌우로 흘러내린 줄기가 방아 형상을 이룬 곳이다. 디딜방아 공이가 언제나 오르락내리락 하는 데에서, 이 마을에서 삼 년을 살면 앉은뱅이가 일어서고 벙어리도 말문이 트인다고 한다.

어질지 못한 시어미는 쌀방아를 찧고 나서 말질을 할 때, 일부러 대두 한 말에 뉘 한 줌을 섞는다. 일감을 불려서 한가함을 빼앗기 위함이다. 경상남도 남해 지방의 노래는 이에서 나왔다.

<pre>
시할망이 뉘 한줌   뉘가리상 쌀보다 뉘라
시어멍이 뉘 한줌   뉘가리밤 눈퉁이 붓네
시누이가 뉘 한줌
</pre>

농가에서는 "정월 보름날 방아를 찧으면, 밭에 두더지 피해가 많다"는 말이 전한다. 큰 명절인 대보름에 쉬지 않고 방아를 찧으면 해를 입는다고 일러서, 즐거움을 같이 나누기를 권하는 내용이다.

방앗간을 디딜집이라고 부른다. 허수경의 시(〈슬픔만한 거름이 어디 있으랴〉) 일부이다.

<pre>
밤 새워 불 이운 디딜집 위로
따순 말 노자꺼리 보태며
눈이 내린다
</pre>

신라시대에는 궁중에서 곡식 찧는 일을 맡아보는 관아를 '용전(舂典)'이라 불렀다. 이에 딸린 관원은 사지(舍知) 2명, 사(史) 8명이었다(《삼국사기》 권 제39 관지지). 한편, 조선시대에는 궁중에 방아 찧는 용정군(舂精軍) 20명을 두었다(《육전조례(六典條例)》 예전, 봉상시).

디딜방아는 우리네 생활과 밀접한 관계를 맺어 왔던 만큼, 이에 대한 속담도 한두 가지가 아니다.

 1) 찧는 방아에도 손이 드나들어야 한다.

곡물을 찧을 때 확 밖으로 튀어나온 것을 빗자루로 쓸어 넣어야 하듯이, 어떤 일을 이루려면 노력이 필요하다.

 2) 돌 지고 방아 찧는다.

디딜방아를 찧을 때에는 몸무게가 많이 나갈수록 방아 일이 쉬워지듯이, 무슨 일에나 요령이 있어야 한다.

 3) 담은 게으른 놈이 쌓아야 하고, 방아는 미친년이 찧어야 한다.

돌과 흙으로 쌓는 담은 서두르면 쉽게 무너지기 때문에 천천히 쌓고, 방아는 빨리 찧을수록 좋은 까닭에 미친 듯이 찧어야 한다. 따라서 사람을 부릴 때에는 알맞은 이를 골라 써야 일이 잘 이루어진다.

 4) 가는 년이 보리방아 찧어 놓고 갈까?

옛적에는 보리를 끼니마다 조금씩 찧어 먹었으므로, 주부는 끼니 때마다 디딜방아 앞에 섰다. 이미 일이 틀어져 나가는 터에 뒷일을 생각하고 미적거릴 필요가 없다는 뜻이다.

 5) 방앗공이는 제 산 밑에서 팔아먹어야 한다.

방앗공이는 마을 뒷산에서 골라 쓰게 마련이므로, 이익을 더 보려고 먼 데 가서 팔면 오히려 손해를 보기 십상이다.

 6) 외손자를 귀여워하느니 방앗공이를 귀여워하지.

부계중심 사회에 살아온 우리는, 외손이 곡식을 찧는 방앗공이만도 못하다고 여긴다.

 7) 내 일 바빠 한데 방아.

자기 일을 하기 위해, 부득이 남의 일을 먼저 서둘러 마친다는 말이다.《삼국유사》(권 제5 욱면비염불서승)의 유래담이다.

신라 경덕왕 때 귀진(貴珍)의 집에 살던 계집종 욱면(郁面)은, 주인을 따라 미타사(彌陀寺)에 가서 불공을 올렸다. 일은 않고 염불에만 열중하는 것을 밉게 여긴 주인이, 하루 두 섬의 곡식을 찧게 하였다. 그네는 서둘러 방아를 찧고 절로 달려갔다.

이에서 '내 일 바빠 한댁〔大家〕 방아'라는 말이 생겨났고, 뒤에 '내 일 바빠 한데 방아'로 바뀌었다.

8) 무진년 팥방아 찧듯.

어느 때 무진년에 흉년이 들어 벼농사는 마련이 없었으나, 팥만은 잘 되어 집집마다 팥만 찧어 먹었다. 무엇을 매우 서둘러 찧는 꼴이다.

9) 터진 방앗공이에 보리알 끼이듯.

채 마르지 않은 나무로 공이를 깎으면 뒤에 길이로 터지고, 이에 따라 곡물이 그곳에 틀어박힌다. 좁은 곳에 사람이 빽빽하게 들어차 있는 모습이다.

10) 골나면 보리방아를 더 잘 찧는다.

보리방아에 화풀이를 하면 방아를 더 잘 찧게 된다. "골난 년 보리방아 찧듯 한다"거나, "골난 며느리 보리방아 찧듯 한다"는 말도 마찬가지이다.

11) 여든에 죽어도 방아 동티에 죽었다고 한다.

무슨 일에나 핑계를 앞세움을 꼬집는 말이다.

12) 참새가 방앗공이에 치었다.

제 재주를 지나치게 믿으면 낭패를 본다.

13) 누걸놈 방앗간 다투듯

무엇을 얻으려 할 때, 다른 사람이 와서 달라면 제 몫이 적어질 듯 해서 미워한다는 뜻이다('누걸놈'은 거지의 평안도 사투리이다).

14) 떨거둥방아다.

무슨 일에 낭패됨을 이른다.

15) 바늘 주고 방앗공이 찾는다.

바늘로 물에 빠진 방앗공이를 낚듯이, 적은 밑천으로 큰 이익을 얻는다.

16) 바쁘게 찧는 방아에도 손 놀 틈이 있다.

아무리 바빠도 쉴 사이는 있다.

17) 방아허리를 넘어가면 아버지가 죽는다.

필요 없는 공연한 행동은 하지 않는 것이 좋다.

18) 방앗간에서 울었어도 그 집 조상.

집안에 들어가지 않고 문 밖에 있는 방앗간에서 울었다고 하더라도 예의는 갖춘 셈이다. 마음이 문제이지 장소는 아무 것도 아니다.

19) 산골 집에 방앗공이가 논다.

응당 있어야 할 물건이 없는 것을 빗대는 말이다.

20) 시어미가 오래 살자니까 며느리가 방아 통티에 죽는 것을 본다.

하도 어이없는 일을 당한 사람의 허탈한 심정을 나타낸 말이다. "오래 살자니까 별꼴을 다 본다"는 말과 같다.

21) 약은 참새 방앗간 지나친다.

아무리 영리한 사람이라도 간혹 실수를 저지른다.

22) 어느 집 방앗간에 겨 한줌 없겠는가?

그만한 것이야 어디든 있게 마련이다.

23) 죽은 시어미도 보리방아 찧을 때는 생각난다.

여느 때는 전혀 생각 밖에 있던 사람도 제게 아쉬운 일이 생겼을 때에는 떠오른다. "시어머니 죽으라고 빌었더니, 보리방아 물 부어 놓고 생각난다"는 속담도 마찬가지이다.

24) 참새가 방앗간을 그저 지나랴?

참새가 방앗간을 그저 지나지 않듯이, 욕심 많은 사람은 잇속을 보고 가만있지 않는다. 또 자기가 즐기는 것을 그대로 보고만 지나칠 까닭이 없다는 뜻이기도 하다. "참새가 올조밭을 그저 지나랴?" 또는 "참새 방앗간이지"라고도 쓴다('올조'는 일찍 익은 조이다).

25) 참새가 방앗간을 그저 찾아오랴?

참새가 모이를 얻으려고 방앗간에 찾아오듯이, 어떤 행동이든지 다 추구하는 목적이 있다.

26) 참새가 방아에 치여 죽어도 짹 하고 죽는다.

아무리 힘없는 사람도 마지막에 이르면 가만히 있지 않는다.

27) 한데 방앗간의 피나무 쌀개.

피나무는 가벼운 까닭에 쌀개로 쓰지 않는다. 입이 가벼워 자신의 말을 자주
뒤집는 사람을 빗대는 말이다.

28) 한지(韓紙)에 방아를 건다.

아무런 성과도 거두지 못하고 실패한다.

29) 남의 떡방아에 키를 들고 달려간다.

자기와는 아무 관련도 없는 일에, 함부로 뛰어드는 부질없는 행동을 한다.

30) 떡방아 소리 듣고 김칫국부터 마신다.

어떤 일을 지나치게 일찍부터 서두르거나, 무엇을 너무 앞서서 서둘러 장만한다.

31) 무쇠공이도 삼년 갈면 바늘이 된다.

무슨 일이든 꾸준히 노력하면 언젠가는 이룬다.

32) 바늘끝 만한 일을 보면 쇠공이만큼 늘어놓는다.

작은 일을 크게 과장한다.

우리 실생활에 매우 요긴하게 쓰인 디딜방아가 주로 부정적인 속담에 연관된
것은 의외의 일이라 하겠다.

어린아이의 음경을 방앗공이에 비기고, 사람의 조는 모습을 "끄덕이는 방아머
리 같다"고도 이른다. 또 고려시대에는 방아 찧는 일을 어리석음에 빗대어 방아
나 찧는 종처럼 어리석은 사람을 '용우(舂愚)'라 일렀다. 쌀을 쓿을 때 흰빛이
나게 하려고 백토(白土) 가루를 섞는 것을 '잡용(雜舂)'이라 한다.

방아나 방앗간에 대한 금기 또한 한두 가지가 아니다.

1) 방앗간 빗자루를 몸 중의 여자가 깔고 앉으면 나쁘다.

(빗자루는 확 밖으로 튀어나온 곡식을 다시 쓸어 넣는 데 쓰는 기구이므로, 깨
끗이 다루어야 한다.)

2) 방앗간 빗자루에 피가 묻으면 도깨비로 바뀐다.

(앞의 뜻과 같다.)

3) 임산부가 공이를 깔고 앉으면, 불량한 아이가 태어난다.

　　(임산부는 몸가짐을 단정히 해야 한다.)

4) 방아에 올라앉으면 어머니가 허리를 앓는다.

　　(방아는 신성한 기물이므로 조심해야 한다.)

5) 방앗간 자리에 방을 들이면 다리를 저는 자식을 낳는다.

　　(방아의 소중함을 일깨우는 말이다.)

중국에서도 디딜방아의 공이와 확을 남녀의 생식기에 빗댄다. 귀주성에 거주하는 부이족은 디딜방아의 신을 공모신(公母神)이라 부른다. 공은 남성의 생식기를, 모는 여성의 생식기를 뜻한다. 남자는 위, 여성은 아래라는 의미로도 쓴다. 결혼식이나 장례식 때, 방아질을 삼가할 뿐만 아니라, 수건 등으로 가려 두는 것도 이 때문이다. 신성하고 중요한 날 상스러운 물건을 쓰거나 노출시키는 것은 예의에 벗어나는 행위인 것이다.

디딜방아는 여럿이 찧는 데에서, 귀천을 가리지 않고 함께 어울리는 것을 '방아 사귐'이라 한다. 민간에서는 흔히 오후 네 시경에 저녁 지을 곡식을 찧던 데에서, 이 무렵을 '방아 시간[舂春]'이라 불렀다. 또 말은 조리가 맞아야 함을 "방아는 쌀이 나도록 찧어야 하고, 말은 이치에 닿아야 한다"고 이른다.

일본에는 예부터 방아질을 전문적으로 하는 여인들이 따로 있었다. 아메노와 가히코가 천신의 명을 어긴 죄로 죽게 되자, 상청[喪屋]을 짓고 방아꾼[碓女] 등을 배치, 여드레 장을 치렀다는 기록(《古事記》)이 그것이다. 《일본서기》에는 용녀(舂女)로 적혀 있다.

된장은 부를 상징하는 데에서, 일을 함에 따라 점점 부자가 되는 것을 '디딜방아 찧는 발에 된장'이라 하고, 일이 되어 감에 따라 박자가 척척 맞아 돌아가는 상태도 이에 비긴다. 중국에서처럼 고용인끼리의 사귐은 '방아 사귐'이고, 머리를 위아래로 끄떡이면서 성의 없이 드리는 예배는 '방앗공이 예배'라 빗댄다. 마음을 모으지 않고 습관적으로 머리만 조아린다는 뜻이다. 또 여러 가지 재주를 배웠으나, 전문이라고 할 만한 것이 하나도 없음을 '방아 재주', 없던 일로 하거나 헛일을 했다는 뜻을 "방아가 되었다"고 이른다.

13. 여러 곳의 디딜방아

가. 전라도

1) 외다리방아

이미 설명한 대로 전라남도의 보성군·해남군·장흥군 일대에서는 근래까지 외다리방아를 썼다. 사진 136은 보성군 조성면의 방아이다. 적은 양의 보리를 대끼거나 고추 따위를 빻을 때 쓴다. 몸체는 짧고 가벼워서 통나무를 박아 볼씨로 삼았다. 다리 끝에 발로 밟기 편하도록 짧은 가로목을 덧대 놓았으나 지금은 보이지 않는다. 확은 돌절구로 대신하였으며, 처마에서 내린 끈을 쥐고 찧는다 (사진 137).

사진 138과 139는 보성군 문덕면 용암리의 외다리방아이다. 방앗간을 따로 세우지 않고 처마 밑에 놓았다. 확 밖으로 튀어나오는 곡식을 쓸어 넣기 위해 주위를 시멘트로 발랐다. 잰 값은 다음과 같다.

◎ 몸체 길이 260센티미터
◎ 공이 길이 48센티미터
◎ 확 지름 45센티미터, 깊이 31센티미터

① 사진 136 외다리방아
② 사진 137 외다리방아 찧기
③ 사진 138 외다리방아(옆)
④ 사진 139 외다리방아

사진 11·83·84·140·141은 장흥군 관산읍 방촌리 위씨네 방아이다. 볼씨로 박아 놓은 두 개의 짧은 기둥 위에 큼직한 나무토막(너비 18센티미터)을 놓아서 볼씨로 삼았다. 또 쌀개 구멍도 쌀개 굵기에 맞추어 판 까닭에 튼튼하게 보인다. 이 방아의 다른 특징은 볼씨로 박은 기둥(높이 47센티미터)에서 길이로 나무를 걸고, 이 나무끝에 세운 동발 기둥에 가로대를 얹어 틀을 삼은 점이다. 따라서 방아꾼은 가로대 위에 올라서서, 세로대 중간 기둥에 마련한 손잡이를 잡는다. 공이의 윗부분은 참외껍질을 벗기듯이 살을 길이로 발라내고, 끝에 돌을 박았다(사진 11). 1968년에는 완전한 모습이었으나(사진 83·84), 1990년 당시 방아틀과 확만 남아 있었다. 이를 잰 값이다.

◈ 몸체 길이 310센티미터, 머리의 너비 17센티미터, 높이 18센티미터
◈ 공이 길이 68센티미터
◈ 확 지름 60센티미터, 깊이 30센티미터, 두께 8센티미터

사진 140 방아확

사진 141 방아쌀개

사진 142·143·144는 해남군 현산면 초호리 윤씨네 방아로, 안채와 마주선 별당채 퇴앞에 놓였다. 방아다리 끝 양쪽에 토막나무를 덧대고, 그 위에 가로목을 얹어서(길이 45센티미터, 너비 9센티미터) 발받침으로 삼았다. 이렇게 하면 둘이 찧을 수 있어 편리하다. 외다리방아의 근대화라 할 것이다. 디딤대로 네모 반듯한 돌을 놓았다. 볼씨 위가 벌어지는 것을 막으려고 둥근 막대를 걸어 놓았다. 그리고 다리께 좌우에 기둥(높이 130센티미터)을 세우고 작대기(140센티미터)를 걸어서 손잡이로 삼았다. 이를 잰 값이다.

◎ 몸체 길이 260센티미터, 머리의 너비와 높이 각 15센티미터

◎ 공이 길이 44센티미터

◎ 확 지름 68센티미터, 깊이 28센티미터, 두께 8센티미터

◎ 디딤대 길이 97센티미터, 너비 27센티미터

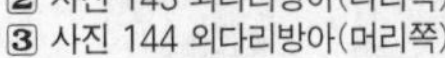

① 사진 142 외다리방아(옆)
② 사진 143 외다리방아(다리쪽)
③ 사진 144 외다리방아(머리쪽)

　사진 145·146·147·148·149·150(농업박물관 소장품)은 우리네 방아 가운데 가장 독특한 것이다. 볼씨와 손잡이가 한몸을 이루었기 때문이다. 이들은 서까래 굵기의 나무 두 개에 세 곳에 세장을 걸어 고정시킨 다음, 다리를 붙여서 'ㅅ'자꼴이 되었다(사진 145). 쌀개는 가운데를 조금 파내고 걸었으며, 맨 위에 가로댄 나무가 손잡이 구실을 한다(사진 147).

　손잡이(길이 50센티미터)는 다리 한끝에 지어 놓은 턱에 올려놓고 고정시켰으며, 손에 쥐기 편하도록 네다섯 개의 홈을 내었다(사진 150). 그리고 쌀개 자리를 얕게 판 까닭에 빠져 나오지 않도록 거멀못을 박았다. 디딤대의 살을 발라내어 평평하게 만든 점도 눈에 띈다(사진 148). 공이는 돌공이이다(사진 149). 나무는 소나무이며, 주로 보리방아를 찧었다.

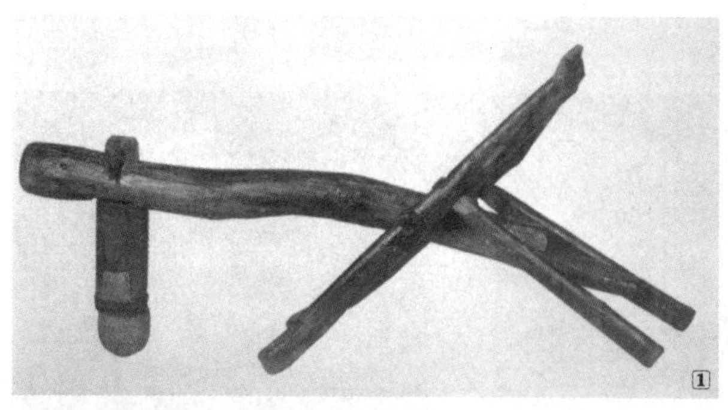

1 사진 145 이형(異形)방아
2 사진 146 방아머리
3 사진 147 방아볼씨와 쌀개

이 방아는 본디 전라남도 신안군 비금면 당두리에 있던 것이다. 농업박물관 김순철 학예실장에 따르면, 현지 주민들은 비금면 일대에서 모두 이러한 방아를 썼다고 하더라는 것이다. 또 앞의 박물관에 왔던 중국 산동성 주민들도 같은 것을 썼다는 이야기를 들려주었다고 한다. 그러나 나는 산동성의 중부 및 중북부 그리고 동부 및 동북부에 대한 현지조사 때 보지 못하였다. 그렇다면 산동성의 남부지역에 분포하였던 듯하다. 그들의 말이 사실이라면, 두 지역 사이에 이루어진 문화교류의 자취를 살피는 데에 중요한 자료가 될 것이다. 그리고 신안군에서도 비금도를 제외한 다른 섬에서는 쓰지 않았는지 그 까닭은 무엇인지 궁금한 일이다. 다음은 이 방아를 잰 값이다.

◈ 몸체 길이 210센티미터, 머리 지름 15센티미터
◈ 돌공이 길이 30센티미터, 지름 18센티미터
◈ 공이 전체의 길이 75센티미터
◈ 다리 길이 130센티미터, 너비 10센티미터, 두께 9센티미터
◈ 뒷다리 길이 80센티미터, 다리와 다리 너비 39센티미터(아래)
◈ 쌀개 길이 42센티미터
◈ 발 디딤대 길이 31센티미터, 너비 13센티미터

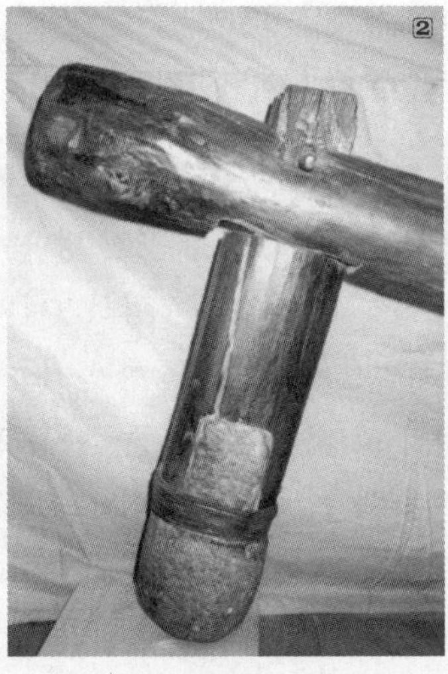

① 사진 148 방아다리
② 사진 149 방앗공이
③ 사진 150 손잡이

2) 두다리방아

사진 43·44·52·53·58·59·67·68은 전라남도 영광군 법성면 입암리 신호준(62세) 님네 디딜방아이다. 그는 영월 신씨네 25세 후손으로, 그의 18대 할아버지가 이곳으로 옮겨 왔다. 종가인 까닭에 해마다 기제사 9번에 시제를 30여 차례 지낸다. 이때마다 제물로 바칠 인절미를 마련하므로, 떡방아 소리가 끊길 사이가 없다.

눈에 띄는 특징은, 다리 부분에 네모꼴의 시멘트 구조물을 설치하고 그 안에 방아다리를 들어올리기 알맞을 정도의 흙을 채운 점이다. 볼씨의 형태 또한 독특하다. 주인은 언제 누가 왜 이렇게 만들었는지 모른다. 몸체는 참나무이고 공이는 소나무로 깎았다. 방아머리에 걸어 놓은 줄은, 앞에서 설명한 대로 방아질을 할 때 방아꾼들이 당겨서, 몸체를 들어올리기 위한 것이다.

이 방아를 잰 값이다.

◎ 몸체 길이(다리 포함) 355센티미터, 다리와 다리 사이(안쪽)
　　54센티미터, 한쪽 다리 너비 13센티미터
◎ 볼씨 높이 31센티미터, 너비 15센티미터
◎ 방아머리 너비 19센티미터, 높이 22.5센티미터
◎ 방아머리에서 공이 사이 60센티미터
◎ 공이 길이(몸체에서 끝까지) 74센티미터,
　　몸에서 솟은 부분 17센티미터

사진 124·151·152·153·154·155·156은 광주 민속박물관 소장품이다.

지금까지 알려진 것 가운데 가장 잘 생긴 방아이다. 그리고 곡식을 찧는 방아로는 가장 큰 것이기도 하다. 몸체도 우람하거니와 의젓한 모습 또한 빼어나다. 이 박물관의 상여와 쌍벽을 이루는 귀중한 문화유산이다. 우리나라뿐 아니라 일본은 물론, 디딜방아의 고향이라고 할 중국에서도 만나지 못하였다. 따라서 이것은 세계에 첫째 가는 방아임에 틀림없다.

이 방아의 가장 돋보이는 부분은 허리에서 머리까지이다(사진 152). 수백년 묵은 자라가 세상을 살피려고 목을 길게 내민 형상이다. 허리에서부터 들려 올라가던 몸체는 머리에 이르러 한껏 굵어지면서, 끝부분은 오히려 아래쪽으로 숙였다. 잔뜩 성이 나서 벌떡 일어선 남성의 그것 그대로이다. 따라서 머리는 붓쟁이가 먹을 듬뿍 찍어 마지막 획을 온 힘을 다 쏟아 그은 것처럼 우람차다. 두 방아꾼은 천장에서 늘인 손잡이 줄 외에, 방아머리에 잡아맨 줄을 쥐었다(사진 153). 앞에서 설명한 대로, 이 줄이 있어 방아머리를 들어올리는 데에 도움을 받는다(그러나 방아꾼들은 줄을 앞으로 바짝 당기지 않아 늘어졌다). 방아 자체도 워낙 커서, 적어도 넷은 올라서야 할 듯 싶다.

볼씨도 다른 방아와 달리 네모꼴로 다듬고 십자꼴 홈에 쌀개를 걸었다. 안정성을 위해 쌀개가 걸리는 데를 기름하게 파 내리고(사진 154), 힘을 가장 많이 받는 허리께는 다른 부위보다 두툼하게 다듬었다(사진 155). 공이 끝에는 돌(길이 15센티미터)을 박고 철사로 동여매었다(사진 156).

1 사진 151 두다리방아
2 사진 152 방아머리와 볼씨
3 사진 153 방아 찧기

◈ 몸체 길이 340센티미터

◈ 머리 앞 가로 23.5센티미터, 세로 34센티미터

◈ 볼씨 길이 70센티미터, 가로 25센티미터, 세로 33센티미터

◈ 몸체 가랑이에서 다리 끝까지의 길이 78센티미터

◈ 다리의 바깥 너비 60센티미터, 안 너비 32센티미터

◈ 공이 길이 78센티미터

◈ 확 지름 28센티미터, 깊이 20센티미터

1 사진 154 볼씨에 걸린 쌀개
2 사진 155 볼씨
3 사진 156 공이와 확

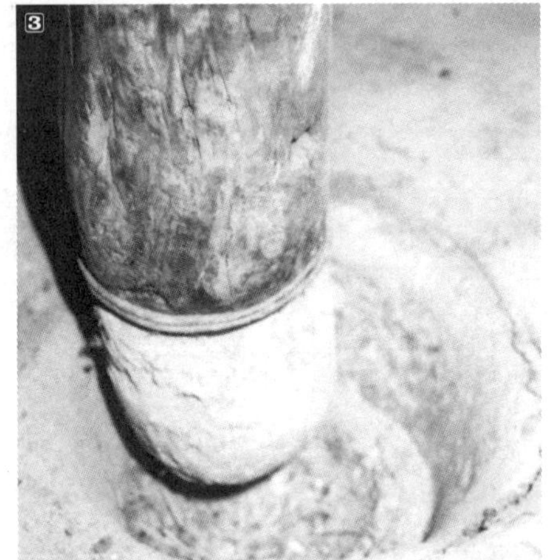

어떤 곳의 어떤 집에서 이처럼 크고 의젓한 방아를 썼을까? 어디서 얼마나 자란 나무로, 어떤 솜씨의 목수가 빚어냈을까? 어떤 아낙들이 어떤 말을 속삭이며 방아를 찧었을까? 궁금증은 구름처럼 일었다. 그 곳에 찾아가서 자세한 내력을 캐어보고 싶었다. 그러나 박물관에서는 모른다는 대답이었다. 1985년에 골동상인을 통해 들여놓았기 때문이라고 한다. 참으로 아쉬운 일이다. 이만한 방아라면 주인집에 복과 명과 재수를 더할 수 없이 많이 불러들였을 것이다. 들이 넓고 풍요로운 호남지방이 아니면, 태어나기 어려운 귀물 중의 귀물이다. 이러한 방아는 큰 나무만으로 빚어지지 않는다. 장인과 주인의 성품이 너그럽고 착해야 비로소 하늘이 허락하는 것이다.

사진 157·158·159·160은 전주시 교외(화산면)의 종이 공장에서, 쪄낸 닥나무를 찧을 때 쓴 디딜방아이다(원광대학교 박물관 소장품). 소규모 제지업자들은 삶은 닥나무를 삼베 보자기에 싸서 평평한 돌(이를 닥돌이라 부른다) 위에 놓고, 닥방망이로 두드리거나 절구에 넣고 찧어서 부드럽게 다듬는다. 그러나 일이 많은 큰 공장에서는 큰 디딜방아라야 주문을 소화할 수 있었다.

수백년 묵은 느티나무로 만든, 우리나라에서는 가장 큰 방아이다. 더구나 나무의 뿌리(사진 158·159)를 머리로 삼은 까닭에 우람하기 그지없다. 공이 또한 유례가 없을 정도로 크다. 곡식을 찧지 않고 닥나무를 다루는 방아인 까닭에 끝을 반듯하게 다듬었다. 적어도 6명 이상이 힘을 합쳐서 딛어야 공이가 올라갈 것이다. 방아 자체가 워낙 크기 때문에 쌀개 구멍을 두 곳에 마련하였다(사진 160). 사람과 일감이 적을 때에는 앞구멍에 쌀개를 꿰고, 많을 때에는 뒷구멍에 박는 것이다. 볼씨 또한 느티나무의 뿌리 부분을 다듬어 세웠다.

◈ 몸체 길이 447센티미터

◈ 머리의 긴 지름 55센티미터, 짧은 지름 50센티미터

◈ 다리 길이 177.5센티미터

◈ 공이 길이 107센티미터, 지름 25센티미터

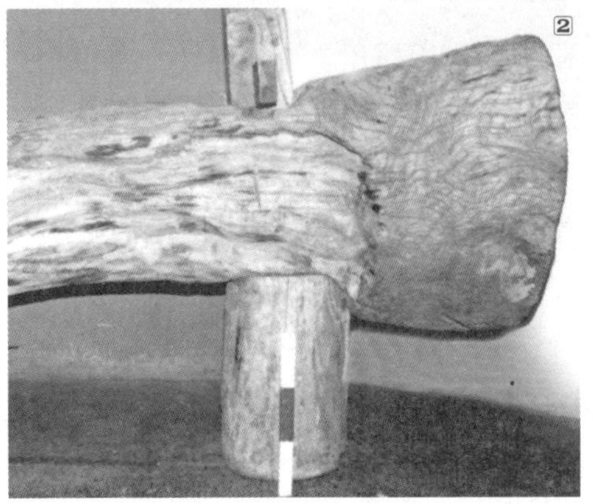

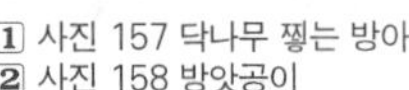

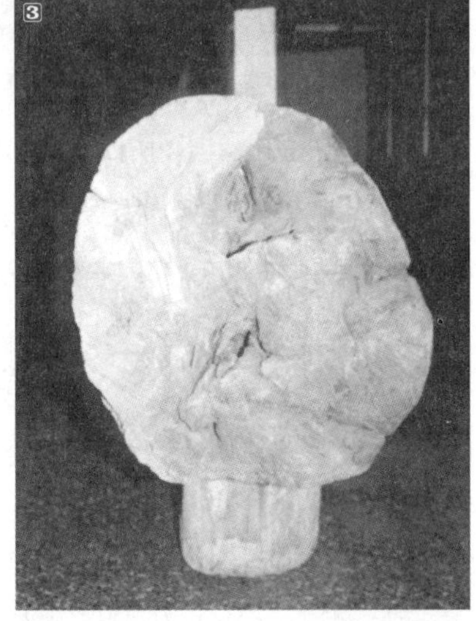

1 사진 157 닥나무 찧는 방아
2 사진 158 방앗공이
3 사진 159 방아머리
4 사진 160 두 개의 쌀개 구멍

나. 충청도

외다리방아는 충청도에서도 썼다. 사진 69·70·161은 충청남도 서산시 음암면 부산리에서 쓴 디딜방아이다(국립민속박물관 소장품). 쌀개 뒤쪽에 짧은 기둥을 세우고 가로대를 붙여서 손잡이로 삼은 것은 다른 방아에서 볼 수 없는 점이다(사진 69). 이 기둥과 머리 쪽에 박은 나무 사이에 끈을 매고 탕개를 틀어서 방아꾼이 손잡이를 뒤로 잡아당겨도 기둥은 뒤로 쏠리지 않는다(사진 70). 방아다리 끝의 토막나무가 디딤대 구실을 한다.

공이는 찧는 곡물에 따라 나무공이(사진 161 오른쪽)와, 나무 끝에 돌을 박은 돌공이(사진 161의 왼쪽과 가운데) 두 가지를 쓴다. 돌공이의 몸에는 사진 12에서처럼 구멍을 뚫었으며 나무 사이에 비녀를 질러서 고정시켰다. 공이 위쪽에도 몸체가 닿는 부위에 같은 비녀를 꽂았다.

◈ 몸체 길이 237센티미터
◈ 공이 길이 70센티미터

사진 64는 충청남도 부여의 천일민속관 전시품이다. 머리 쪽의 한 부분은 살을 그대로 두고 짧은 동굴이 나무를 박았다. 방아꾼은 이에 의지하여 몸의 균형을 잡는 듯하다. 방아머리를 올리는 데에 도움을 받기에는 끈을 맨 기둥이 지나치게 뒤쪽에 있기 때문이다.

방아꾼은 이 끈 외에도 천장에서 내린 끈도 잡았을 것이다. 볼씨와 몸체 사이에 비녀 따위를 질러서 연결하지 않고, 두툼하고 넓적한 나무 가운데를 몸체 너비만큼 파내고 걸어 놓았다. 곡물을 찧을 때 몸체가 흔들릴 가능성이 높다.

사진 161 방앗공이 모습

다. 강원도

강원도에서 흔히 방앗간을 세우지 않고 집 주위의 마당에 디딜방아를 놓는 점에 대해서는 앞에서 설명하였다.

사진 37·162·163도 그 하나로, 1971년 당시 강원도 인제군 용대리 백담산장 부근에 있던 것이다. 이 방아는 위를 '십자'꼴로 파 놓은 굵은 통나무가 볼씨 구실을 한다. 또 방아질을 할 때, 목(몸체의 중간 부분)이 홈 사이로 들락거리므로 좌우로 흔들리지 않는다. 방아머리에서 가랑이까지의 좌우 양쪽 살을 발라내어서, 몸체의 무게를 줄였다. 방아가 가벼워도 고추 따위를 빻는 일은 충분히 해낸다. 확 주위에 널찍하게 돌을 깔고 틈마다 시멘트를 발라 메꾸었다.

사진 92·164·165는 평창군 하진부의 디딜방아이다. 아무렇게나 생긴 자연석을 볼씨로 삼았다. 몸체도 매우 길어서, 공이가 오르내릴 때마다 머리께는 좌우로 흔들린다. 허리 좌우 양쪽에 박아 놓은 말뚝은 이를 막기 위한 것이다. 뿐만 아니라 가랑이 복판에도 말뚝을 박아서 뒤로 물러나지 않도록 하였다. 볼씨의 위가 평평하면 방아가 움직이게 마련이다. 방아 주위에 냇돌을 둥글게 둘러놓아 방아터임을 나타내었다.

① 사진 162 한데 방아
② 사진 163 방아의 몸체·다리·머리

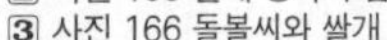
① 사진 164 한데 방아(옆)
② 사진 165 한데 방아의 몸체와 다리
③ 사진 166 돌볼씨와 쌀개

사진 128·166은 도계읍 신리에 있던(1968년) 방아이다. 강원도 산간지대의 전형적인 디딜방아로 꼽아도 좋을 것이다. 기름한 자연석의 가운데를 조금 쪼아낸 것을 볼씨로 삼았다. 방앗간은 물론 손잡이도 없으며, 참나무 몽둥이를 공이로 박았다. 귀틀집에서 사는 주인에게 갈무리할 곡식이 많지 않은 만큼, 이만한 방아로도 충분할 것이다.

　사진 40·167·168·169는 평창군 월정사(月精寺)의 대형 방아이다. 방아의 무게를 덜려고 가랑이와 머리 사이의 양쪽을 깎아내어 너비는 7센티미터(높이 18센티미터)에 지나지 않는다. 확 밖으로 튀어나간 곡식을 쓸어 담기 편하도록, 주위에 시멘트를 두텁게 발라 바닥을 삼았다(사진 169). 볼씨를 지나치게 뒤쪽(다리쪽)에 놓아서 방아의 기능이 떨어지지만, 절에는 사람이 넉넉하므로 지장이 없을 것이다. 긴 다리로 미루어(사진 168), 여럿(6명)이 썼을 것이다. 볼씨 구조에 대해서는 앞에서 설명하였으므로 덧붙이지 않는다.

◈ 몸체 길이 230센티미터
◈ 머리 지름 20.5센티미터
◈ 다리 길이 120센티미터, 안 너비 27센티미터, 바깥 너비 54센티미터
◈ 확 지름 46센티미터, 깊이 32센티미터

1 사진 167 월정사 방아
2 사진 168 긴 방아다리
3 사진 169 방앗공이와 확

사진 78·109·170·171·172의 방아(강원대학교 박물관 소장품)는, 본디 강원도 홍천군 남면에 있던 것이다. 몸체에 "경신년 경신월 경신일 경신시 강태공 조작"이라고 쓴 방아상량문이 보인다(사진 109). 비슷한 크기의 통나무 두 개를 볼씨와 디딤대로 삼은 점은 특이하다(사진 78). 볼씨와 디딤대의 높이는 거의 같다. 이들 사이에 두 개의 세장(길이 120센티미터)을 걸어 연결시키고, 볼씨 위에 기둥을 박고 쌀개를 얹은 까닭에, 방아틀은 더할 수 없이 튼튼하게 짜였다. 몸체에 견주어 확은 작은 편이다(사진 172).

◎ 몸체 길이 235센티미터
◎ 다리 길이 129센티미터
◎ 볼씨 지름 29센티미터, 길이 119센티미터
◎ 공이 길이 78센티미터
◎ 머리 높이 21센티미터, 너비 19.5센티미터

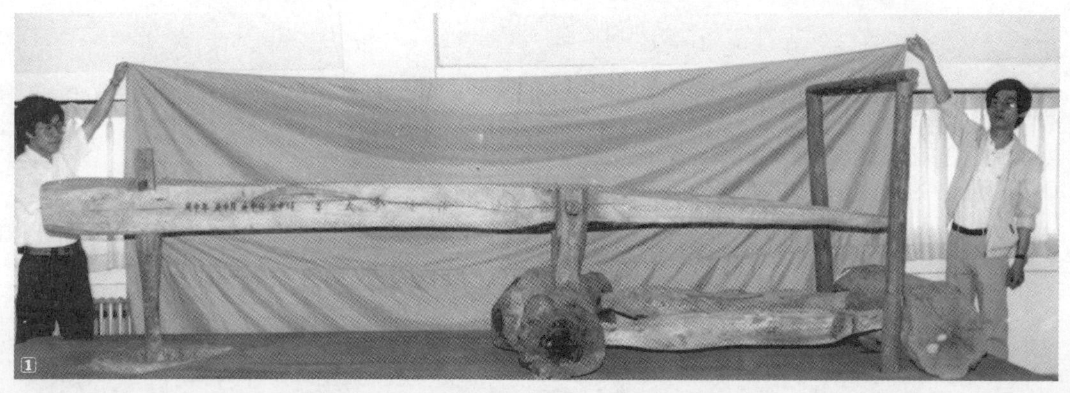

1 사진 170 디딜방아와 손잡이
2 사진 171 손잡이와 디딤대
3 사진 172 방아확

사진 77·173·174·175·176·177은 정선군 북면 여량리의 디딜방아이다. 'ㄷ' 자꼴 손잡이(사진 77)와 돌공이는 눈을 끌기에 충분하다. 나무공이 끝에 돌을 박는 일반형과 달리, 통째로 다듬어 끼운 것이다. 앞에서 설명한 대로 이 지역은 맷돌고장으로 널리 알려질 만큼 좋은 돌이 많이 난다. 공이가 둥글지 않고 긴 네모꼴(사진 177)인 점도 특이하다. 몸체가 가늘어도 공이가 돌인 까닭에 능률은 떨어지지 않을 것이다. 쐐기를 깊이 박기 위해, 공이가 보이는 몸체 위쪽을 톱으로 잘라 내었다. 쐐기는 위아래에서 각각 세 개씩 쳤다. 이렇게 해야 오래 써도 공이가 비뚤어지지 않는다.

머리 끝을 안쪽으로 조붓하게 다듬어서 맵시를 낸 것도 눈을 끈다. 이 부분의 가로는 19센티미터이다. 그리고 머리 끝에서 공이 자리까지는 20센티미터이다. 통나무를 깎아 만든 볼씨 형태는, 앞에서 든 월정사의 것과 같다(사진 40·41). 한 사람의 솜씨가 아닌가 생각된다. 사진 173과 174에서 손잡이가 보이지 않는 것은 이를 들어내고 찍었기 때문이다.

◈ 몸체 길이 275센티미터
◈ 머리 가로 19센티미터, 높이 17.5센티미터
◈ 볼씨 너비 14.5센티미터, 높이 30센티미터
◈ 쌀개 구멍 가로 5센티미터, 세로 9센티미터
◈ 다리 길이 75센티미터, 안 너비 49센티미터, 바깥 너비 67센티미터
◈ 공이 길이 47센티미터, 가로 13센티미터, 세로 10센티미터

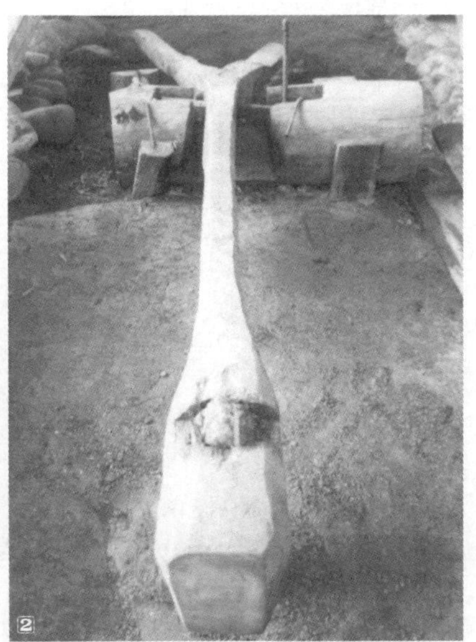

1. 사진 173 디딜방아
2. 사진 174 방아머리
3. 사진 175 볼씨와 쌀개
4. 사진 176 방아머리
5. 사진 177 돌공이와 확

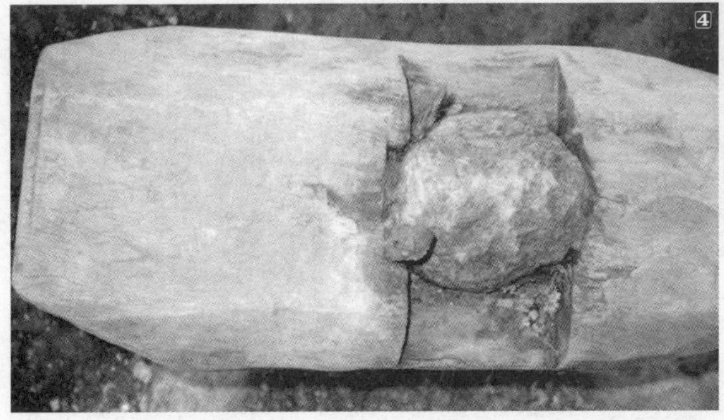

라. 경상도

사진 178·179는 경상북도 영양군의 어떤 농가에서 디딜방아로 고추를 빻는 모습이다. 두 사람이 다리를 밟고 께끼꾼은 싸리 가지를 쥐고 확 속의 고추를 뒤집는다. 볼씨로 가운데가 우묵한 돌을 놓은 까닭에, 방아가 흔들리는 것을 막으려고 다리께 양쪽에 짧은 말뚝을 박았다. 공이에 쐐기를 박을 때 깨진 방아머리를 철사로 동여 놓았다. 손잡이는 머리 위에 걸려 있다.

사진 115·125·180·181은 상주시 은척면 장암리의 디딜방아이다. 굵은 통나무로 볼씨로 삼고, 이를 십자로 파서 쌀개를 걸었다. 다리가 크게 벌어져서 여럿이 딛기는 편하지만, 능률은 떨어질 것이다. 공이와 머리 사이에 지른 비녀목 좌우 양쪽에 쐐기를 박았다. 비녀목이 헐거워지는 것을 막으려고 이처럼 야무지게 처리한 것이다. 방아상량문도 보인다. 함석을 덮은 '방앗간의 보'는 손잡이 구실도 한다.

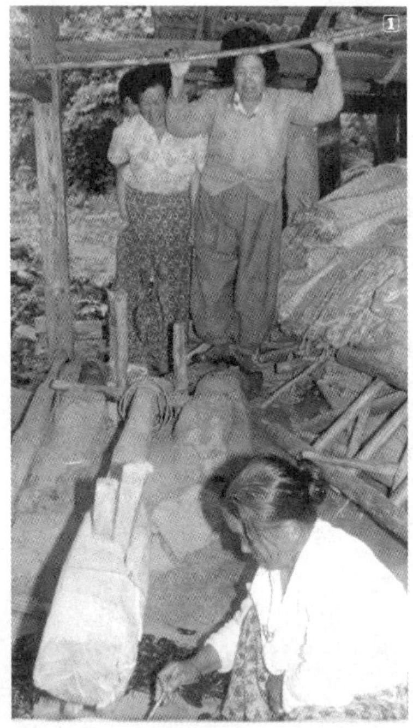

① 사진 178 방아 찧기
② 사진 179 뒤집기

① 사진 180 방아다리와 볼씨
② 사진 181 방앗공이

사진 75·87·182·183·184는 경상북도 청도군 금천면 신지동 운강고택(雲岡故宅 ; 중요민속자료 제106호)의 것이다. 디딜방아가 이만한 대접을 받기도 쉽지 않다. 비록 독채는 아니지만, 5칸이나 되는 어엿한 안사랑채에 자리를 잡았기 때문이다. 더구나 기와집인 점을 생각하면 뜻밖의 호사(?)임에 틀림없다. 방아도 부잣집에 태어날 일이다.

방앗간에 걸맞도록 돌볼씨 또한 맵시 좋게 정성껏 다듬었다. 아무렇게나 생긴 냇돌을 들어다가 약간의 홈을 내고 그대로 볼씨로 삼은 무심함도 그럴 듯하거니와 아기자기하게 솜씨를 부린 재주 또한 놀랍다. 기둥처럼 둥근 돌을, 위로 올라오면서 조붓하게 다듬고 쌀개 자리를 깊숙하게 파내었다. 따라서 방아머리가 흔들릴 염려는 조금도 없다. 뿐만 아니라, 볼씨 자체가 움직일까 저어하여 둘 사이에 낮은 돌을 끼우고 쐐기까지 쳐 놓았다.

◈ 몸체 길이 340센티미터
◈ 볼씨 높이 30센티미터
◈ 다리 바깥 너비 64센티미터, 안 너비 40센티미터

1 사진 182 디딜방아
2 사진 183 쌀개와 볼씨
3 사진 184 볼씨에 박은 쐐기

마. 제주도

사진 185·186·187은 제주도의 디딜방아이다. 잘 알려진 대로 제주도는 연자방아의 고장이다. 이곳에서는 마을의 중심지에 연자맷간을 세워서, 마을 사람들이 편리하게 이용하였다. 김영돈이 1974년에 9개의 이동(里洞)을 조사한 결과에 따르면, 평균 30여 가구마다 한 틀씩 소유하고 있었다. 옛적에는 여러 집에서 계(이를 말방잇제, 말가렛제, 말방잇접, 말가렛자접 등으로 부른다)를 모아 경비와 노력을 내어 연자맷간을 세웠다. 그리고 해마다 지붕을 잇고, 중수리(아래짝 가운데에 박아 놓은 기둥)를 새로 박는 등의 관리도 맡았다. 이 밖에 위짝의 이를 삼년마다 쪼아주고, 틀목을 십년에 한 번쯤 바꾸는 일도 이 모임에서 결정하였다. 계원들의 경비 및 노력 부담 따위는 모두 좌목(座目)을 작성하여 기록으로 남겼고, 지붕을 새로 덮는 날에는 총회를 열어 여러 가지 일을 논의하였다.

연자매계는 연자매를 세우고 관리하는 구실뿐만 아니라, 마을 사람들을 하나로 묶어주는 협동체의 기능도 하였다. 상례를 치르거나 무덤 주위에 산담을 두르거나 집을 새로 짓거나 할 때, 계원들은 서로 나서서 힘을 보태 주었다. 따라서 연자매계는 친족조직에 버금가는 상부상조를 위한 기구이기도 하였다.

연자맷간은 호남지방의 모정처럼, 마을 사람들의 집회장소로도 쓰였다. 특히 무더운 여름철에는 담을 헐어 내고, 그 안에서 노인들은 바둑이나 장기를 두고 어린이들은 고누놀이를 즐겼다. 이 밖에 새로운 소식을 주고받으며 마을의 중대사를 의논하는 공론장 구실도 하였다. 사정이 이러하였던 만큼 제주도에서는 디딜방아를 거의 쓰지 않았다. 연자매와 절구로 대신하였기 때문이다. 16세기의 김정(金淨)도《제주풍토록》에 "절구는 있으나 방아는 없다"고 적었던 것이다.

1980년대 초에 제주민속촌에서 디딜방아를 보았을 때 의외의 느낌이 들었다. 서너 차례 이곳의 농기구 조사를 하였음에도 본 적이 없기 때문이다. 같이 갔던 현지 학자에게 물었더니, "실제로 쓴 일은 없고 전시용으로 만들었을 것"이라는 대답이었다. 나 자신도 그러려니 싶어 사진만 찍었다. 당시에는 디딜방아에 대한 설명판도 없었다. 뿐만 아니라 1997년에 제주도 민속자연사박물관에서 펴낸《제주도의 농기구》에도 올라 있지 않았다.

① 사진 185 디딜방아 (옆)
② 사진 186 방앗공이와 확
③ 사진 187 방아 디딤대

그 뒤에 다시 찾았다. 이번에는 제주시 교외에 위치한 외도동에서 썼다는 짤막한 설명이 붙어 있었다. 촌의 김태욱님을 만나 확인하였다. 앞의 마을에 물레방아가 있었고(이 또한 새로 밝혀진 일이다), 방아를 찧으러 왔다가 순서에 밀려서 기다릴 때에는 디딜방아를 이용하였다는 것이다. 제주도에는 마을마다 연자매가 있었지만, 여름철에 보리방아와 가을철에 조방아를 찧을 때에는 차례를 얻기가 어려워서 치열한 경쟁을 벌였다. 보리방아를 찧는 경우, 새벽 첫닭이 울자마자 연자방앗간으로 가는 사람은 솔박(나무 그릇)에 보리 한 움큼을 담아 연자매 아랫돌에 올려놓는다. 뒤에 오는 사람은 그 다음 자리에 놓으며, 이렇게 하여 자연히 방아 차례가 정해지는 것이다. 따라서 이에 끼지 못한 사람은 디딜방아라도 쓸 수밖에 없다. 디딜방아는 물레방아의 보조구실을 하였던 셈이다.

그는 50여 년 전에 현지에서 디딜방아 찧는 모습을 보았다고 한다. 따라서 1950년대까지 사용되었음에 틀림없다. 소박하고 단순한 제주도의 향토적 분위기가 물씬 풍기는 방아이다. 넉넉하고 꾸밈없는 마음을 지닌 이가 자귀날이 가는 대로 투덕투덕 다듬었을 것이다.

이 방아는 몸체와 공이가 한몸을 이루지 않고 둘로 나뉘어 있다. 둥글게 다듬은 통나무의 중상부를 길이로 파낸 자리에 몸체의 머리를 박고, 비녀를 질러 고정시킨 것이다. 몸체와 공이가 분리된 디딜방아는 우리나라는 물론이고, 전세계를 통틀어도 이 하나뿐이다. 몸체가 짧아서 내려 찧는 힘이 모자라는 경우, 공이쪽에 무게를 더하는 방법으로는 가장 이상적이다. 따라서 방아가 비록 작아도 능률은 크게 떨어지지 않았을 것이다.

김태욱님은 방아를 뜯어 옮길 때 확만 돌절구로 바꾸었으며 다른 부분은 본디 모습 그대로라고 하였지만, 사실이 아닌 듯하다. 사진 186에서는 비녀가 방아머리를 꿰어나간 듯이 보이지만, 사진 185를 뜯어보면 공이 안쪽에 닿아 있을 뿐, 꿰이지 않은 것이 분명하기 때문이다. 비녀는 공이의 양쪽 벽만 뚫고 나간 것이다. 따라서 실제로 다리를 딛으면 공이가 들려 올라갈지 의문이다. 복원하는 과정에서 일어난 잘못일 것이다.

볼씨에 뚫어 놓은 쌀개 구멍이 지나치게 넓기는 하지만, 기름하게 다듬어 세운 돌볼씨는 만년이 지나도 변함이 없을 듯한 모습이다. 외다리방아임에도 다리께

에 가로목을 박아서 딛기 편하다. 전라남도의 외다리방아에서 흔히 눈에 띄는 점
이다. 'ㄷ'자꼴 손잡이도 마찬가지이다.

다리 뒤에 놓인 디딤대는 돋보인다. 디딤대를 따로 마련한 것도 그렇거니와,
상부에 네모꼴 돋을새김을 놓았다. 몸체는 굴묵이나무(느티나무)이다.

이 방아를 잰 값이다.

◈ 몸체 길이 150센티미터, 가운데 너비 15센티미터, 두께 22센티미터
◈ 볼씨 높이 60센티미터, 너비 20센티미터, 가로 20센티미터,
    볼씨와 볼씨의 간격 70센티미터
◈ 공이 길이 57센티미터, 너비 20센티미터, 확 지름 80센티미터
◈ 다리 너비 36.5센티미터, 두께 13센티미터
◈ 손잡이 가로 71.5센티미터, 높이 120센티미터

14. 옛 기록 속의 디딜방아

가. 《고려사》

《고려사》에 보이는 디딜방아 관계 기사는 두 가지가 있다. 하나는 신종 원년
(1198) 3월의 일이다.

> 을축일에 중방(重房)에서 "대궐 서쪽 지대는 무관들이 있는 곳이므로, 민가에서
> 방아를 찧지 못하게 하시기 바랍니다" 하였다.

임금이 이 말대로 시킨 것이 분명하나 까닭을 알 수 없어 답답하다. 방아 찧는
소리(또는 울림)가 무관들에게 방해가 되었다니, 거리가 매우 가까웠던 모양이
다. 마을의 공동 방아에 여럿이 모여들어 아낙네들이 왁자지껄하게 떠들며 찧었
던 것이 빌미가 된 듯하다.

다른 하나는 충혜왕 3년(1342)의 기사이다.

> 왕이 삼현(三峴)에 신궁(神宮)을 지었는데, 그 제도가 왕궁 같지 않았다. 일백 칸
> 이나 되는 창고가 비단과 곡식으로 찼다. 또 행랑에는 채단을 짜는 여공도 두었다.
> 어떤 여자 둘이 뽑혀서 신궁으로 들어가게 되자 눈물을 흘리며 울었다. 왕이 노하여
> 쇠몽둥이로 때려 죽였다. 또한 방아와 맷돌을 많이 설치하였다. 이는 모두 옹주의 뜻
> 에 따른 것이다.

옹주〔銀川〕는 본디 단양(丹陽)대군의 종이었다. 오지그릇을 팔아 생계를 이어
가던 중에 왕의 총애를 입어 옹주가 되었다. 그네는 아들을 낳고 복(福) 잔치를

벌였을 때, 상인들에게서 비단을 빼앗아 예물로 썼다. 방아와 맷돌을 많이 들여놓은 것도 자신의 사치를 즐기기 위해서였을 것이다. 반드시 그 때문이라고 할 수는 없겠지만, 충혜왕은 원성이 하도 높아 원나라로 끌려가는 신세가 되고 말았다.

나. 《조선왕조실록》

《조선왕조실록》에는 디딜방아에 관련된 기록이 27회에 걸쳐 실려 있다. 이 책은 주로 조선왕조 역대 임금의 통치 행위를 적어 놓은 기록인 까닭에, 방아에 대한 구체적인 형태나 특징 따위에 대한 설명은 보이지 않는다. 그러나 백성들이 정부에 바치는 곡물을 찧기 위해 얼마나 시달려야 했는지를 알 수 있어 흥미롭다. 실록에는 단지 '방아'라고 적었지만 디딜방아를 가리킨다. 디딜방아에 관한 기록을 시대에 따라 늘어놓고 내용을 살피기로 한다.

1) 1428년(세종 10) 11월 3일

형조에서 계하였다.

"예천(醴泉) 사람 장영기(張永己)의 비부(婢夫) 도라대(都羅大)는 주인의 아내 내은지(內隱之)와 간통하였습니다. 청컨대 율에 의하여 도라대는 교수형에 처하고, 내은지는 장형 1백대를 속(贖)으로 거두시고 3천리 밖으로 유배(流配)시키소서."

임금의 대답이다.

"도라대는 항상 가장(家長)의 아내와 더불어 같이 김도 매고 방아도 찧는 등의 일을 하다가 이 때문에 서로 정을 통하게 되었다. 반드시 천한 자의 집일 것이다. 도라대의 죄는 용서할 만하다. 그러나 율문에 '고공인(雇工人)이 가장(家長)의 아내를 간통한 자는 교형에 처한다'일렀다. 만약에 천한 자라고 하여 이를 관대(寬大)히 한다면 뒤에 다시 이와 같은 자가 있을 것이다. 마땅히 율에 의하여 죄를 단행하여 후일에 경계하라."

　김은 이만큼 떨어져서도 매는 까닭에 직접적인 빌미가 되었다고 보기 어렵지만, 디딜방아는 거의 붙어 서서 찧어야 하므로, 큰 원인이 되었을 것이다. "가장의 아내와 더불어 같이 김도 매고 방아도 찧는 등의 일을 하다가 이때문에 서로 정을 통하게 되었다. 반드시 천한 자의 집일 것"이라는 대목은 다소 애매하다. '주인의 아내와 고용인이 서로 정을 통한 까닭에 천한 집'이라는 뜻인지, '주인의 아내와 종이 들일과 방아 일을 함께 하였기 때문'이라는 것인지 분명하지 않다. 두 경우가 모두 해당하는 것으로 받아들일 수도 있다.

　2) 1432년(세종 14) 6월 11일

　　임금이 판서 정흠지에게 묻는다.

　　"이제 들으니, 경원(慶源)의 주민들은 매우 가난하여 하루에 한끼밖에 먹지 못한다고 한다. 경은 이미 보았으니 어떠하던가?' 흠지의 대답이다. "작년에 농사를 실패하여 과연 그러하였습니다."

　　임금이 "땅이 메마른 때문인가?" 묻자, "땅도 본래 메마른 데다가, 그 위에 농사를 실패하여 피곡(皮穀)을 그냥 방아에 찧어 부숴서 하루에 한끼씩 먹을 뿐입니다" 한다.

　　이에 임금이 매우 가엾게 여기어 얼굴빛이 변하였다.

　함경북도 경원 지방의 농민들이 흉작이 들어 하루 한끼밖에 먹지 못할 뿐더러, 그나마도 겉곡식을 그대로 찧어 껍질을 가려내지 않고 먹는다는 것이다. '임금의 낯빛이 변할' 정도였음에도, 이들을 구할 어떤 조치를 취하였다는 내용은 보이지 않는다. 임금은 이어 신하들의 반대를 무릅쓰고, "지금 사신(중국)이 머무르면서 겨울을 지내는데 어찌 모른 체 하고 따뜻한 옷을 주지 않겠는가" 하였다. 영민한 임금 세종도 제 백성의 굶주림보다 중국 사신의 추위 걱정이 앞섰던 것이다.

　3) 1442년(세종 24) 1월 5일

　　의정부에서 호조의 정문에 의거하여 아뢴다.

　　"귀맥(鬼麥)이라는 것이 보리 같으면서 알이 작고 바람과 추위에 견디는 성질이 있으며, 또 메마른 땅에도 잘되고 황무(黃霧)에도 손상됨이 없습니다. 3월에 파종하면 6월에는 수확하게 되어 강원도의 진부(珍富)·대화(大和)와 함길도(咸吉道)의 갑산(甲山) 등지의 백성들이 잘 길러낸다 합니다. 본부(本府)에서 일찍이 사람을 보내어 그 품종의 경작하는 기술과 식물(食物)로 요리하는 방법을 물어 보고, 종자 2섬을 바꿔와서 전농시(典農寺)를 시켜 시험으로 경종(耕種)하게 하였더니, 37석 8두나 거두었습니다. 이것을 쪄 말려서 방아에 찧으니 3두에서 4승 5합의 쌀이 났습니다. 밥도 되고 떡도 만들 수 있어 백성들 쓰임새에 모두 적절하다 합니다. 청하옵건대, 각도에 종자를 나누어 보내 심게 해서 민중의 이익이 되게 지도하소서."

쪄서 말린 귀맥이라 하더라도 서 말에서 너 되 다섯 홉이 나왔다면 적은 양이다.

4) 1460년(세조 4) 2월 25일

호조에서 경상도 관찰사 이극배(李克培)의 계본(啓本)에 의거하여 아뢴다.

"남해현(南海縣)은 방어가 가장 긴요합니다. 그런데도 군량[糧餉]이 모자라고, 전세(田稅)도 해마다 바다를 건너 금천창(金遷倉)에 수납하므로 백성이 폐해를 받습니다. 이제부터는 웅천(熊川)에 내게 해서, 왜료(倭料)로 쓰는 것을 제외하고는 주창(州倉)에 수납하여 군수(軍需)로 삼으소서.

좌도 내상(內相)과 좌도 수영(水營)·우도 수영 군관의 군량을 여러 읍의 촌민에게 나누어 주어 방아를 찧게 하는 폐단이 있습니다. 금후로는 절제사의 군량을 빼고는 영내의 노비가 찧게 하소서."

정부가 쓰거나 군대가 먹을 식량을 우격다짐으로 백성들에게 맡겨서 찧게 하는 폐단은 앞으로도 거듭된다. 방아 찧는 일이 문제가 아니라, 곡식이 축났다는 핑계를 대고 가외의 것을 거두어 들일 욕심 때문에, 노비를 두고도 백성에게 강제로 맡기는 것이다.

5) 1486년(성종 17) 12월 20일

경기관찰사(京畿觀察使) 성건(成健)이 아뢴다.

"도내 여러 고을의 논에 심을 볍씨가 대개 17만여 석(碩)인데 여러 고을에서 받아들인 환자곡[還上]은 겨우 5만여 석이므로, 명년의 곡식 종자를 마련할 수 없습니다. 경기(京畿) 백성이 경창(京倉)의 적미(赤米)를 갚지 못한 것이 또한 많이 있습니다. 청컨대 피곡(皮穀)으로 각각 본 고을에 바치게 하여 명년 봄의 볍씨를 준비토록 하소서."

임금의 물음에 호조(戶曹)에서 대답한다.

"청컨대 경창 환자곡 3분의 2는 경창에 바치고, 그 1분은 벼로 본 고을에 바치게 하여 볍씨에 보태도록 하소서."

이에 대신들이 "호조에서 아뢴 대로 하소서" 하였다.

홍응(洪應)이 다시 묻는다.

"지금 백성이 이미 방아를 찧어서 쌀을 경창에 바치려고 하여 백성이 저장한 곡식이 거의 다하였습니다. 장차 어떻게 피곡을 구하여 바치겠습니까?"

이번에는 호조에 전교한다.

"각 고을 백성이 경창 환자곡을 바치지 아니한 자는 백성이 원하는 대로 따라, 반(半)은 피곡으로 본 고을에 바쳐서 볍씨를 준비토록 하라."

이로써 백성들이 환자곡을 바칠 때에는 방아를 찧어서 바친 사실을 알 수 있다. 《경국대전》에 따르면, 정1품에서 종8품에 이르는 관료들에게는 반쯤 찧은 쌀[中米]을 녹봉으로 주었다. 예컨대, 정1품은 봄과 겨울에 각 4섬, 여름과 가을에 각 3섬씩을, 종8품은 봄과 가을에 각 1섬씩 받은 것이다(이 밖에 현미를 비롯하여 여러 가지 잡곡도 받았다). 따라서 《조선왕조실록》에 적힌 '방아 찧는 일'은 '쌀을 반쯤 찧는 작업'을 이르는 것으로 보인다.

6) 1496년(연산 9) 4월 15일

지대사(支待使) 강귀손(姜龜孫)이 아뢴다.

"중국 사신이 금강산에서 현번(懸幡)할 때, 부처를 공양하고 중을 먹여야 합니다. 경창(京倉)의 쌀 30곡(斛)을 실어다 쓰게 하소서."

임금이 "어찌 중을 먹이는 일로 경창의 쌀을 허비할 수 있는가? 본 도에서 준비해 주도록 하라."

귀손이 다시 아뢴다.

"신이 강원도 각 관창(官倉)에 저장된 쌀을 알아보니 10섬도 저장된 데가 없습니다. 지금 벼를 방아 찧는다면 늦어서 제때에 대지 못할 것이니, 경창의 쌀을 쓰도록 하소서."

임금의 대답이다.

"현번은 황제의 명이니 폐할 수는 없지만, 어찌 경창의 쌀을 부처 공양하는 데 쓰겠느냐? 중이나 부처의 공양은 나쁜 쌀이라도 무방하니, 본 도에서 가져다 쓰도록 하라."

1곡은 10말이므로 30곡은 쌀 300말 곧 30섬이다. 30섬의 쌀을 찧으려면 시간이 걸린다. 방아 찧기의 어려움이 짐작된다. 임금이 "중이나 부처의 공양은 나쁜 쌀이라도 무방하다"는 말에서, 불교를 낮추어 보는 의중(意中)을 읽을 수 있다.

7) 1509년(중종 4) 11월 8일

야대(夜對)에 나아갔다. 강(講)이 《맹자》의 "조그만 불의를 행하거나, 무고(無辜)한 사람을 하나라도 죽이고서는 천하를 얻지 않겠다"는 데에 이르자, 상은 "이윤(伊尹)·백이(伯夷)는 그렇겠지만 역대의 임금으로 누가 행하고 누가 행하지 못했는가?" 묻는다.

참찬관 이자견(李自堅)의 "삼대(三代) 이하로 한(漢)·당(唐)의 임금은 모두 하지 못했습니다"는 대답에, 다시 "삼대 이상은 누가 행하였는가?" 되묻는다.

"요·순을 비롯해서, 탕왕(湯王)·무왕(武王)도 불의를 저지르거나 무고한 이를 죽이지 않았습니다"는 자경의 말에 상은 이렇게 이른다.

"《서경》에 피가 흘러 방앗공이가 떠내려갔다고 하였는데, 어찌 한 무고한 사람도 죽이지 않았다 할 것이냐?"

검토관(檢討官) 이자의 말이다.

"《서경》에 피가 흘러 방앗공이가 떠내려갔다는 내용은, 탕왕이나 무왕이 무고한 사람을 죽였다는 것이 아니라, 주(紂)의 무리가 서로 공격, 멸망하였다는 내용입니다."

비록 중국의 경우이기는 하지만, 백성이 흘린 피에 방앗공이가 떠내려갔다고

하였다. 살육의 참상이 극에 이른 것이다. 글 속의 방앗공이는 절구공이일 가능
성도 없지 않다.

8) 1526년(중종 21) 7월 22일

석강(夕講)에 나아가자 특진관(特進官) 윤희평(尹熙平)이 아뢴다.

"순(舜)임금은 위대한 성인(聖人)입니다. 아우 상(象)이 날마다 자신을 살해하려
고 획책했음에도, 그를 유비(有痺)에 봉해 주었습니다. 어진 사람은 형제의 우의에
있어 본디 이렇게 하는 것입니다.…… 민간에 '한 자 베[布]도 오히려 꿰매어 같이
옷 해 입고, 한 말 곡식도 오히려 방아 찧어 같이 먹는데 형제 두 사람이 서로 용납
할 수 없다니' 하는 포속(布粟)의 노래가 있었습니다. 이는 문제가 아우를 너그럽게
포용하지 못한 것을 나무란 뜻입니다.…… 우리 선왕(先王)께서도 대내(大內)에 우
선당(友善堂)을 지었으니 어찌 깊은 뜻이 없었겠습니까? 종척(宗戚)과 형제를 대우
하는 도리는 마음을 다하지 않을 수 없는 것입니다.……"

왕의 대답이다.

"친척을 친히 하는 도리는 인륜의 근본이다. 근래 해마다 흉년이 들고 재변이 잇
달았으므로 종친을 위한 연회를 오랫동안 못 열었다. 경의 말이 지당하다."

형제간의 우애를 "한 말 곡식도 오히려 방아 찧어 같이 먹는다"고 표현하였
다. 이 말 가운데 '방아 찧어'라는 구절은 옛적에는 오늘날과 달리 곡식을 미리
찧지 않고, 그때마다 필요에 따라 찧어 먹은 사실을 알려 준다. 많은 곡식을 한
꺼번에 다 찧기도 어렵거니와 보관에도 문제가 있기 때문이다. 그리고 곡식의
맛이나 영양분도 이렇게 해야 잘 살아난다.

9) 1542년(중종 37) 8월 25일

석강(夕講)에서 시강관(侍講官) 유진동(柳辰仝)이 아뢴다.

"신이 전에 서방(西方)에 있을 적에 보니, 안주(安州)·노강(老江)·의주(義州)·인
산(麟山) 등지에 모두 둔전(屯田)이 있었습니다. 그런데 수확한 곡식을 거두어 들일
때에 흉년과 풍년을 헤아리지 않고 지정된 수량 채우기에만 힘을 썼습니다. 만일 그 수

량을 채우지 못하면 으레 책벌(責罰)이 따르기 때문에, 첨사(僉使) 등이 직접 거둔 벼를 살펴보고는 잡곡을 많이 섞어 구차스레 곡수(斛數)를 채운 뒤에 군량으로 지급하므로 폐단이 있는 것입니다. 더구나 백성들에게 방아 찧어 쌀로 만들게 해서 강변(江邊)의 장사들이 있는 곳으로 들여보낼 즈음, 백성에게 쌀을 징수하기도 하여 폐단이 적지 않으므로 백성들이 고통스럽게 여기고 있습니다. 흉년과 풍년에 따라 그 수량을 적절히 조정한다면 이런 폐단이 없겠습니다."

모자라는 곡식의 양을 채우기 위해 잡곡을 섞는 행위도 나쁘거니와, 이를 백성에게 맡겨서 방아를 찧게 하였다. 그 폐해가 이만저만이 아니었을 것이다. 더구나 백성들로부터 쌀까지 거두어 채웠으니 지금도 원성이 들리는 듯하다.

10) 1555년(명종 10) 1월 11일

헌부에서 아뢴다.

"…… 지금 제주는 해마다 실농(失農)하여 창고가 고갈되었습니다. 더구나 큰 변을 겪었으므로 어떻게 할 계책이 없으니, 전라도 창고의 곡식을 실어가야 합니다. 지금 갑인년 노비들의 신공(身貢)을 쌀로 바꾸어 충당해 주기로 했으나, 이런 흉년에 사세가 독촉하여 받기 어렵습니다. 설사 다 받아들인다 하더라도 반드시 몇 달이 걸릴 것이니, 창졸의 변에 대응하는 방법이 못 됩니다. 유명무실한 것이 이보다 심한 것이 없습니다.……

대저 각 고을들의 쌀은 모두가 쭉정이나 모래가 섞이어 1석 속에 먹을 수 있는 것은 얼마 안 됩니다. 이런 것을 가지고 수량만 채워 주면서 군사들을 배불리 먹이고 굶주리지 않게 하려니 어려움이 큽니다. 지금 세상의 일은 말만 하고 실속은 없어 만사가 모두 그러하지만 쌀섬은 더욱 심합니다. 각 고을 창고의 먹을 만하다는 것들도 모두 먹을 수 있는 것이 아닙니다. 바야흐로 싸움이 한창일 때에는 어느 겨를에 방아를 찧을 수 있겠습니까? 하물며 원수(元數)보다 적어 방아를 찧을 수도 없는 형편입니다.……

항차 근래에는 제주 목사를 전연 적임자를 가리지 않고 탐오한 자에게 맡기므로, 침학(侵虐)이 극에 이르렀습니다. 백성들이 원망하기를 '차라리 왜놈에게 죽겠다'고 한답니다. 이로 본다면 백성들의 곤궁과 고통을 알 만합니다. 대정현(大靜縣) 등의 고을은 현재 남아 있는 백성이 50~60여 호에 지나지 않는다고 했습니다. 이번에 충분히 구활(救活)하여, 잘 살아 보려는 마음으로 돌려놓지 않는다면 와해될 것이니, 큰일입니다. ……

대저 제주는 멀리 바다 밖에 있어 바람을 탄 배로도 오히려 하룻길을 가야 합니다. 혹시라도 위급한 일이 있게 된다면 어떻게 조정에 시급히 알릴 수 있겠습니까? 게다가 왜놈들이 오려면 반드시 바람이 순한 때를 기다렸다 오므로 경계를 엄히 해야 할 때가 바로 봄과 여름 사이입니다. 이 달도 절반이나 지나가고 2월이 매우 가까워집니다. 2월 보름 뒤에는 곧 바람이 순해집니다. 무릇 조치할 것을 반드시 밤낮 헤아리지 않고 한 다음에야 미칠 수 있을 것입니다. …… 이런 뜻으로 대신들과 의논하여 조처하소서."

제주도에 침범하는 왜구를 막는 군인들에게 줄 양식이 모자라므로, 급한 대로 전라도의 곡식을 실어가야 한다는 것이다. 또 제주 창고에 남아 있는 것마저 모래와 쭉정이가 많이 섞여서, 실제의 양은 얼마 되지 않는다는 내용도 보인다. 그리고 그나마 병력의 숫자도 많이 줄어, 방아를 찧으려 해도 불가능한 형편이라고 한다. 탐관오리들의 가렴주구 또한 극에 달해서, 백성들이 "차라리 왜놈에게 죽겠다"는 대목은, 나라의 꼴이 말이 아님을 웅변으로 알리는 것이다. 명종 임금 때 임꺽정의 무리가 떼를 지어 노략질을 일삼았던 것도, 당시의 형편이 이처럼 마련이 없었기 때문이라 하겠다.

11) 1589년(선조 22) 10월 1일

정여립의 시체를 군기시(軍器寺) 앞에서 추형(追刑)하였는데, 백관을 차례대로 서게 하였다. 여립은 동래정씨(東萊鄭氏)이다. 선조(先祖) 때부터 전주 동문 밖에 거주하였으며, 가세가 한미하였다. 아버지 정희증(鄭希曾)이 비로소 문과에 올랐으나, 벼슬이 첨정(僉正)에 그쳤고 현용(顯用)되지 못하였다. 일찍이 꿈에 전조(前朝)의 역신(逆臣) 정중부(鄭仲夫)를 보고 나서 여립을 잉태하였다. 출산하는 날, 밤이 되자 또 중부를 만나는 꿈을 꾸었다. 이웃 사람이 사내아이가 태어난 것을 축하하였으나, 희증은 기뻐하는 빛이 없었다. 집안 식구들만은 그 뜻을 알았다.

정여립이 장성하자 체구가 장중하고 얼굴빛이 청적색(靑赤色)이었다. 나이 겨우 7~ 8세에 여러 아이들과 장난하고 놀면서, 칼로 까치 새끼를 부리에서 발톱까지 도막내었다. 희증이, "누구의 짓이냐?" 꾸짖으며 묻자, 그의 집 어린 여종이 여립을 가리켜 말하였다. 그날 밤 여립이 아이의 부모가 이웃집에 방아 찧으러 나간 틈을 타서, 칼을 가지고 몰래 들어가 아이를 찔러 죽여 피가 자리에 홍건히 흘렀다. 부모가 그것을 보고 울부짖으면서 몸부림쳤으나, 까닭을 알지 못하였다. 온 마을 사람이 모여 구경하는 중에, 여립이 서서히 나와 "이 아이가 나를 일러바쳤으므로 내가 죽였다" 하는데, 말씨에 머뭇거리는 기색이 없었다. 사람들은 크게 놀랐고, 어떤 사람은 악한 장군이 태어났다고 하였다.……

"아이의 부모가 이웃집에 방아 찧으러 나간 틈"이라면, 방아품을 팔거나 품앗이를 위해 집을 비운 사이일 것이다.

12) 1598년(선조 31) 11월 28일

호조에서 아뢴다.

"…… 전라도 각 고을에 쌀과 콩을 합쳐 수송한 것을 제외하고, 중국 군량을 수송한 숫자가 전주(全州)는 쌀과 콩을 합쳐 이미 3만 7천 7백 60여 석에 이르렀고, 나주(羅州)와 해진(海陣)은 쌀과 콩을 합쳐 1만 7천 1백여 석입니다. 공격할 시기를 결정한 이후로는 공사(公私)를 막론하고 비축한 것은 모두 거두었습니다. 들판에 있는 신곡(新穀)은 방아를 찧어서 쌀을 만들어 마음을 다해 수송하여, 처음부터 끝까지 곡식이 떨어졌다는 소식이 없었습니다.

지금 군사가 며칠을 굶주렸다는 말이 있는데, 그간의 곡절을 비록 상세히 알지는 못하지만 반드시 이유가 있을 것입니다. 신들이 삼가 듣건대 왜교(倭橋)에서 왜적을 포위하던 날, 본도(本道) 백성들은 모두 왜적을 섬멸할 시기가 멀지 않다고 여겨 80세 노파와 10세의 아이들까지도 모두 기뻐 뛰었습니다. 그리고 앞을 다투어 군량을 이고 져다 주어서 군영 앞에 모인 곡식이 한 달 동안 먹을 만하였습니다. 그러나 뜻밖에도 후퇴하는 바람에 미처 수습할 겨를이 없어 수백리 사이에 곡식이 마구 흩어졌습니다. 그때 유실된 숫자가 꽤 많았으나, 떨어졌다는 말은 없었습니다.……"

임진왜란 때 전라도 지방의 관리들이 군량미 조달에 힘을 썼고, 들판의 것까지 모두 거두어 방아를 찧어 놓아 배를 곯는 군사가 없었다는 내용이다. 더구나 왜적을 모두 무찌를 것이라는 소문이 돌자, '여든 노파에서부터 열 살짜리 어린 아이에 이르기까지 스스로 군량미를 군영 앞에 날라다 놓았다'는 내용은 감동을 불러일으킨다. 임금과 고위 관리 그리고 장수들이 도망질을 치는 사이, 백성들은 이처럼 한마음이 되어 왜적을 물리치는 데에 힘을 모았던 것이다.

그러나 갑작스레 후퇴를 하는 바람에 이 곡식을 간수하지 못하였고, 전세가 불리해진 데다가 겨울이 닥쳐서 군량미 수송이 어렵게 되어 앞날이 걱정이라고 한다. 부패하고 무능한 정부를 탓하지 않을 수 없다.

13) 1599년(선조 32) 2월 6일

비변사에서 아뢴다.

"…… 우리나라가 중국이 아니었다면 적을 끝내 물리치지 못하였을 것이다. 더구나 이들을 지난 해에 몰아내고 섬멸하지 않았다면 우리나라는 이미 멸망했을 것이다. 다만 지금 적노(賊奴)가 소굴을 다 치우고 도망가긴 하였으나, 이름난 괴수인 가등청정과 소서행장 같은 무리가 모두 살아서 돌아갔다. 그들이 중국 군사가 철수하여 돌아갔다는 말을 들으면 불원간 필시 바다를 건너올 것이다.……

다만 우리나라가 파괴된 나머지 백성이 농사를 짓지 못한 지 7년째인 데다, 지난 해에 각도 공사(公私) 소유의 쌀과 콩을 모조리 긁어 모아 대군(大軍)에게 공급하였다. 요즈음 각도 배신의 장계를 보면 민간의 금년 종자까지도 많이 방아를 찧어 당장 부족한 군량에 충당하는 형편이다. 쌀을 받아들일 각종 사례를 따르고 벼슬과 옥(獄)을 파는 등의 조목으로 남김없이 권유해 거두어 들여, 이제 이미 여력이 없다. 지금부터 추수 때까지 아직도 9개월이 남았는데 그 전에 수만 명의 병사가 먹을 식량은 우리나라가 백방으로 주선해도 나올 곳이 없다.……"

이제 명나라 군사가 돌아가면 왜적이 다시 들어올 터이므로, 앞날이 걱정이라는 한탄이다. 명나라 군사 5만여 명이 남아 지켜주기를 바라지만, 군량미는 턱없이 모자란다. 종자로 쓸 곡식마저 다 찧어 군량미로 내고, 벼슬을 팔고 죄수까지 돈을 받고 내주는 등의 온갖 비상조치를 취하였으나, 곡식은 한 톨도 구할 길이 없다는 것이다. 나라의 존립이 '바람 앞의 촛불'보다도 못한 상황에 이른 것이다.

14) 1610년(광해 2) 1월 3일

봉상시의 관원이 도제조와 제조의 뜻으로 아뢴다.

"본시는 제향을 전담하고 있으므로 사체가 매우 엄중하였습니다.…… 난을 겪은 후로는 대다수가 죽었고 한때의 포상으로 면천·면역한 자도 30여 명에 이르러, 지금 부릴 수 있는 자는 단지 50여 명뿐입니다. 종묘사직 및 각 능전(陵殿)과 산·천·악·해·독(山川嶽海瀆)의 각 제사에 쓸 곡식을 방아 찧는 일과 기름을 짜고 술을 빚고 과자를 만드는 등을 일시에 아울러 한다면, 소용되는 노자(奴子)는 88명이나 됩니다. 또한 목릉(穆陵)의 영모전(永慕殿)과 사묘(私墓)의 사묘(私廟)와 순회궁(順懷宮)의 순회묘(順懷墓)에 추가하여 정한 숙수(熟手)도 그 수가 21명에 이르므로 합하면 1백여 명이 넘습니다. 따라서 현재 있는 50여 명으로는 도저히 융통하여 일을 시킬 길이 없습니다. 어쩔 수 없이 5부의 사숙수(私熟手)를 끌어다가 보충하여 쓰고 있으나, 여기저기서 끌어 모은 무리인지라 제향 때가 되면 갖은 방법으로 모면하려고 들어 모양이 말이 아닙니다. 어렵고 군색한 형편을 이루 말할 수 없습니다.……

신들은 어쩔 수 없이 다시 아룁니다. 30명을 본시에 이속시키는 공사(公事)를 형조로 하여금 당초에 받은 전교에 의하여 시행하게 하소서. 그리고 본시 노자의 신역은 앞에서 진달한 것처럼 고통이 심해서, 온갖 계책으로 도피하여 뒷날의 상전(賞典)을 도모하고 있습니다. 만약 이 길을 통절히 막지 않는다면 뒤 폐단이 무궁할 것입니다. 본시의 노자 응평(應平)은 분호조(分戶曹)로, 노자 윤이(允伊)는 실록청으로 각자 투속하였으니, 그 정상이 매우 가증스럽습니다. 아울러 제하(除下)할 것으로 역시 승전을 받들어 시행하게 하여 후일에 모면을 꾀하는 폐단을 영원히 막는 것이 어떻겠습니까?'

궁궐의 제사를 전담하는 봉상시에서 '방아를 찧고, 기름을 짜고, 술을 빚고, 과자를 만드는 일을 할 노비'의 충원을 요청하는 내용이다. 임진왜란 전에는 앞의 일을 맡은 88명 외에 숙수 21명이 더 있었으나, 당시에는 50명뿐이어서 일을 감당할 수 없다는 것이다. 더구나 이들 가운데에는 일이 힘들어 기회만 있으면, 다른 관청으로 빠져나가려고 하니 엄하게 막아야 한다고 덧붙였다. 궁궐에 방아 찧는 일 따위를 전담하는 인원이 적지 않게 배속되었음을 알 수 있다.

15) 1624년(인조 2) 8월 29일

삼도 대동청(三道大同廳)이 아뢴다.

"대동사목(大同事目) 가운데 타당하지 못한 것을 참작하여 아뢰라는 분부가 계셨습니다.……

양호에서 쌀 9두를 거두는 것은 지나치게 많고 춘등(春等)·추등(秋等)에 쌀을 한꺼번에 거두므로 백성이 괴로워하리라는 분부는 실로 백성을 사랑하시는 지극한 뜻에서 나온 것이니, 신들은 더욱 감격스러움을 이기지 못하겠습니다. 그러나 백성의 전결(田結)에서 바치는 것은 경공물(京貢物)이 가장 많고, 본도(本道)에서 쓰는 것은 그다지 많지 않습니다. 또 계해년 조는 기인(其人)의 가포(價布)와 사소한 본색 공물(本色貢物)이 쌀로 환작(換作)하는 가운데에 들어가지 않은 것이 자못 있기는 합니다. 그러나 이번 갑자년 조는 모두 쌀로 받았으므로 그 두 수를 더하지 않을 수 없으니, 이는 사세가 어쩔 수 없는 데에서 나온 것입니다.

또 경기 선혜청(宣惠廳)은 길이 편하고 가까워서 한 해에 춘등·추등으로 나누어 받습니다. 추등은 겨울 이전에 가져오고 춘등은 초봄에 나릅니다. 그러나 호서(湖西)의 태안(泰安) 이남과 쌀로 환작하는 호남의 각 고을의 경우는 수로(水路)가 험하고 멀어서, 가을과 겨울에는 배로 나를 수 없어 봄이 되기를 기다려서 실어 보냅니다. 그 사이에 방아 찧어 장만할 기간이 서너 달이나 오래되므로, 한꺼번에 거둔다고는 하나 등(等)을 나누는 뜻이 그 가운데에 들어 있는 것입니다. 더구나 겨울 이전에는 미곡이 귀하지 않아서 백성이 쌀을 내는 것이 그다지 어렵지 않습니다. 또 한번 장만한 뒤에는 다시 독촉하여 거두는 소요가 없으니, 백성이 처음에는 괴롭게 여기더라도 끝내는 은택을 알게 될 것입니다.……"

'그 사이에 방아 찧어 장만할 시간이 서너 달이나 되어, 한꺼번에 거두는 데에 문제가 없다'고 한다. 백성들이 세금으로 바칠 쌀을 찧는 일에 큰 애를 먹었을 뿐만 아니라 시간도 많이 걸린 사실을 알 수 있다.

16) 1648년(인조 26) 7월 11일

상의원의 방앗간을 단봉문(丹鳳門) 밖으로 옮겨 지었다. 도제조 김자점이 방아와 맷돌 등 제구를 경덕궁(慶德宮)에 설치하면, 염공(染工)·침군(砧軍)이 왕래하기가 불편하다는 이유로 선공감으로 하여금 인경궁(仁慶宮)의 재목과 기와를 뜯어다가 단봉문 밖 빈터에다 옮겨 짓자고 하여, 상이 따른 것이다. 자점이 본원에서 짠 비단이 중국의 것만 못하다는 이유로 직공(織工)을 북경에 보내어 직조법을 배우게 했는데, 이로부터 비단이 화려하고 아름답게 되었으므로 상이 기뻐하였다.

경덕궁은 서울특별시 종로구 신문로에 있는 경희궁(慶熙宮)의 본디 이름이다(사적 271호). 1616년에 세워진 이 궁궐은, 유사시에 임금이 본궁을 떠나 난을 피하는 이궁(離宮)으로 지었다. 그러나 궁궐의 규모가 큰 데다가, 여러 왕이 이곳에서 정사를 보았던 까닭에 동궐인 창덕궁에 대하여 서궐이라 불리기도 하였다. 더구나 동궐인 창덕궁과 창경궁은 인조반정과 이괄(李适)의 난으로 불타버려서, 인조는 이곳에서 임금이 되어 정사를 보았다. 그 뒤로도 여러 왕이 태어나거나 왕의 자리에 올랐다.

일제는 강점기에 여러 건물을 뜯어 옮기는 등의 훼손을 저질러 본디 모습을 찾기 어려운 형편이다. 따라서 단봉문의 위치를 알기는 더더욱 어렵다. 방아와 맷돌을 단봉문 밖으로 뜯어 옮긴 데에는, 여러 사람의 왕래가 불편한 점 외에도, 방아를 찧을 때 나는 소리나 울림도 한 원인이 되었을 것이다.

17) 1676년(숙종 2) 11월 25일

왕이 영의정 허적(許積), 좌의정 권대운을 불러 앉혔다.
윤휴가 말한다.
"신의 소(疏)가 대신(大臣)에게 미친지라, 이로 인해 사람들에게 죄를 얻어서 질차(叱嗟)와 능욕(凌辱)을 한없이 당하였고, 성명(聖明)께서도 또한 의심하셨습니다.

따라서 신이 자의(赭衣)를 입고 절구에 방아질을 하여도 그 죄를 속(贖)할 수 없을 것입니다"

허적의 의견이다.

"윤휴의 소는 그 말이 너무 중하여 인신(人臣)으로서 이를 듣고 어찌 감히 안연(晏然)하겠습니까? 그런데 윤휴는 도리어 신의 말을 질욕(叱辱)했다 하니, 이는 정의(情意)가 통하지 않는 것입니다."

권대운도 뒤를 잇는다.

"대신의 과실을 낱낱이 헤아려서 이를 천변(天變)에 연관지으니, 신 등이 어찌 감히 스스로 편안하겠습니까? 윤휴는 이기기를 좋아하는 병이 있어서 범사(凡事)에 반드시 자기의 의견만을 세우고 따르지 아니하면 성을 냅니다. 모름지기 이 병을 고쳐야 할 것입니다."

이에 임금은 "사람이 어찌 한 가지 병통(病痛)이 없겠는가?" 하였다.

윤휴가 또 오가통(五家統)과 지패(紙牌)의 일을 말하자, 권대운은 "이 또한 윤휴가 자기 의견을 굳게 집착하는 해(害)입니다" 일렀다.

장차 물러나려고 함에, 임금이 잠깐 머물게 하고 술을 내렸다.

이에 윤휴가 "신이 전에 대신의 일을 말하였는데, 성상께서는 꼭 그 유감을 풀게 하시려고 이 술을 하사하시는 것입니까?" 아뢰자, 권대운은 "본래 유감이 없는데, 무슨 풀 것이 있겠습니까?"며 한발 물러섰다.

윤휴의 말이다.

"신이 어찌 감히 유감이 있겠습니까? 다만 질타하고 능욕하기를 향일(向日)에 대신이 신을 대하듯 한다면, 천하의 선비들을 오게 하는 것이 아닙니다."

허적이 웃으며 "피차가 욕을 당하였으니, 누가 심했는지 알지 못하겠습니다" 하였다. 권대운도 따라 웃으면서 "과연 천하의 선비라면 반드시 연유 없이 사람을 욕하지는 아니할 것입니다" 아뢰었다.

윤휴가 자기 잘못을 임금께 말하면서 '자의를 입고 절구에 방아질을 하여도 그 죄를 다할 수 없을 것'이라고 한 점으로 미루어, 당시에는 죄인에게 방아 찧는 일을 죄갚음으로 시켰던 것으로 보인다. '자의'는 죄인의 옷이라는 뜻이다.

임금이 티격태격하는 윤휴, 허적, 권대운을 일부러 불러, 술을 내리면서 화해를
시키는 장면은 아름답기조차 하다.

18) 1726년(영조 4) 9월 12일

사간(司諫) 강필경(姜必慶)이 거듭 아뢰었으나, 윤허하지 않자 다시 아뢴다.

"원훈(元勳)의 초상(初喪)에 성상께서 슬퍼하여 진연(進宴)의 습의(習儀)를 특별
히 명하여 멈추게 하셨습니다. 뭇 신하로서 이웃의 상에 방아타령을 거두는 의리를
지키며 더욱이 놀고 즐기는 일을 하여서는 안될 것입니다. 어제 장악첨정(掌樂僉正)
윤세항(尹世恒)은 뭇 기녀(妓女)를 불러다가 객을 모아 음악을 연주하였습니다. 이
말을 들은 사람은 누구나 다 놀라워하니, 사판(仕版)에서 삭제하소서."

임금이 대신의 죽음을 슬퍼한 나머지 잔치연습을 중지시켰음에도, 윤세항이
기생을 불러모아 즐겼으므로 벌을 주어야 한다는 내용이다. 그는 이웃에 상이
나면 민간에서도 '방아타령'을 멈추는 것이 풍속이라고 덧붙였다. '방아타령'이
라는 노래가 널리 불리던 민요인지, 디딜방아를 찧을 때 부르던 노래인지는 알
수 없다.

19) 1779년(정조 3) 3월 8일

덕진진(德津鎭)은 광성보의 남쪽 10리쯤 되는 곳에 위치하며, 섬들이 험하고 물이
휘돌아 가장 위험하다고 일컫습니다. 이곳이 이른바 손돌목[孫石項]으로, 강면(江面)
이 매우 좁아서 수세(水勢)가 방아 찧듯이 부딪치기 때문에 왕래하는 선척들이 모두
두려워 꺼립니다. 형승(形勝)이 믿을 만하고 외구(外寇)가 침범하기 어렵습니다.……

강화도 수비의 전략을 설명하는 가운데, 손돌목의 물길을 덧붙여 말하는 대목
이다. 목이 좁은 데다가 물길이 급해서 그 부딪치는 형세가 '방아를 찧는 듯하
다'는 표현은 매우 사실적이면도 신선하다. 이 방아는 디딜방아가 아니라, 물레
방아나 물방아일 가능성이 높다.

20) 1783년(정조 7) 7월 4일

형조판서 박우원(朴祐源)의 상소이다.

"호남(湖南)에 있는 비국(備局) 구관(句管)의 군작미(軍作米) 가운데 2만 4천 석을 일찍이 호조에서 청득(請得)해 놓고, 해마다 더 실어와 차례차례 수납(輸納)한 것이 이미 1만 6천 석이나 되고 현재 남아 있는 것은 단지 8천 석뿐입니다. 대저 연로(沿路) 고을들의 군작미가 점차로 줄고 있어, 이 뒤로는 올려 오려고 하더라도 진실로 방도가 없습니다. 또한 수송해 올 적에 봉환미(捧還米)를 민간에 나누어 주고 다시 방아를 찧어 축난 것을 보충하는 밑천으로 바치게 하고, 포구로 내오는 비용도 모두가 곧 소민(小民)에게서 나오게 되어 백징(白徵)이나 다를 것이 없습니다. 이러한 폐단은 오래되어 버렸습니다.…… 근년에 이르러 곡식이 상하고 냄새가 심해서 못 쓰게 되는 우려가 잇따르게 되고, 미려(尾閭)로 새어 없어지게 되는 수가 많습니다. 그 중에도 도감(都監) 배로 실어 오는 일이 가장 고질적인 폐단입니다.…… 이른바 그 배들은 혹 중간에서 행상을 하거나 더러는 새로 만든 선척(船隻)이거나 하여, 매양 5, 6월 뒤에야 비로소 그 세읍(稅邑)에 오게 되어 오래 기다려야 합니다. 따라서 시기가 늦어서야 장발(裝發)하는 폐가 있습니다. 또 사공들은 제 배가 아닌 탓에 매양 중로(中路)에서 고의로 파선(破船)을 하여, 막중한 세미(稅米)가 속절없이 헛소비로 돌아가 버리게 됩니다.……"

호남지방에서 세곡을 실어 나르는 데에 따른 여러 가지 폐해를 말하고 있다.

첫째, 운반 도중에 축이 나는 쌀을 백성이 방아를 찧어 보충하고, 그 위에 포구로 나르는 비용까지 물린다는 것이다. 그리고 정부의 배를 이용할 때 이 같은 폐단이 더욱 심하게 일어난다고 덧붙였다.

둘째, 사공들이 배를 일부러 침몰시켜서, 바다에 쏟아 붓는 곡식이 적지 않다는 것이다. 그 배의 대부분은 백성이 장사에 쓰던 것으로, 사공들이 오로지 제 배가 아닌 까닭에 이 같은 짓을 저지른다고 하였다. '어지러운 세상'은 이를 두고 이르는 것이라 하겠다.

21) 1783년(정조 7) 7월 18일

"…… 경작(耕作)과 방직(紡織), 방아와 맷돌 같은 기구와 붓과 먹, 아교와 칠 같
은 등류에 있어서는 또한 곧 민생들이 날마다 사용하는 것으로서 없어서는 아니 됩
니다. 이들은 간단하여 용이하고 정밀하면서도 편리하게 되어, 모두가 자연스러운
솜씨와 바꿀 수 없는 법도가 있었습니다.……

중국은 그전에 성인들이 살던 곳이니, 오묘한 제작(制作)은 그 유래가 오래 되었
습니다. 신(臣)이 구리를 금단하는 이익에 있어서 오래 유추(類推)하여 묵계(默契)
한 것이 있기에, 아울러 이를 곁들여 아뢰었습니다. 국가의 방책을 도모해 가는 사람
은 모두 알지 않으면 안될 일입니다.……"

방아나 맷돌은 땅을 갈거나 길쌈을 하는 기구와 더불어, 하루라도 없어서는
아니 되는 소중한 기구라 하였다. 그리고 이들은 모두 중국에서 나왔다고 덧붙
였다.

22) 1791년(정조 15) 4월 5일

전 경상도 관찰사 이조원(李祖源)이 아뢴다.

"전에는 선혜청의 요청에 따라 남창(南倉)에 제해 놓은 쌀을 가지고 각 고을에 저
장해 둔 것에서, 4분기의 지출에 모자라는 몫을 떼어 주도록 하였습니다. 그런데 요
즈음은 그것을 곧바로 수조안(收租案)에 넣어 신결미(新結米)와 함께 뒤섞어 마련
합니다. 이 때문에 그 해에 받은 세미(稅米)는 전부 위에 바치는 것으로 들어가고,
저장해 둔 것은 모두 환자쌀 중에서 옮겨옵니다. 해변 고을에서 위에 바치는 선가미
(船價米)와 강변 고을에서 동래(東萊)로 바치고 감동(甘同)에 바치는 것과 감영에서
쓰는 쌀은 으레 저장해 둔 것 가운데서 가져와 씁니다. 따라서 환자쌀과 결미(結米)
는 깨끗하고 거친 것이 크게 차이가 나므로 부득이 백성들에게 나누어 주어 다시 방
아를 찧도록 합니다. 그러다 보니 1섬에서 축난 것을 보충하자면 7, 8말이나 됩니다.
지난 겨울 조세 쌀 가운데 저장해 둘 쌀로 옮겨 놓은 각종 환자쌀은 모두 6천 3백 5
섬으로, 산골 고을에서 고을의 비용으로 쓰는 것은 우선 그만두고라도 해변과 강변
고을에서 폐단이 되는 것은 앞에서 진술한 바와 같습니다.…… 지금부터는 4분기의

각종 지출은 비록 환자쌀로 옮겨 놓은 것을 떼어 준다 하더라도, 그 중에 선가미 등 결미(結米)로 지출하지 않을 수 없는 것은 적절히 헤아려 떼어 주어 고통이 편중되는 걱정이 없도록 하소서.”

이에 대한 임금의 분부이다.

“…… 옛날과 지금은 사정이 달라져서 포장하여 바치는 것이 점차 증가하고 있으므로, 연전에 특별히 신칙하는 하교를 내렸다. 그러니 선혜청에서 거행할 때 반드시 사안의 완급을 요량해서 할 줄 알았는데, 지금 전 감사의 말처럼, 아직도 이런 일이 있다는 것은 전혀 말이 되지 않는다. 경은 신칙교서를 내린 이후 조세로 거둔 것을 내려 준 문서들을 가져다 상고해 보고, 만약 새 곡식을 써야 할 곳에 묵은 쌀을 떼어 준 일이 있으면 해당 당상관을 초기하여 죄를 논하라. 그것이 아니면 필시 선혜청에서 어느 특정한 곳에만 편중되게 떼어 주었거나, 각 고을에서 바꾸어 써서 그렇게 되었을 것이다. 그렇지 않다면 어찌 민간에 다시 방아를 찧는 폐단이 미칠 리가 있겠는가?”

배삯으로 내는 쌀과 감영 등에서 쓰는 쌀은 묵은 쌀인 까닭에 다시 찧어야 할 뿐더러, 한 섬에 7, 8말이나 축이 나서 이를 보충하는 데에 백성들이 골머리를 앓는다는 내용이다. 한 섬에서 축나는 양이 7, 8말에 이른다니, 참으로 어처구니없는 말이다. 사람이 손을 대지 않고서야 이러한 일이 일어날 수 없는 것이다. 임금이 ‘새 곡식을 써야 할 곳에 묵은 쌀을 내는 당상관은 죄를 물으라’ 하였지만, 이 같은 폐해가 쉽게 고쳐졌을 리가 없다.

23) 1794년(정조 18) 12월 25일

호남위유사(湖南慰諭使) 서영보(徐榮輔)가 별단을 올려 아뢴다.

“병영의 외창(外倉)은 강진(康津)의 남당포(南塘浦)에 있습니다. 그 창고의 3천여 석이 넘는 각종 곡식을 현(縣) 안의 한 면(面)에다 환곡으로 나누어 주기 때문에, 한 호당 받는 것이 거의 수십여 석이 넘습니다. 그 환곡을 받아들일 때가 되면 병영에서 감색(監色)을 보내 기한을 정해 놓고 독촉하여 받아들이는 바람에 이웃을 침해하고 일가붙이에게 거두어 들입니다. 이는 현 안에 사는 백성들에게 지탱하기 어려운 폐단이 되고 있습니다.…… 강진(康津)의 저치미(儲置米)는 원래 새로 받아들인 대동미에서 남겨둘 분량을 제외해 두지 않고, 단지 환곡을 용도에 따라 나누어 주고 있습니다. 그런데 병영이 삼명일(三名日)에 봉진(封進)하는 진상물의 가미(價米)와 본 현이 봉진하는 진상물의 가미(價米)와 기타 회감(會減)하여 응당 내려 주어야 할 수량이 2백 80여 석입니다. 병영이 받는 가미는, 해당 병영에서 매번 영에 속한 4개 면이 바쳐야 할 대동미 중에서 먼저 떼어 내어 받아들입니다. 그러므로 서울 각사(各司)의 저치미(儲置米)를 마련할 때에는 윗 조항의 가미를 단지 다른 고을이나 본 현의 환곡에서 떼어 주어야 합니다. 이때마다 다시 되질하고 방아 찧고 하느라 줄어드는 것이 매석 당 4, 5두씩 되는데, 결국은 민결(民結)에다 나누어 거두어서 폐단이 막심합니다. 각읍 진상물의 가미(價米)는 이미 저인(邸人)이 덧붙여 도와주는 것도 있으니, 약간의 묵은 쌀이 서로 섞이더라도 오히려 할 말이 있습니다. 그러나 감영·병영·순영의 진상에는 보태주는 것이 없어 오직 햅쌀만을 쓰는데, 햅쌀이 아니면 피해가 백성들에게 미칩니다. 경비가 어렵겠지만 진상은 더없이 중대한 것이니, 먼저 병영의 진상가에 따라 3백여 석을 한계로 법식을 정해 새로 떼어 주는 것이 사의에 합당할 듯합니다."

전라남도 강진현에서 3천여 석의 곡식을 현 안의 한 면에 환곡으로 나누어 주는 까닭에 한 집에 수십 석이 돌아간다는 것이다. 환곡은 곡식이 떨어진 농가에 정부에서 봄에 꾸어 주었다가 가을에 되돌려 받는 제도인데, 이 내용을 보면 환곡을 원치 않는 집에까지 반강제적으로 떼어 맡긴 것이 분명하다. 더구나 이를 거둘 때에는 감영에서 일정한 기간을 정해 놓고 독촉하면서 "이웃을 침해하고 일가붙이에게 거두어 들인다"고 하였다. 아마도 환곡을 먹은 집에서 정한 기간 안에 곡식을 내지 못하면, 이웃에게 대신 물리거나 그것으로도 모자라면 일가 친척에게서까지 받아 내었던 모양이다. 곡식을 서울로 보낼 때 다른 고을의 곡식을 쓰기 때문에, 다시 되질하고 방아를 새로 찧고 하는 사이에, 한 석에 네다 섯 되나 축이 나며 이를 다시 백성들에게 부담시킨다는 것이다. 그 외에 관리들이 햅쌀로 거둔 것을 묵은 쌀로 바꿔치기를 하는 악습도 드러났다. 이런 상황에서야 백성들이 배겨낼 재간이 없었을 것이다.

24) 1798년(정조 22) 10월 12일

    연일 현감(延日縣監) 정만석(鄭晚錫)이 유지(有旨)에 응하여 상소한다.

    "영남에 역폐(役弊)·부폐(賦弊)·적폐(積弊)·해폐(海弊)·산폐(山弊)·삼폐(蔘弊)의 다섯 가지 폐단이 있습니다.……

    둘째, 부폐(賦弊)에 대해서 말씀드립니다.…… 세금을 거두는 것도 균일하지 않아 10부(負)에 대한 세금이 혹은 1냥 혹은 1냥 5전이 되기도 하며, 또 혹 곡물로 거둘 적에는 말과 되로 장난을 치는 까닭에 들어가는 비용이 배가 넘으므로 원망하는 소리가 끝이 없습니다.…… 저치미(儲置米)의 경우, 이미 6승의 가승(加升)과 6승의 색락(色落)을 내는 데에도 또 정미(情米)와 산곡(散穀)의 명분을 붙이는 등 낭자하게 미곡을 거두어서 천하기가 마치 진토(塵土)와 같습니다. 색락과 정미는 차치하고 산곡만 하더라도 100석에 가외로 들어가는 것이 거의 10석에 가까워, 각읍의 색리(色吏)가 으레 궁한 백성들에게 함부로 거두어 들이곤 하니 백성들이 어떻게 곤궁해지지 않을 수 있겠습니까. 이는 동래부의 내감(內監)·외감(外監)·색고배(色庫輩)가 침탈하기 때문입니다.

    셋째, 적폐(積弊)에 대해서 말씀드리겠습니다.…… 대동미를 저치(儲置)하는 일과 관련, 요즘에 와서는 늘 상진미(常賑米)를 상진조(常賑租)로 이작(移作)합니다. 이에 따라 현존 미곡이 점점 줄어들기 때문에 해마다 겉벼[租]를 쌀로 바꾸는 방식을 취해 가구마다 겉벼를 나누어 주고는 쌀로 갚게 합니다. 따라서 처음부터 허곡(虛穀)을 받으면서도 덤으로 들어가는 비용이 많아지고, 또 정작 실곡(實穀)을 납부했으면서도 한 번도 받아먹지도 못합니다. 그들이 호소하며 원망하는 소리를 들어보면, 수고롭게 방아 찧는 데에만 그 원인이 있는 것이 아닙니다. 가령 연해(沿海) 고을에 표류해온 왜인에게 제공하는 미곡의 경우, 백성들에게 나누어 주어 다시 방아 찧게 하는 바, 1석당 축나는 것을 보충하는 양이 최소한 4, 5두 아래로 내려가지 않으니, 그 폐단을 말로 표현할 수가 없습니다."

    백성들이 세금을 낼 때 관리들이 되와 말질에 장난을 쳐서, 가외의 비용이 배나 든다는 것이다. 관리들의 이 같은 악행은 어제오늘의 일이 아니다. '가승'은 조세로 받는 곡식이 뒤에 축날 것을 예상하고, 한 섬에 석 되씩 더 받기로 정한 것인데, 정조 때에는 그 양이 배로 늘어났다. '색락'도 세곡이나 환곡을 거둘 때, 본색에서 축나는 것을 메우려고 얼마쯤 더 받아들이는 곡식을 이르는 말이다. 앞 글을 보면 가승을 거두는 것으로도 모자라, 색락까지 긁어들인 것을 알 수 있다. 그나 그뿐인가? 방아를 찧고 곡식을 퍼 담는 데에도 명분을 붙여서 곡식을 마구잡이로 떼어 내는 악습이 허다하였다는 것이다. 정만석의 말대로 더럽기가 '썩은 흙'과 다름이 없었다고 하겠다. 더구나 표류해온 왜인들에게 줄 곡식을 백성에게 나누어 주어 찧게 하는데, 한 석에 축나는 곡식을 최소한 네다섯 되나 거두었다니 '배보다 배꼽이 더 큰 셈'이다. 오죽했으면 임금이 사흘이나 밤잠을 설쳤겠는가? 백성들의 참혹상이 이러하였음에도 임금에게 실상을 말한 관료가 하나도 없었다니 기가 막히는 일이다.

25) 1798년(정조 22) 11월 30일

농사를 권장하고 농서(農書)를 구하는 윤음을 내렸다.

"…… 농사짓는 근본은 부지런함과 수고함에 달려 있는데, 그 요체는 역시 수리(水利) 사업을 일으키고 농작물을 토질에 맞게 심으며 농기구를 잘 마련하는 것뿐이다.…… 농기구를 편리하게 이용하는 방법에 이르러서는, 우리나라 사람들은 더더욱 어두워서 복희씨(伏羲氏)나 신농씨(神農氏) 시대 이전과 다름이 없다. 이는 《시경》에 나오는 창고나 풀베는 기구가 진실로 지금보다 나았을 것이다. 그 가운데서 긴요한 것만 말한다면, 수차(水車)는 가뭄에 대비하기 위한 것이고, 수레는 두 사람 몫의 일을 하기 위한 것이며, 대바구니는 곡식을 저장하기 위한 것이고, 방아는 곡식을 찧기 위한 것이다. 그러나 예로부터 지금까지 이를 사용한다는 말은 들어보지 못하였다."

정조가 전국의 선비나 농군들에게 농사를 권장하고 농서를 구하는 글이다. 농사를 일으키려는 임금의 의지가 글속에 뚝뚝 묻어나는 간곡한 내용이다. 농사를 잘 지으려면 둑을 쌓고 토질에 맞는 곡식을 심는 외에 발달된 농기구가 있어야 함에도, 우리네 농기구는 중국 고대의 것보다도 뒤떨어져 있다고 한탄한다.

그의 말대로 수차는 세종 때부터 이용하려고 애를 썼으나 여러 가지 이유로 실용에 이르지 못하였고, 수레 또한 마찬가지였다. 수레를 쓰려면 좁은 길을 넓히는 것 외에 길을 새로 뚫어야 할 필요가 절실하였지만, 길이 넓으면 외국의 침략에만 유리할 뿐이라는 얼토당토 않은 주장에 눌려서 도로라고 할 만한 것이 없었다.

곡식을 갈무리하는 대바구니와 방아에 대해, '예로부터 이를 쓴다는 말을 들어보지 못하였다'는 내용은 뜻밖이다. 이러한 기구가 전혀 없었던 것은 아니기 때문이다. 아마도 임금이 중국에 비해 매우 뒤떨어졌거나 이용률이 매우 낮은 사실을 강조한 결과로 보인다.

26) 1799년(정조 23) 5월 9일

충청도 암행어사 신현이 복명하였다.……

"흉년에 환곡(還穀)을 연기해 주는 것은 참으로 조정에서 은혜를 베푸는 일이지만, 그 실상을 따져보면 눈앞의 혜택은 매우 적고 뒷날의 폐단은 매우 큽니다. 대개 곡식이 흉년이 들면 어쩔 수 없이 우선 납부할 날짜를 연기하여 다음해에 곡식이 여물기를 기다리는데, 간사하고 교활한 서리(胥吏)들이 이것을 기회로 농간을 부립니다. 그들은 대부분 식록이 없는 자들로서 항상 백성들의 집에서 꾸어서 먹습니다. 그 때문에 분등(分等)하고 연기할 때를 당하면, 자기들이 꾸어 먹은 부자를 가난한 집으로 낮추거나 가난뱅이를 부자로 높이거나 합니다. 그래서 결국에는 관속들에게는 많이 돌아가고 백성들에게 돌아가는 몫은 적습니다. 다음해에 조금 풍년이 들어 옛 환곡을 받아들일 때에는 새 문서와 옛 문서를 변조하고 분수(分數)의 많고 적음을 뒤섞어서, 백성들은 모두 바치더라도 서리들은 태연히 그대로 있습니다. 해마다 명목을 바꾸어 가며 계속 징수해 내는데도 관아에서는 다 살필 길이 없고, 백성들은 다 알아낼 도리가 없습니다. 교활하게 한없이 토색질을 하여 백성들에게 끝없는 폐단을 끼치는 것으로는, 이보다 더 심한 것이 없습니다.……"

임금이 "물방아[水磑]를 사용하는 것이 정말 이득이 있을 것인가? 그렇다면 마땅히 장의동(藏義洞)에 설치한 물방아를 다시 수리해야 할 것이다" 하는 말에, 병조판서 최윤덕(崔閏德)은 이렇게 대답한다.

"장의동은 여러 골짜기의 물이 한 시내로 모여들어 다른 곳으로 흘러 내려가는 곳이 없기 때문에, 혹 물이 많으면 수축한 것이 바로 무너지오니, 수리해 복구할 필요가 없습니다."

간교한 서리들이 이런저런 구실을 붙여 백성들의 피를 빨아내는 실상이 낱낱이 드러나 있다. 환곡을 받지 않으려고 뇌물을 썼다고 하니, 그 참상이 극에 이르렀음이 분명하다. 더구나 한 섬의 곡식을 거둘 때 방앗 삯과 운송비 명목으로, 무려 세 배인 30말을 긁어내었다. 이는 준강도행위나 다름이 없는 것이다. 장의동(藏義洞)은 지금의 서울시 종로구 세검정 일대이다. 이곳에 있던 물방아를 내버려둔 채로 지내오다가, 임금이 이를 고쳐쓰는 것이 어떻겠는가 묻자, 워낙 흐르는 물의 양이 적어 실용성이 적고 물이 많으면 무너지기 쉽다는 어처구니없는 핑계를 댄다.

참으로 한심한 대답이 아닐 수 없다. 중국은 물론, 일본에서도 널리 쓰는 물방아를 깊이 생각해 보지도 않고 못 쓴다고 잡아떼고 있다. 임금에게 비록 하늘을 뚫을 만한 열의가 있다 하더라도, 이런 한심한 중신들과 더불어 무슨 일을 이룰 수 있을지 의문이 아닐 수 없다. 물이 적으면 여러 줄기를 한 곳으로 모을 것이고, 넘칠 때는 적절하게 빼면 문제가 없는 것이 아닌가?

27) 1806년(순조 6) 1월 19일

대사간 신헌조·정언 임업이 연명하여 차자를 올렸다.

"지금 김달순(金達淳)에 대한 징토의 논의는 곧 그가 스스로 범한 것으로, 나라 사람들이 다같이 통분스럽게 여기는 것입니다. 그런데 여러 날 동안 귀를 기울이고 들어보아도 아직 아무런 소식이 없으니, 이것을 어찌 신하의 분수가 있다고 하겠으며, 국가의 기강이 있다고 하겠습니까? 신 등이 대청(臺廳)에 나와서 좌기(坐起)하였으나, 헌대(憲臺)의 인원이 차지 않아 의당 발론해야 할 계사(啓辭)를 발론하지 못한 채 또다시 오늘도 지나쳐 버리게 되었으니, 이것이 무슨 도리입니까? 신 등은 사헌부의 여러 대신(臺臣)들의 사유가 사실인지 고의인지에 대해 잘 알지 못합니다. 그러나 장령 윤제홍(尹濟弘)의 집은 하루저녁 방아 찧을 시간이면 올 만한 데에 있고, 지평 김처암(金處巖) 또한 들풀이 있는 근교 사이에 있습니다. 또 장령 황기천(黃基天)은 바야흐로 실직(實職)에 있으면서 당초 말미를 받지 않았음에도, 갑자기 와방에 가 있다는 핑계를 내세웁니다. 이를 엄중히 징계하지 않으면 국시(國是)가 바로 서지 못하고, 임금의 기강도 진기되지 않습니다.……"

　김달순을 벌 주려는 논의를 하려고 헌대의 관원들을 불렀으나, 성원이 되지 않아 일을 그르쳤다는 것이다. 이 가운데 윤제홍의 집은 (궁궐에서) '하루저녁 방아를 찧을 수 있는 거리'밖에 되지 않는다는 대목이 눈을 끈다. 방아 찧는 시간을 거리의 단위로 삼은 것은 흥미로운 일이다. 곡식의 양과 종류 그리고 방아꾼의 수에 따라 찧는 데 걸리는 시간이 달라질 수밖에 없으나, 당시에는 계절을 시간의 단위로 여겼던 만큼 비교적 정확한 셈법이라 하겠다.

제 2 부

나라 밖의 디딜방아

1. 중 국

가. 옛 문헌 속의 디딜방아

중국의 디딜방아를 살피는 데에는 감숙성(甘肅省) 돈황(敦煌)의 벽화, 옛 문헌, 경직도(耕織圖)를 비롯하여, 《농서(農書)》·《농정전서(農政全書)》·《천공개물(天工開物)》 등의 농업 및 과학서 그리고 《고금도서집성(古今圖書集成)》 등의 문헌이 큰 도움을 준다. 이들 안에는 디딜방아의 그림이나 설명이 들어 있기 때문이다. 《농서》는 왕정(王禎)이 1333년에, 《농정전서》는 서광계(徐光啓)가 1639년에, 그리고 《천공개물》은 송응성(宋應星)이 1637년에 내었다.

먼저 옛 문헌의 내용을 알아본다. 중국에서는 디딜방아를 이미 한(漢)나라 때부터 써왔다. 이에 대한 첫 기록은 서기 전후 무렵인 전한(前漢) 말에서 동한(東漢) 초에 환담(桓譚)이 쓴 《신론(新論)》에 보인다. 다음은 그 내용이다(《태평어람(太平御覽)》 권 762).

복희가 공이와 절구를 만들었다. 이것은 매우 유용하였고, 몸을 실어 발로 밟아 찧는 디딜방아로 발전하였다. 공은 열 배나 되었다. 그 뒤 동물의 힘, 예컨대 나귀, 소, 말을 써서 기계적으로 움직였다. 또 물을 이용해서 곡식도 찧게 되어, 이익은 백 배에 이르렀다(伏羲制杵臼之利 後世加巧 因借身以踐 而利十倍 復設機關 用驢牛馬及 投水而 其利百倍).

한나라의 양웅(揚雄)도 《방언(方言)》(권 5)에서 이렇게 말한다.

대(碓)는 기(機)이다. 진(陳)·위(魏)·송(宋)·초(楚)에서는 대(碓)라 하며, 관동(關東)에서는 정애(挺磑)라 이른다.

왕정은 《농서》에 답대(踏碓)와 강대(堈碓) 두 가지 그림(그림 25·26)을 들고 설명을 붙였다. 다음은 디딜방아〔踏碓〕에 대한 것으로 앞에서 든 환담의 《신론》 내용을 덧붙였다.

대(碓)는 방아〔春〕이며, 절구의 발전형이다. …… 대초(碓梢)를 방언으로 대기(待機)라 이르며, 관동에서는 정이라 부른다.

그림 24는 1210년쯤에 나온 경직도이다. 한 사람이 처마 밑에 놓은 디딜방아로 곡식을 찧는다. 가장 먼저 눈에 띄는 것은 네모꼴 방아틀이다. 사람이 들어서서 움직일 만한 넓이 네 귀에, 짧고 굵은 기둥을 박고 가로목과 세로목을 걸어 고정시켰다. 앞의 두 기둥 사이에 쌀개를 걸지 않아서 몸체가 공중에 떠 있는 듯이 보이지만, 이는 그린 이의 부주의 탓이다. 공이 끝부분에 두 줄을 친 것으로 미루어, 쇠촉이나 단단한 나무를 따로 박은 듯하다.

방아꾼은 처마에서 내린 끈을 왼손으로 잡아 균형을 취하고, 왼발은 방아틀에 올려놓았다. 그리고 오른손에 긴 작대기를 쥐고 곡식을 뒤집는다.

그림 24 경직도의 방아

그림 25는 《농서》의 디딜방아〔踏碓〕이다. 땅에 박는 대신 나무토막에 끼운 볼씨는 매우 길다. 볼씨 위로 몸체와 나란히 두 개의 작대기를 걸어 손잡이로 삼았고, 바닥의 나무토막에도 긴 나무를 나란히 꿰어서 몸체가 흔들리는 것을 막는다. 그림에는 보이지 않으나 이 나무와 볼씨 위쪽에 꿴 나무들은 뒤에 세운 기둥에 연결되었을 것이다. 따라서 볼씨는 큰 힘을 받는다.

방아꾼은 오른손에 쥔 긴 막대기로 곡식을 뒤집는다. 뒤에 설명하는 대로 이러한

그림 25 《농서》의 디딜방아

그림 26 《농서》의 강대

모습은 오늘날에도 이어져 온다. 우리나라에서는 께끼꾼이 방아머리에 붙어 앉아서 곡식을 뒤집지만, 중국에서는 작대기로 대신하는 셈이다. 방아를 집안에 들이지 않고 처마 밑에 세운 것도 마찬가지이다. 공이 끝은 뾰족하다.

그림 26의 강대(䃑碓)도 같은 책의 것이다. 긴 볼씨 끝에, 작대기를 가로 걸어 손잡이로 삼았다. 앞이나 뒤에 버팀목을 세우지 않아 얼마나 견딜지 의문이다. 또 볼씨를 연결한 작대기가 쌀개 구실을 하는 점은 앞의 것과 같지만, 방아몸체가 얹혀서 방아를 찧을 때마다 좌우로 움직일 것이다. 쌀개는 몸체에 꿰어 놓아야 하는 것이다.

방아꾼도 왼발을 지나치게 앞쪽으로 딛어서 공이는 쉽사리 올라가지 않을 듯하다. 이러한 모순점들은 방아의 내용을 잘 모르는 이가 그린 데에서 왔을 것이다.

다음은 강대에 대한 설명이다.

강대라는 이름은 옹기〔甕〕 확을 쓰는 데에서 왔다. …… 방아를 걸 때에는 먼저 땅을 두 자〔尺〕쯤 파고, 굵은 나무기둥 세 개를 박은 다음, (판판하게) 돌을 깔아둔다. 그리고 밑을 떼어 낸 옹기를 이에 묻고, 잘게 부서진 옹기 조각과 재를 진흙과 함께 섞어서 옹기 바닥을 막고 매끄럽게 마감한다. 바닥이 잘 마르면 대나무로 짠 용수(길이 7寸, 지름 4寸) 반쪽씩을, 수키와를 맞물리듯이 독 좌우 양쪽에 덧대고, 익힌 가죽으로 둘러싸서 보강한다. …… 곡식은 독(확) 안에 부어넣고 나무공이로 찧는다. …… 나무공이는 가벼워서 곡식이 사방으로 흩어지지 않으며 …… 한 확에 석 섬〔三石〕의 쌀을 찧을 수 있어서, 보통 방아보다 몇 배의 능률을 올린다. 이를 절강성(浙江省) 사람들이 쓰기 시작한 까닭에, 절대(浙碓)라고도 부른다. 지금은 상인들이 모여드는 큰 나루터에서 많이 쓴다. 긴 방앗간에 백여 틀을 놓고 배로 실어오는 곡물을 찧기도 한다.

요컨대, 강대는 돌확 대신 밑을 떼어 낸 독을 확으로 삼은 디딜방아이다. 앞에서 설명한 대로 방아몸체가 쌀개 위에 얹혀 있으면 공이가 흔들려서 깨지기 십상이다. 백여 틀의 강대를 놓고 방앗간까지 지었다고 하니, 당시로서는 장관을 이루었을 것이다.

그림 27 대(碓)

서광계는 《농정전서》에, 앞의 《농서》 내용을 그대로 옮기면서 '답대'를 '대(碓)'로 고쳐 적고 그림 27을 곁들였다. 공이 끝부분에 선이 그려진 것으로 미루어, 쇠촉을 박았거나 단단한 나무를 끼운 듯하다. 확 주위에 전돌을 깔아서, 밖으로 튀어나온 곡식을 쓸어 넣기 편하도록 만든 점이 눈을 끈다.

앞에서처럼 방아몸체를 쌀개 위에 얹었고, 방아꾼은 오른쪽 다리를 가로대 위에 올려놓고 있다. 공이가 내려갈 때 손잡이에 매달리기 위해서이다. 따라서 다리 끝에 방아꾼이 딛고 올라설 받침돌을 마련해 둘 필요가 있다.

그림 28은 《농정전서》의 강대이다. 쌀개
와 방아틀의 구조는 앞의 방아와 크게 다르
다. 《농서》에서 긴 볼씨 위에 작대기를 건
너질러 손잡이로 삼은 것과 달리, 사람의
어깨 높이로 긴 장대를 길이로 걸어 놓았
다. 이 그림에는 보이지 않으나, 장대의 한
끝은 두 기둥에 꿰거나〔明刊 系統本〕 새끼
로 잡아맨다.

몸체 끝에 널을 덧대어 놓은 것도 특이하
다. 긴 방아채를 구하기 어려웠던 모양이다.
방아꾼은 이 위에 올라선 채, 앞으로 나갔다
가 뒤로 물러서는 동작을 되풀이하면서 찧을
것이다. 긴 장대를 높직하게 걸어둔 것이나,

그림 28 강대

방아꾼이 정강이가 드러나도록 아랫도리를 치켜올린 것도 이 때문이다. 쌀개가
걸리는 부분의 몸체를 반달꼴로 두툼하게 깎은 것은 새로운 모습이다.

한편, 19세기 중반의 옹광평(翁光平)은《저구경(杵臼經)》에서 강대에 대해 이
렇게 적었다.

> 우리 고향〔江蘇省 吳江縣 平望〕에서는 흙을 구워 확을 만든다. 그 모양은 사발〔盌〕
> 꼴이며, 보통 닷 되가 들어간다. …… 공이 끝에 무게 1.2킬로그램의 쇠촉을 끼우고,
> 방아머리 위에 돌을 실어서 그 무게가 18킬로그램이 되며, 0.6킬로그램이 늘어나면
> 뉘가 떨어지지 않는다.

공이 쪽의 무게가 조금만 달라져도 큰 영향이 있다는 것이다. '공이 끝에 1.2킬
로그램의 쇠촉을 끼우고' 그것으로도 모자라서 '돌을 실었다'고 하였다. 오지
확을 어떻게 구웠기에, 이만한 무게에도 깨지지 않는지 궁금하다.

강대는 오늘날에도 귀주성(貴州省) 소수민족 사이에 퍼져 있다. 사진 188은 귀
주성 종강현(從江縣)의 동족(侗族) 아낙네가 흙으로 빚은 확에 볏단을 넣고 알갱
이를 떠는 모습이다. 왼손에 쥔 작대기로 몸의 균형을 유지하는 한편, 오른손에

사진 188 강대로 찧기

는 볏단에 잡아맨 긴 작대기를 쥐고 이리저리 뒤집어 주는 까닭에 한 알갱이도 남지 않고 깡그리 떨어낸다. 이처럼 볏단을 통째로 디딜방아 확에 넣고 알갱이를 떠는 일은 다른 곳에서 찾아보기 어렵다. 확이 오지인 만큼 가루를 내는 데에 쓰기는 어려울 것이다.

다음은 《천공개물》의 디딜방아 설명이다.

디딜방아에는 두 종류가 있다. 식구가 여덟이 넘는 집에서는 땅을 파고 확을 묻는다. 큰 확에는 닷 말이, 작은 것에는 반쯤 들어간다. 공이를 방아머리에 끼우고(끝에는 쇠촉을 박되, 초찌꺼기를 써서 쉽게 빠지지 않도록 한다), 발로 끝을 밟아 찧는다. 충분히 찧지 않으면 껍질이 덜 벗겨져서 흰빛이 나지 않고, 지나치면 가루가 되고 만다. 정미(精米)는 모두 이렇게 나오는 것이다. 식구가 많지 않은 집에서는 나무로 만든 손절구 공이를 쓴다. 절구는 나무나 돌로 만들며 나무공이로 찧는다.

'초찌꺼기'는 흰 초와 쇳가루를 섞어 만들며 예부터 구멍 따위를 메우는 데에 써 왔다.

그가 곁들인 방아(그림 29)는 그림 26을 연상시킨다. 네모로 짠 틀 앞쪽에 두 개의 기둥을 세우고 작대기를 걸었다. 공이 끝에 쇠촉을 박고, 쌀개를 몸체에 꿰어 놓았다. 방아꾼은 왼발로 찧으며, 확 쪽에는 다른 이가 긴 장대를 들고 서서 곡식을 뒤집어 준다. 두 사람이 두런두런 나누는 이야기가 들리는 듯하다. 께끼꾼은 우리네와 달리 서서 일한다.

그림 30은 중화총서간행위원회(中華叢書刊行委員會)에서 1955년에 중화총서(中華叢書)로 낸《천공개물》도상본(陶湘本)에 실린 방앗간 모습이다. 저자는 절구를 '구(臼)'로, 디딜방아를 '용(舂)'으로 적었다. 한 방아꾼은 집 밖에 선 사람과 이야기를 나누며 한가롭게(?) 방아를 찧는다. 손잡이의 형태와 구조는 앞의 것과 같다. 방아다리 쪽의 땅을 파 놓아서, 발로 딛으면 다리 끝이 땅 아래로 들어간다. 공이가 높이 들리면 그만큼 잘 찧어지는 것이다.

그림 31은 1728년에 나온《고금도서집성》의 각답대(脚踏碓)로, 그림 27과 많이 닮았다. 확 주위에 전돌을 깔아두고, 곡식 뒤집는 작대기를 손으로 잡지 않고 세워 두었다. 공이 끝에 쇠촉을 박은 점 외에 방아틀도 똑같다. 방아 이름을 각답대

그림 29 디딜방아

그림 30 디딜방아

그림 31 각답대

라고 하여, 다리로 딛는 사실을 강조한 점만 다르다.

이 밖에 청나라의 주옥형(周玉衡)은 1858년에 낸 《작시급무(酌時急務)》에 이렇게 적었다.

강절(江浙)에서는 쌀 5~6말이 들어가는 큰 확〔大石臼〕을 만들고, 돌공이 두 개를 쓴다. 두 사람이 나란히 서서 발방아로 하루 석 섬〔三石〕쯤 찧는다.

"두 사람이 나란히 서서"라는 말은 네팔에서처럼 두 사람이 함께 서서 방아다리를 반씩 밟는다는 뜻인지(사진 327), 일본에서와 같이 둘이 앞뒤로 서서 찧는다는 것인지 (그림 78) 불분명하다. 그림 38 처럼 후한시대의 흙인형은 앞뒤로 나란히 선 모습을 보이고, 동한시대의 것에는 둘이 옆으로 서 있다(사진 206). 따라서 당시에는 편의에 따라 두 가지 방법을 다 쓴 것으로도 생각된다. 방아꾼이 앞뒤로 서면, 앞사람은 쌀개 쪽을 딛어야 하므로 능률은 떨어진다.

이제까지 든 그림 가운데 가장 두드러진 특징의 하나는 손잡이 형태이다. 그림 26·29·30에서는 다리께 양쪽에 박아 놓은 두 개의 기둥 사이에 작대기를 걸어 두었다. 이에 비해 그림 28에서는 장대를 어깨 높이로 걸었다. 한편 그림 25·27· 31의 손잡이는 이들과 달리 철봉대처럼 방아에 길이로 걸어 놓은 긴 작대기가 대신한다. 방아틀 또한 눈길을 끈다. 그림 24·25·27에서는 네모꼴의 틀을 의지 해 방아를 걸었다. 이 같은 틀은 뒤에 설명하는 대로, 한나라 때 이미 완성되었 다. 지금도 중국에서 널리 쓰이는 네모틀은 일본으로도 건너간 반면, 우리에게 는 들어오지 않았다. 두다리방아에는 틀을 놓을 필요가 없기 때문이다. 이 점을 우리네 디딜방아가 일찍 발명된 증거의 하나로 보아도 좋을 것이다.

나. 유물과 유적의 디딜방아

중국 디딜방아에 대한 자료는 옛 문헌은 물론이고, 무덤에서 나온 명기(明器) 또한 풍부하다. 그리고 유적의 그림에서도 드물지 않게 모습을 드러낸다. 따라서 발명 초기에서 근래에 이르기까지의 변천 과정을 살피는 데에 큰 어려움이 없다. 특히 명기는 거의 전역에서 그리고 전 시대를 거쳐 출토된 까닭에 다른 어느 자료보다도 풍성하다. 일본의 경우, 중국에는 미치지 못하지만 풍속도에 남은 디딜방아 자료는 적지 않다. 이 두 나라에 견주면 우리네 자료는 매우 엉성한 셈이다.

다음은 《중국농업고고도록(中國農業考古圖錄)》에 실린 디딜방아에 관련된 출토품 내역이다. 이들의 시기는 한대(漢代)부터 명대(明代)에까지 이어지며, 83개 지역에서 모두 114점이 나왔다(이 목록에는 사천성과 귀주성 등지의 출토품이 빠지기도 하였다). 이를 시기별로 나누면 한나라의 것이 44.8퍼센트를 차지한다. 이어 당나라 17점(15퍼센트), 위나라 11점(10퍼센트), 수나라 9점(8퍼센트), 진나라 5점(4.4퍼센트) 등이다.

그림 32는 앞의 114점의 출토지를 지도에 나타낸 것이다. 가장 많은 곳은, 하남성으로 54곳에 47퍼센트를 차지한다. 다음이 하북성과 호북성으로 각 11곳에 9.6퍼센트씩이다. 이들의 뒤를 섬서성(9곳)과 산동성 및 산서성(각 6곳)이 잇는다. 이 밖에 호남성 5곳, 강소성 4곳, 안휘성 3곳, 영하성과 사천성은 2곳, 요녕성과 내몽골 자치구는 1곳씩이다.

하남성에서 나온 디딜방아의 명기가 거의 절반에 가까운 것은 무슨 까닭인가? 그것은 성 북쪽으로 중국문명의 젖줄 구실을 해온 황하가 흐르는 것과 연관이 깊을 것이다. 신석기시대의 대표적 유적으로 널리 알려진 앙소(仰韶) 및 용산(龍山)문화도 이 일대에서 꽃핀 사실을 기억할 필요가 있다. 강남 쪽에 펼쳐진 대평원에서 일찍부터 농경이 발달하고 이에 따라 인구가 늘어나면서, 하남성이 정치와 경제의 중심지로 떠오른 것은 당연한 일이다.

개봉(開封)과 낙양이 역사 초기부터 왕권의 탄생지가 되었던 것도 마찬가지이다. 수륙교통의 요충지인 개봉은 전국시대에 이미 위나라의 도읍지로 떠올랐다.

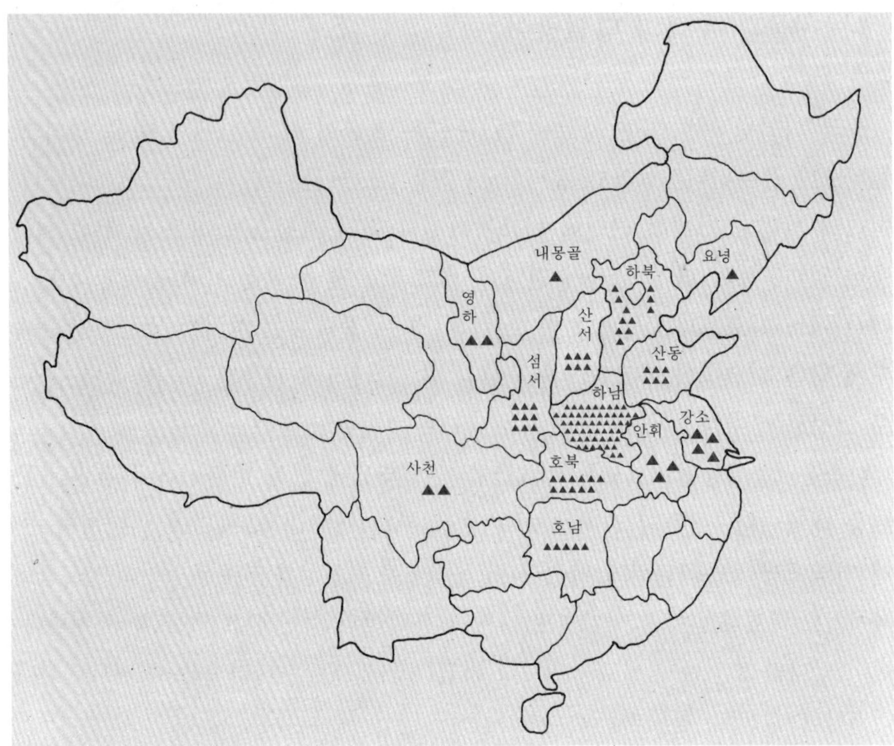

그림 32 디딜방아 관련 유물출토지

	시 대	출토지	명 칭		시 대	출토지	명 칭
1	西漢	江蘇省	木碓	11	東漢	北京	陶碓
2	西漢	江蘇省	木碓	12	東漢	北京	踏碓俑
3	西漢	河南省	陶米碓	13	東漢	河南省	陶碓房(21件)
4	西漢	河南省	陶碓(12件)	14	東漢	山東省	陶碓
5	漢代	河南省	陶碓房	15	東漢	山西省	陶踏碓房
6	漢代	河南省	陶碓, 碓房	16	東漢	四川省	踏碓畫像石
7	東漢	河南省	陶碓房	17	東漢	湖北省	陶碓
8	東漢	河南省	陶米碓	18	東漢	河南省	陶碓
9	東漢	陝西省	陶舂米架	19	東漢	湖南省	陶米碓
10	東漢	河北省	陶碓	20	東漢	北京	踏碓俑

	시 대	출토지	명 칭		시 대	출토지	명 칭
21	東 漢	湖北省	陶 碓	49	東 魏	河北省	陶 碓
22	東 吳	湖北省	靑瓷碓	50	北 齊	河北省	陶 碓
23	東 吳	湖北省	彩陶碓	51	北 齊	山東省	陶 碓
24	東 吳	湖北省	陶脚碓房	52	北 齊	河南省	陶 碓
25	東 吳	湖北省	陶 碓	53	北 齊	山西省	陶 碓
26	東 吳	安徽省	靑瓷碓	54	北 燕	遼寧省	陶 碓
27	西 晉	河南省	陶 碓	55	北 周	寧夏省	陶 碓
28	西 晉	湖南省	靑瓷碓房	56	隋 代	山西省	陶 碓
29	曹 魏	河南省	陶 碓	57	隋 代	安徽省	陶 碓
30	西 晉	山西省	陶 碓	58	隋 代	河南省	陶碾, 碓
31	北 魏	寧夏省	陶 碓	59	隋 代	河北省	陶 碓
32	西 晉	山東省	陶 碓	60	隋 代	陝西省	陶 碓
33	西 魏	陝西省	陶 碓	61	隋 代	河南省	陶碓, 陶碾
34	北 朝	山東省	陶 碓	62	隋 代	河南省	陶 碓
35	六 朝	湖北省	陶 碓	63	隋 代	安徽省	陶 碓
36	六 朝	江蘇省	陶 碓	64	隋 代	陝西省	陶 碓
37	北 齊	河北省	陶 碓	65	唐 代	陝西省	陶 碓
38	魏 晉	河南省	陶 碓	66	唐 代	河南省	陶 碓
39	西 晉	河南省	陶 碓	67	唐 代	山西省	陶碾, 陶碓
40	西 晉	湖北省	靑瓷碓房	68	唐 代	陝西省	陶 碓
41	北 朝	陝西省	陶臼(應爲碓)	69	唐 代	陝西省	釉陶碓
42	西 晉	江蘇省	靑瓷碓	70	唐 代	河南省	陶 碓
43	北 魏	山東省	陶 碓	71	唐 代	河南省	陶 碓
44	北 魏	河北省	陶 碓	72	唐 代	湖南省	米 碓
45	北 魏	河北省	陶 碓	73	唐 代	湖南省	陶 碓
46	北 魏	河北省	陶 碓	74	唐 代	天津市	陶碾, 碓
47	東 魏	河北省	陶 碓	75	唐 代	陝西省	陶 碓
48	東 魏	河北省	陶 碓	76	唐 代	山西省	陶碓, 碾

	시 대	출토지	명 칭
77	唐 代	河南省	陶 碓
78	唐 代	河南省	陶 碓
79	唐 代	河南省	陶 碓
80	唐 代	河南省	三彩碓

	시 대	출토지	명 칭
81	唐 代	湖北省	陶 碓
82	元 代	內蒙古	石碓房 遺址
83	明 代	山東省	石碓, 石碾, 石碌碡

오대(五代)의 후량(後梁)도 이곳을 수도로 삼았고, 후진(後晉)·후한(後漢)·후주(後周)의 여러 나라도 중요시하여 동경(東京)이라 일컬었다. 그리고 당대와 송대에는 상업도시로 큰 번영을 누렸다. 낙양 또한 장안(長安)과 더불어 옛 왕조의 국도(國都)로 널리 알려졌다. 기원전 11세기에 주(周)나라가 왕도로 삼은 이래 후한을 비롯하여, 삼국의 위(魏)와 서진(西晉)도 이를 따랐다. 남북중국을 통일한 수(隋)는 서쪽으로 15킬로미터 떨어진 곳에 대규모의 새 성을 쌓으면서 동도(東都)라 불렀고, 당나라도 동도·동경·신도(神都) 등으로 일컬었다. 수당시대에는 서쪽의 장안이 정치도시였던 점에 대해, 낙양은 경제도시로 번영하였다. 운하로 운반되는 강남의 물산은 모두 이곳으로 모여들었던 것이다.

예부터 곡식을 찧는 디딜방아는 부를 상징하였다. 그리고 황제를 비롯해서 귀족과 부자들은 이승에서 누린 복을 저승에서도 맛보려고 무덤에 디딜방아 따위의 명기를 묻었다. 하남성에서 압도적으로 많은 디딜방아 명기가 나온 이유의 하나이다. 디딜방아 명기가 중국의 거의 전지역에서 나온 데다가, 하북성과 호북성을 제외하면 그 비율이 비슷한 점은 매우 흥미롭다. 현재 디딜방아는 양자강 이북에서는 자취를 감추었고, 그 남쪽에서도 복건성·사천성·귀주성·문남성 등지의 산악지대에 사는 소수민족의 일부가 쓰고 있을 뿐이다. 시대에 따른 분포 상황은 뒤에서 살펴보기로 한다.

1) 한대(漢代, B.C. 206 ~A.D. 220)의 디딜방아

그림 33은 사천성 팽현(彭縣)의 무덤에서 나온 기와(39×25센티미터)에 새겨진 디딜방앗간 모습이다. 나란히 놓은 두 틀의 디딜방아로 곡식을 찧는다. 방아는 우리네 강원도에서처럼 마당에 놓았다. 방아다리께에 네 개의 짧은 기둥을 박고 널쪽을 얹어서 틀로 삼았으며, 방아꾼들은 이 위에 올라서서 구부정한 자세로 찧는다. 이로써 중국에서는 비교적 이른 시기에 디딜방아의 틀을 마련한 사실을 알 수 있다.

방아몸체는 긴 편이고 공이 또한 기름하다. 땅에 묻은 확 주위에 네모로 전돌을 깔았다. 이렇게 하면 튀어나온 곡식을 쓸어 넣기 쉽다. 두 방아꾼은 기둥에 박은 나무에 가로 걸어 놓은 손잡이를 두 손으로 잡고 있다. 머리털을 상투처럼 위로 묶어 올린 것을 보면 남성인 듯하나, 허리가 유난히 잘록하고 엉덩이가 퍼진 것으로 미루어 여성으로 생각된다. 가슴께도 불룩 솟아 보인다.

나비질이 한창이다. 한 사람이 둥근 바구니처럼 생긴 그릇에서 애벌 찧은 곡물을 조금씩 쏟아 내리는 가운데, 다른 이는 기둥에 잡아맨 널쪽에 달린 끈을 조정해서 바람을 일으켜 쭉정이와 검불 따위를 날린다. 이들 뒤의 또 한 사람은 곡식을 곳간으로 옮기는 중이다. 다락집인 곳간 규모는 3~4칸으로 왼쪽의 한 칸에는 벽을 쳤고 나머지 칸들은 터놓았다. 지붕에 기와를 얹었다. 왕공(王公)이나 귀족의 집일 것이다.

그림 33 한대의 디딜방아

그림 34 디딜방아 찧기

이와 같은 내용을 담은 화상전〔踏碓畫像磚〕은 사천성의 면양현(綿陽縣)에서도 나왔다. 따라서 한나라 때, 사천성의 부자들이 쓴 디딜방아의 전형으로 보아도 좋을 듯하다.

한 사람이 디딜방아를 찧는 모습을 나타낸 화석상(畫石像)은 요(遼)와 금(金) 시대의 무덤에서도 선보였다.

1986년에 사천성 공래현(邛崍縣)에서 나온 그림 34(탁본)에도 디딜방아 모습이 뚜렷하다(36×34센티미터). 앞 그림에서처럼, 두 틀의 디딜방아를 나란히 놓았다. 볼씨는 보이지 않고 쌀개도 작대기 하나로 처리하였다. 그러나 'ㄷ'자꼴 손잡이는 잘 보인다. 방아머리 쪽에 작대기로 받쳐 놓은 깔때기꼴의 그릇으로 검부러기 따위를 가려낸다. 주둥이로 곡식을 흘려 넣으면서 아래쪽에서 부채 따위로 바람을 일으키는 것이다. 확 주위에 네모꼴로 전을 깔아 놓은 것은 앞 그림과 같다. 두 방아꾼 앞에 작대기를 쥔 께끼꾼이 서 있다. 앞 방아꾼 옆의 둥근 돌은 맷돌이다.

뒤에 설명하는 대로 이 시기에는 방앗간에 맷돌을 비롯해서 풍구까지 갖추어 놓았다. 따라서 중국의 디딜방아와 방앗간은 한대에 이미 완성된 셈이다. 받침대 위의 그릇은 위가 너르고 바닥이 좁은 것으로 미루어, 곡식 그릇이 아니라 검부러기 따위를 날리기 위한 기구인 듯하다. 한 사람이 애벌 찧은 곡물을 흘려 넣고, 다른 사람은 밑으로 바람을 일으켜서 날렸을 것이다. 중앙에 우뚝 솟은 3칸 다락집은 곳간이다. 한 사람이 섬에 담긴 곡식을 사다리를 이용해서 나른다. 그리고 오른쪽 거실의 베란다에서는 수탉 두 마리가 모이를 쪼고 있다. 한나라 때의 방앗간 명기에 개 외에 수탉이 등장한 것은 이것 하나뿐이다.

사진 189·190은 한나라 때 무덤에서 나온 명기(서안시에 있는 섬서성 역사박물관 소장품)이다. 디딜방아는 물론이고 맷돌과 곳간의 모습까지 잘 드러나 있다. 주위에 비교적 높은 담을 두르고 문까지 내었다. 궁궐이나 귀족의 디딜방앗간일 것이다. 방앗간 안에 곳간을 세운 것도 일반 가정과 다른 점이다. 사진의 오른쪽 앞과 뒤쪽의 담 위에 남은 자취는 아마도 지붕을 받치던 기둥 자리인 듯하다. 본디 지붕이 있었을 것이다.

방아는 틀방아이며 확은 땅에 묻지 않았다. 이렇게 하면 필요에 따라 옮겨 놓고 쓰기 편하다. 'ㄷ'자꼴 손잡이를 좌우 양쪽에 세웠다. 방아머리에 붙인 턱은 무게를 더하려고 돌이나 나무를 올려놓은 것을 나타내는 것인 듯하다. 맷돌의 형태는 한대의 전형 그대로이다. 위짝 가운데에 벽을 세워 둘로 나누고 구멍도 따로 내었다. 아래짝에 다리를 붙인 점도 마찬가지이다.

사진 189 디딜방앗간 명기

사진 190 사진 189를 다른 각도에서 본 모습

　두 사람은 맷돌에서 이만큼 떨어져 앉았다. 디딜방아에 찧고 나서 맷돌에 올렸다가 아마도 체를 써서 가루를 내리는 중일 터이다. 한쪽 사람이 맷손을 잡지 않고 두 팔을 벌린 자세를 보이는 점에 주의할 필요가 있다. 그는 책상다리를 한 채 손을 벌리고 있고, 다른 이(등을 보이는 쪽)는 무릎을 꿇은 자세이다. 그리고 등뒤로 개 한 마리가 문을 향해 앉은 것도 인상적이다. 한나라 때 디딜방앗간에는 뒤에 설명하는 대로 개가 자주 등장한다.

　사진 191·192·193·194는 사천성 쌍류현(雙流縣) 황불향(黃佛鄉)에서 나왔다(성도시 역사박물관 소장품). 두 틀의 디딜방아는 3칸 건물 아래에 놓였다(사진 191). 우리는 이미 고구려 시대의 마선구에서도 디딜방아를 다락집 아래에 설치한 사실을 알고 있다(그림 8). 사천성에 이웃한 귀주성의 한나라 무덤에서도 다락집 아래에 설치한 디딜방아 모형이 나왔다.

　운남성 서남부 지역과 타이(사진 2)의 북부 산악지대에 거주하는 소수민족들에게는 오늘날에도 이 전통이 이어져 온다. 따라서 이 유형의 디딜방앗간이 한나라 때 널리 퍼졌을 것이다. 건물에 창이 보이지 않으나, 기둥 위에 얹힌 평방과 도리를 받는 화반 따위를 구체적으로 나타내고, 앞에 베란다를 둔 점들로 미루어 곳간이 아니라 귀족의 살림집으로 짐작된다. 크기는 높이 40센티미터, 너비 10센티미터쯤이다.

사진 191 사천성에서 나온 디딜방아

사진 192 디딜방아 명기 가운데 틀 부분

사진 193 방아몸체 부분

사진 194 방아몸체와 공이 부분

사진 192에는 틀 모습이 잘 드러나 있다. 앞에서와 달리 'ㄷ'자꼴 손잡이 3개를 방아몸체와 나란히 놓았다. 틀은 방아꾼이 온 몸의 무게를 실어 방아다리를 밟는 데에 큰 도움을 준다. 따라서 능률이 오르게 마련이다. 이 형식은 중국 디딜방아의 전형이 되어 당시 널리 퍼졌을 뿐만 아니라, 근래에까지 이어 내려왔다. 또 손잡이의 앞쪽을 조금 낮추고 뒤쪽(허리쪽)을 조금 높여서, 방아꾼이 쥐기 쉽도록 한 점에도 눈여겨볼 일이다. 몸체의 너비가 너른 데에 비하면 두께는 얇은 편이다. 머리 쪽에 무게를 더 주려고 몸체보다 뭉툭하게 다듬었다. 공이는 짧다(사진 193).

사진 194도 사천성의 한나라 무덤 출토품이다. 앞의 방아와 대조적으로, 몸체의 너비가 좁지만, 두께는 두툼하다. 공이는 길고 끝은 뾰족하다. 길고 넓적한 돌에 두 개의 확을 함께 마련한 점은 독특하다. 두 틀의 방아를 나란히 놓은 까닭에 이러한 생각을 떠올렸을 것이다. 방아다리 아랫도리의 살을 발라낸 점도 돋보인다. 볼씨를 잘 살펴볼 필요가 있다. 큰 판장돌을 세우고 가운데에 홈을 파서 두 틀의 방아를 걸어 놓았으며, 판장돌은 볼씨와 쌀개의 구실을 겸한다. 같은 양식의 볼씨는 귀주성의 한대 무덤과 하남성 낙양시의 당대 무덤에서도 나왔다.

그리고 뒤에 설명하는 대로 근래까지 귀주성 귀양시 화계구(花溪區)에 거주하는 부이족(布依族)도 썼다(사진 245). 따라서 이 형식의 볼씨는 한 전형을 이루어, 널리 그리고 오랫동안 쓰인 듯하다. 2천여 년 동안 변함없이 이어져 내려온 전통을 생각하면 놀라움이 앞선다.

사진 195·196·197은 귀주성 혁장가악(赫章可樂)의 한나라 무덤에서 나왔으며 귀주박물관 소장품이다. 곳간의 지붕은 맞배지붕이고 전면 좌우 양쪽에 난간을 둘렀다. 기둥 위에는 두공(斗栱)도 보인다. 두 틀의 방아는 곳간 아래에 놓였다. 외다리방아 두 틀을 판장돌의 가운데를 파고 나란히 걸었으며, 확도 큰 돌 하나에 함께 마련하였다. 다리께의 손상이 심해서(사진 197) 손잡이의 형태나 받침대 그리고 틀의 구조는 알 수 없다. 공이는 짧은 편이다.

사진 198은 프랑스 파리의 쎄르니쉬(Muse'e Cernuschi)박물관 소장품이다. 두툼한 볼씨 가운데를 우묵하게 파고 쌀개를 걸었다. 이러한 방아는 몸체가 흔들려서

1 사진 195 곳간과 디딜방아
2 사진 196 방아볼씨
3 사진 197 방아다리

공이가 빗나가기 쉽다. 공이는 굵고 끝은 뭉툭하다. 땅을 우묵하게 파고 확으로
대신하였다. 손잡이는 보이지 않는다.

사진 199는 내몽골 자치구의 호와호트(乎和浩特)시 내몽골박물관 소장품이다.
볼씨와 틀의 높이를 똑같이 만들고, 그 사이에 손잡이를 걸었다. 볼씨 가운데에
박힌 쌀개가 방아몸체를 꿰뚫어서 안정성이 높다. 그림 33·34와 사진 189에서
보았듯이, 이와 같은 형태의 손잡이는 한나라 디딜방아의 전형이기도 하다.

사진 200은 호북성(湖北省) 운초현(云楚縣) 출토품이다. 방아다리께 양쪽에
'ㄷ'자꼴의 틀을 붙여서 손잡이와 볼씨를 겸한다. 확은 땅에 묻지 않았다. 공이
끝을 반듯하게 다듬은 것은 이색적이다.

◈ 몸체 길이 30.8센티미터, 너비 10센티미터

◈ 손잡이 높이 9.8센티미터

◈ 확 지름 6.4센티미터, 깊이 4.4센티미터

1 사진 198 디딜방아
2 사진 199 디딜방아
3 사진 200 디딜방아

그림 35는 앞 디딜방아의 분해도이다. 손잡이 앞부분 사이에, 가운데를 몸체 너비에 맞추어 판 돌을 세워서 볼씨로 삼은 점이 눈에 띈다.

사진 201은 북경시 부근의 평곡현(平谷縣)에서 나왔다. 디딜방아는 높직한 틀 위에 걸었다. 다른 것들과 달리 여러 가지 장식을 베풀어 꾸민 것이 돋보인다. 땅위로 솟아오른 확 주위에도 같은 간격으로 선을 내리그었고, 공이와 몸체의 살도 요모조모로 저며 내어 맵시를 부렸다. 방아머리 아래와 확의 뒤 그리고 틀 옆에도 꼭지가 달린 둥근 돋을무늬가 보인다. 특히 틀에 베푼 둥근 무늬 사이에는 마름모꼴의 빗금을 쳐 놓았다. 방아틀 네 귀의 구멍은 'ㄷ'자꼴 손잡이를 걸었던 자리로 보인다.

그림 36은 이 방아의 모사도이다.

◈ 몸체 길이 30.8센티미터, 너비 10센티미터

◈ 손잡이 높이 9.8센티미터

◈ 확 지름 6.4센티미터, 깊이 4.4센티미터

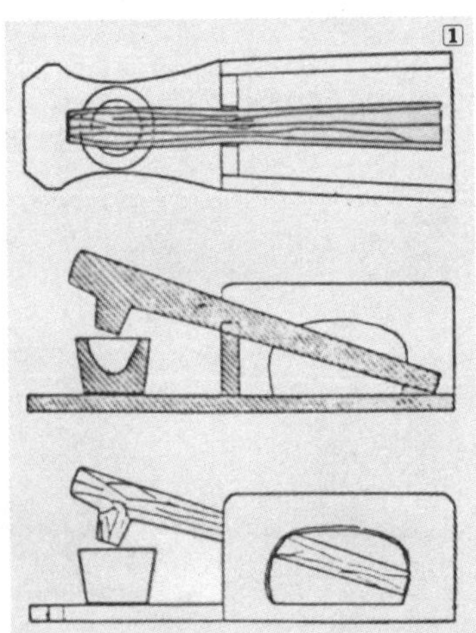

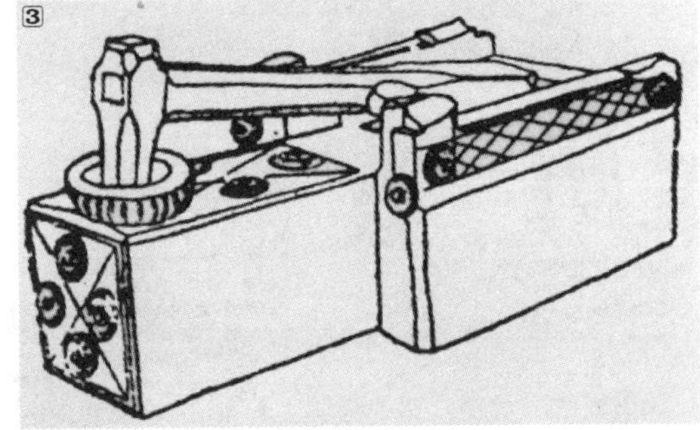

1 그림 35 디딜방아 분해도
2 사진 201 장식을 베푼 디딜방아
3 그림 36 앞 방아의 모사도

사진 202의 방앗간은 스웨덴 국립박물관 소
장품이다. 디딜방아와 함께 맷돌이 보인다.
한 사람은 키질을 하는 중이다. 앞 방아(사진
196)처럼 한 장의 돌을 세워서 볼씨와 쌀개로
삼았다. 공이가 몸체에 비해 굵고 큰 것은 디
딜방아임을 강조한 결과일 터이다. 확을 땅에
묻지 않은 것도 마찬가지이다. 방앗간에 맷돌
을 둔 데에는 까닭이 있다. 콩이나 녹두 따위
의 곡물은 맷돌에 한번 탄 뒤에 디딜방아로
빻으면 가루가 쉽게 나오기 때문이다.

사진 202 디딜방앗간

사진 203은 하남성(河南省) 협현(陜縣)에서 나
왔다. 사진 199에서처럼, 틀의 네 귀에 세운
두툼한 벽 사이에 작대기를 걸어 손잡이로 삼
았다. 방아꾼은 허리를 구부리고 손잡이에 힘
을 주면서 방아를 찧는다. 공이의 한끝을 몸
체 위까지 뽑아 올리고 비녀를 질러서 고정시
킨 점이 눈을 끈다. 방아꾼 옆에는 큰 그릇 안
에 앉힌 맷돌이 보인다. 그리고 맷돌 왼쪽에
는 큼직한 개 한 마리가 앉아 방아머리께를
건너보고 있다.

사진 203 디딜방앗간

사진 204는 대만의 역사박물관 소장품이다.
틀과 손잡이는 사진 200을 닮았다. 방아 옆의
맷돌은 전이 비교적 너른 큰 그릇 안에 있다.
두부 따위를 만들기 위해 콩을 가는 듯 싶다.
맷돌 아래짝의 이가 보이고, 위짝에는 곡물을
흘려 넣는 구멍을 두 개 마련하였다.

디딜방아나 맷돌보다 우리의 관심을 끄는
것은 왼쪽에 놓인 풍구이다. 한 사람이 디딜

사진 204 디딜방아와 풍구

방아에 찧은 곡식을 풍구로 쭉정이와 검불 따위를 가리는 중이다. 그림 33에서
우리네 부뚜를 닮은 기구로 나비질을 한 것에 견주면, 큰 발전이 아닐 수 없다.
개조차도 신기한 듯 바람구멍 앞에 앉아 머리를 숙이고 있다. 손으로 돌려서 바
람을 일으키는 풍구를 중국 사람들이 서기 전후의 무렵부터 쓰기 시작한 것은
놀라운 일이다.

　조셉 니담은 중국의 풍구 발명과 유럽 전파과정에 대해 이렇게 말한다(1993 ;
38~41).

　　풍구를 중요한 농구로 일반이 가장 널리 쓴 곳은 곡창지대인 중국 남부였다. 이것
　이 발명되어 최초로 쓰인 곳은 보리나 잡곡을 지었던 북부였던 것이 분명하다. 그러
　나 수백년 뒤에는 남쪽에서 더 많이 썼고, 여러 가지 경제적인 이유 때문에 북부에서
　는 거의 잊혀지고 말았다. 많은 농민은 이 기계를 살 수 없어, 곡식을 손으로 쳐 올
　리거나 흔드는 옛날 방식으로 되돌아간 것이다. …… 서양의 풍구는 1700년에서
　1720년 사이에 중국에 머물렀던 네덜란드 선원이 유럽에 가져감으로써 비로소 퍼져
　나갔다. 그들은 분명히 네덜란드령인 동인도제도, 자바의 바타비아 네덜란드 조계
　(租界)에서 풍구를 손에 넣었을 것이다. 같은 무렵 스웨덴 사람들은 중국 남부에서
　몇 대를 들여왔고, 예수회 사제들도 1720년까지 여러 대를 프랑스로 가져갔다. 18세
　기 초까지도 서양에는 풍구가 없었다. 그때까지도 주로 부삽으로 곡식을 떠서 공중
　에 흩뿌리거나 체로 쳐서 곡식을 가려내었다.…… 체를 쓰는 경우, 능숙한 이라야 한
　시간에 약 45킬로그램의 곡식을 다루었다. 그러나 18세기에 스웨덴의 예테보리에서
　수입된 풍구를 조사해 본 결과, 놀랍게도 하루에 17배럴을 가려내었다.…… 서양의
　농업혁명에 필수적인 농기구의 하나인 풍구는 중국에서 들어왔다. 이 점을 여기서
　크게 강조하고 싶다. 중국의 구식 풍구가 서양에서 크게 발달, 개량되었다고는 하지
　만, 그 기본 형태는 지금도 여전히 제3세계에서 쓴다. 그것은 서양식 기계보다 값이
　싸고 훨씬 실용적이다.

　중국의 학자들은 풍구가 서한(西漢)시대에 발명되었다고 말한다. 하남성 제원
현(濟源縣)의 서한 말기의 무덤에서 두 틀이, 같은 성의 낙양시와 산서성의 동한
묘에서 여러 틀의 풍구 모형이 나온 것으로 미루어, 니담의 말대로 초기에는 황하

유역에 널리 퍼진 것으로 보인다. 초기의 풍구는 장방형이었던 까닭에 바퀴를 돌리는 데에 힘이 많이 들었으나, 송 및 원나라 때 둥근꼴로 개량되었다.

그림 37은 산서성 예성(芮城) 성남촌(城南村)의 무덤에서 나온 도제(陶製) 명기의 해부도이다(산서성 예성현박물관 소장품). 디딜방아는 틀 위에 놓았다. 방아꾼은 'ㄷ'자꼴 손잡이를 잡고 방아를 찧는 중이다. 방아 옆의 맷돌은 앞에서 든 것들과 달리, 아래짝을 서너 개의 돌로 괴어 놓았다. 위아래짝의 이를 뚜렷하게 표현한 것도 이색적이다. 오른쪽의 시설물은 풍구이다. 곡식을 흘려 넣는 입과 손잡이가 보인다. 아래 그림의 오른쪽은 풍구의 날개를 나타낸 것이다. 보고자는 날개가 6개라고 하였다.

◎ 지붕 길이 30.5센티미터, 높이 15.5센티미터
◎ 집의 너비 14.2센티미터, 처마 높이 12.5센티미터

사진 205는 1969년에 하남성 제원현의 무덤에서 나왔다. 디딜방아는 물론, 풍구의 모습도 뚜렷하다. 디딜방아 몸체 양쪽에 흙으로 두툼하게 쌓아 올려 틀을 나타내었다. 앞쪽이 솟은 것은 중간에 쌀개를 걸기 때문이다. 몸체에 비해 공이는 크고 끝은 뭉툭하다. 손잡이로 나무를 박은 것을 보면 틀은 흙으로 쌓고 손잡이는 나무를 쓰기도 하였던 모양이다. 손잡이의 뒷기둥이 앞의 것보다 짧은 까닭

그림 37 디딜방앗간 분해도

사진 205 디딜방아와 풍구

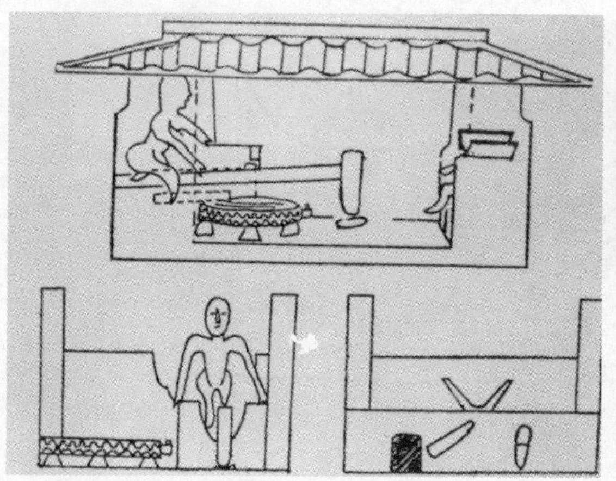

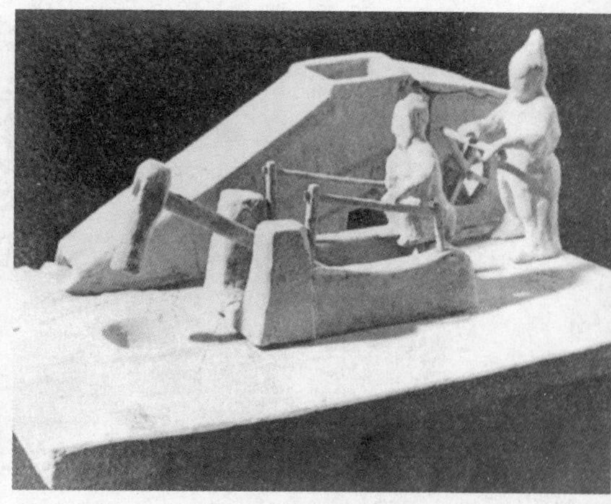

에 손잡이는 방아허리 쪽으로 가면서 조금 높아졌다. 매우 합리적인 구조이다. 방아꾼이 손잡이를 쥐기 편하기 때문이다. 무덤에 넣을 작은 흙인형을 빚으면서 이러한 점까지 나타낸 것은 놀라운 일이다. 풍구의 손잡이는 물론이고 바퀴까지 표현한 점도 그렇다. 이러한 면을 보이려고 사람을 옆으로 세웠을 것이다.

그림 38은 북경(北京) 순의현(順義縣) 임하촌(臨河村)의 후한 말기 무덤에서 나왔다. 디딜방아 자체보다, 방아꾼이 어떻게 방아를 찧었는지를 알 수 있는 귀중한 자료이다(높이 13.5센티미터).

우선 방아꾼이 두 사람인 점에 눈이 끌린다. 그리고 이들은 앞뒤로 나란히 서 있다. 따라서 앞사람은 방아의 중간을 딛어야 하므로 능률은 떨어지게 마련이다. 중국 사람들이 두 틀의 방아를 나란히 놓거나 사람을 앞뒤로 세우면서도, 우리처럼 두다리방아를 만들려고 하지 않은 것은 아무리 생각해도 의문이다.

앞에서와 달리 방아꾼들은 머리에 두건을 썼으며, 바짓가랑이도 걷어올리지 않았다. 앞에서 본 사람들과는 신분이 다름에 틀림없다. 방아틀이 낮은 대신 손잡이는 높직하다.

그림 38 둘이 찧는 방아

사진 206도 두 방아꾼의 모습을 잘 나타내었다. 이들이 쥔 손잡이는 특별하다. 이제까지의 것들과 달리, 'ㄱ'자꼴로 구부러진 나무를 틀에 박았기 때문이다. 따라서 두 사람은 손잡이를 한쪽씩 쥐고 있다. 이러한 손잡이는 뒤에 설명하는 대로 수나라와 당나라의 유적에서 많이 나오지만, 이미 한나라 때 생긴 것을 알 수 있다.

두 사람은 모를 꺾어 선 채로, 각기 왼발을 방아다리 위에 올려놓았다. 디딜방아를 실제로 이렇게도 썼는지, 아니면 인형을 만든 이가 방아꾼을 잘 보이게 하려고 일부러 모로 세웠는지 의문이다. 그러나 외다리방아인 만큼, 한 사람이 옆으로 서서 찧었을 가능성이 없는 것은 아니다. 방아몸체에 쌀개를 꿰지 않고 손잡이 사이의 턱에 올려놓은 듯하다.

그림 39의 방앗간 모형은 하남성 제원현에서 나왔다. 두 방아꾼은 'ㄷ'자꼴 손잡이를 쥔 채, 앞뒤로 서서 방아를 찧는다. 한대(漢代)에는 대체로 이렇게 서서 방아를 찧은 것이 분명하다. 전면을 제외한 삼면에는 벽을 둘러쳤다.

◎ 방앗간 길이 28센티미터, 너비 15센티미터, 높이 12센티미터
◎ 방아몸체 길이 9.5센티미터, 너비 6센티미터, 높이 1.3센티미터

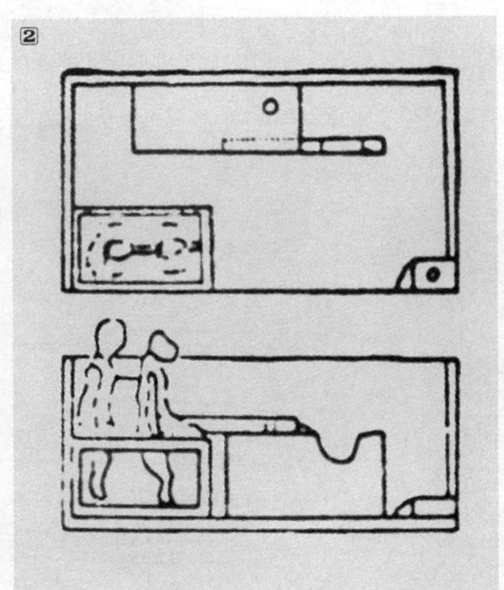

1 사진 206 둘이 찧는 방아
2 그림 39 디딜방앗간

이 밖에 산동성 제남현(濟南縣)의 무덤 벽에 디딜방아 그림이 보이고, 호북성 의도현(宜都縣)과 악성(鄂成) 및 호남성의 침주시(郴州市) 교외 등지에서도 디딜방아에 관한 자료가 나왔다.

산동성 디딜방아(그림 40)에는 'ㄷ'자꼴 손잡이를 붙였다.

◈ 몸체 길이 25센티미터, 너비 10.5센티미터, 높이 10센티미터

호북성 의도현의 것(그림 41)은 다리께의 살을 발라내었다.

◈ 몸체 길이 17센티미터, 너비 7.6센티미터

악성의 것에는 손잡이도 보이지 않는다(그림 42).

◈ 길이 21.4센티미터

호남성 침주시의 것은 형태를 알기 어렵다.

이제까지 알려진 한대의 디딜방아 관련 유물은 모두 20점이다(이 안에는 앞에서 다루지 않은 2점이 들어 있다). 분포지를 살펴보면 하남성이 5점으로 가장 많으며, 사천성과 호북성이 각 3점씩이다. 그리고 나머지 귀주성·내몽골자치구·하북성·산서성·산동성·호남성은 각 1점씩이다.

그림 43은 출토지를 알 수 없는 3점을 뺀 분포도이다. 하남성과 하북성이 중심지를 이루는 점은 앞에서도 설명한 대로 당연한 일이다. 디딜방아에 관한 자료는 문헌은 물론이고 유물도 한나라 이전까지 올라가지 않는다. 따라서 현재로

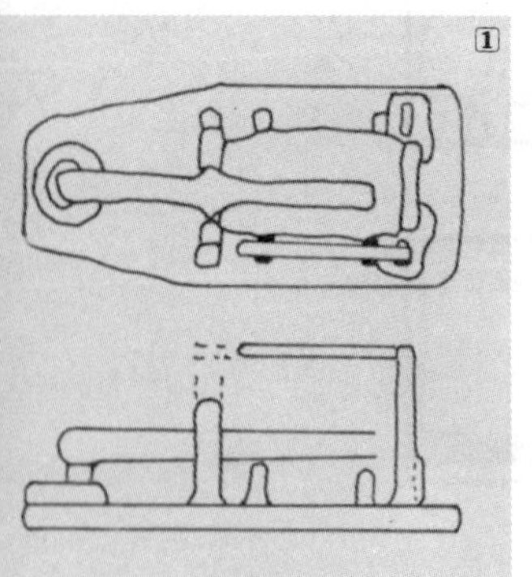

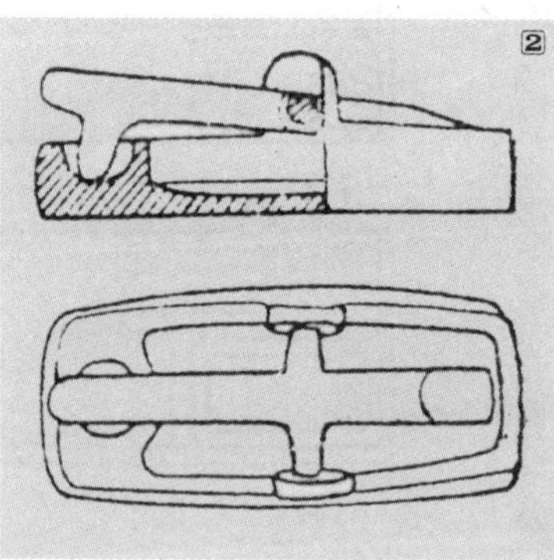

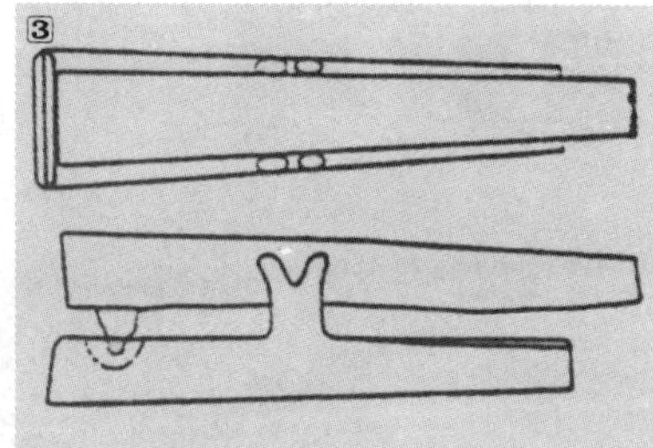

1 그림 40 디딜방아 그림
2 그림 41 디딜방아 그림
3 그림 42 디딜방아 그림

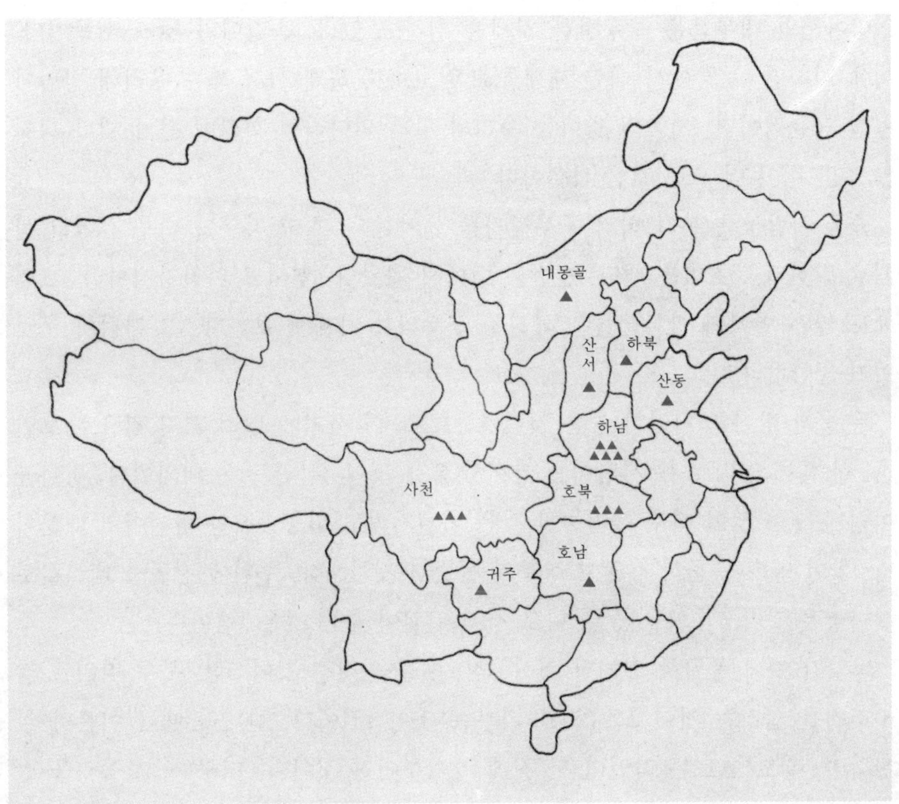

그림 43 디딜방아 관련 유물 출토지

서는 디딜방아가 이들 지역에서 발명되었다고 보아도 좋을 것이다. 하남성과 호북성을 제외한 나머지 지역에서 각 한 틀씩밖에 나오지 않은 점도, 발생지에서 다른 곳으로 퍼져 나가는 과정을 나타내는 것이 아닌가 생각된다. 그러나 사천성 출토품이 3점에 이르고, 그 지역이 성도시 가까이 몰려 있는 점은 의외의 일이라 하겠다.

20점 가운데 방아꾼이 다리께에 마련한 틀 위에 올라서서 찧는 것이 11점이다. 따라서 틀방아는 이미 한나라 때 이루어진 것이 틀림없다. 손잡이는 모두 방아몸체에 길이로 설치하였고, 'ㄱ'자꼴로 보이는 것이 1점, 이것이 없는 것은 4점이다. 손잡이를 마련하지 않은 방아도 썼는지, 명기인 까닭에 생략하였는지는 알 수 없다.

방아꾼의 대부분은 구부정한 자세를 취하고 있다. 손잡이가 낮기 때문이다. 이에 비하면, 보꾹에서 내린 새끼줄을 쥐고 꼿꼿하게 서서 찧는 우리네 방법이 훨씬 능률적이다. 저쪽의 방아는 우리와 달리 외다리인 까닭에 큰 문제가 되지 않지만, 힘이 더 드는 것은 사실이다.

중국 사람들은 본디 허리 구부리기를 싫어한다. 호미 자루도 매우 길어서 선 채로 일한다. '호미를 멘다'는 말은 이에서 나왔다. 괭이도 마찬가지이다. 그럼에도 많은 명기의 방아꾼들은 허리를 구부리는 자세를 보인다. 그 까닭이 무엇인지 궁금하다.

두 틀의 방아를 나란히 놓은 것이 4점으로, 이 시기에 널리 퍼진 것으로 보인다. 한 틀에 앞뒤로 두 사람이 올라서서 찧는 것이 3점인 것은 의외이다. 방아를 이렇게 찧는 것이 아주 불가능한 것은 아닐지라도 비능률적인 방법이기 때문이다. 확이 땅속에 묻히지 않고 상부가 돌출한 것이 4점, 주위에 전돌을 네모꼴로 깔아놓은 것이 3점, 께끼꾼이 따로 서서 뒤집어 주는 것은 1점이다.

방앗간 안에 풍구를 설치한 것이 3점, 맷돌을 갖춘 것이 5점, 붓두 따위로 검부러기를 날리는 것이 2점, 키로 까부는 것이 1점이다. 한나라 때는 이른바 일관작업, 찧고 고르는 작업이 한 곳에서 이루어진 것이다. 더구나 그 곡식을 방앗간 곁의 곳간으로 나르는 장면이 있는가 하면, 디딜방아를 곳간 아래에 놓은 것도 3점이다. 방앗간 풍구 앞에 개가 앉은 것이 2점이다.

이로써 중국의 디딜방아는 한나라 때 완성된 사실이 밝혀졌다. 오늘날의 방아와 견주어도 아무 손색이 없을 뿐더러 뚜렷한 차이도 보이지 않는다. 놀라운 일이다.

2) 삼국(三國) 및 양진남북조(兩晉南北朝)의 디딜방아

위나라의 옛 도읍지인 낙양의 무덤(247년에 건조됨)에서 나온 디딜방아에 대한 보고서(《고고(考古)》 1989년 제4기)에는 사진이나 그림은 없고 설명만 있다. 바닥은 장방형으로, 한 끝에 확이 있다. 그리고 다른 한 끝에는 4개의 기둥을 세웠다.

◎ 길이 11.3센티미터, 너비 4센티미터

하남성(河南省) 언사현(偃師縣) 행원촌(杏園村)에서 출토된 위나라 디딜방아 보고서(《고고》 1985년 제8기)에는 그림과 사진을 실었으나, 그림은 부실하고 사진 또한 희미해서 형태를 알기 어려워 싣지 않았다. 한 끝에 'ㄷ'자꼴 손잡이만 보인다.

◎ 길이 14.4센티미터, 높이 5.6센티미터

앞의 두 자료를 보면, 위나라의 디딜방아는 한대의 것과 다르지 않음을 알 수 있다.

사진 207은 호북성(湖北省) 무창현(武昌縣) 연계사(蓮溪寺)의 오나라 무덤에서 나왔다. 방아다리께에 손잡이가 있었던 것으로 보이며 몸체의 위는 너르고 너비는 좁은 편이다. 공이는 굵고 확의 주둥이는 솟아올랐다. 훼손이 심해서 볼씨나 쌀개의 본디 모습을 알기 어렵다.

◎ 길이 11.7센티미터, 높이 7.3센티미터

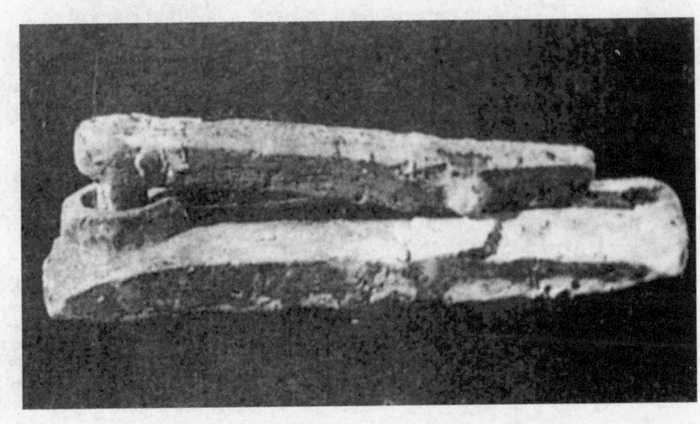

사진 207 디딜방아

안휘성(安徽省) 마안산시(馬鞍山市)에서 나온 오나라 디딜방아도 불분명하기는 마찬가지여서, 'ㄷ'자꼴 손잡이만 희미하게 드러난다.

 ◈ 바닥 길이 19.2센티미터, 앞 너비 10.5센티미터, 뒷 너비 12.2센티미터
 ◈ 몸체 길이 22.2센티미터

그림 44는 호북성 악성(鄂城)의 오나라 무덤에서 나온 디딜방아이다. 두툼한 볼씨 위를 우묵하게 파고 쌀개를 걸었다. 방아를 찧을 때마다 몸체가 움직일 것이다. 'ㄷ'자꼴 손잡이도 달렸다.

사진 208은 산서성 운성현(運城縣) 십리포촌(十里浦村)의 진(晉)나라 무덤에서 나왔다.

방아허리에서 다리 사이에 벽을 쌓아 올려서 손잡이로 삼았다. 볼씨도 뚜렷하다. 네모꼴의 확을 도드라지게 나타낸 것도 눈을 끈다. 공이는 뭉툭하다.

 ◈ 길이 14센티미터, 높이 6.5센티미터

사진 209도 산동성 포산현(苞山縣)의 진나라 무덤에서 나왔다. 형태는 독특하다. 확에서부터 쌀개 쪽으로 조금씩 높여 가며 양쪽에서 구유꼴로 벽을 치고 그 끝을 볼씨로 삼은 것이다. 따라서 다리는 밖으로 튀어나왔다. 방아꾼은 디딤돌 위에 올라서서 방아를 찧어야 한다. 확 또한 땅에 묻지 않고 안쪽에 놓았다. 공이

그림 44 디딜방아도

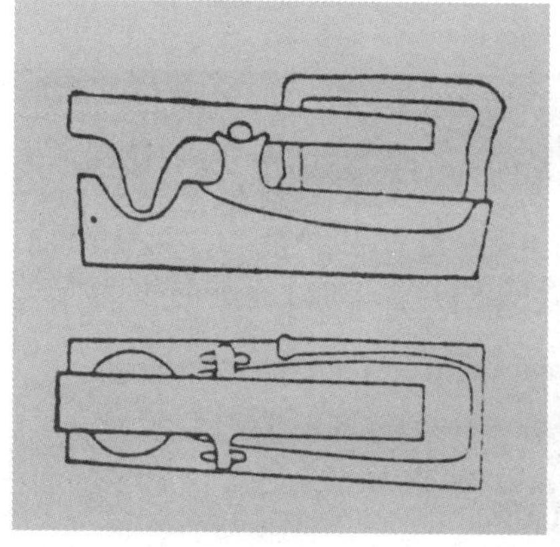

사진 208 디딜방아

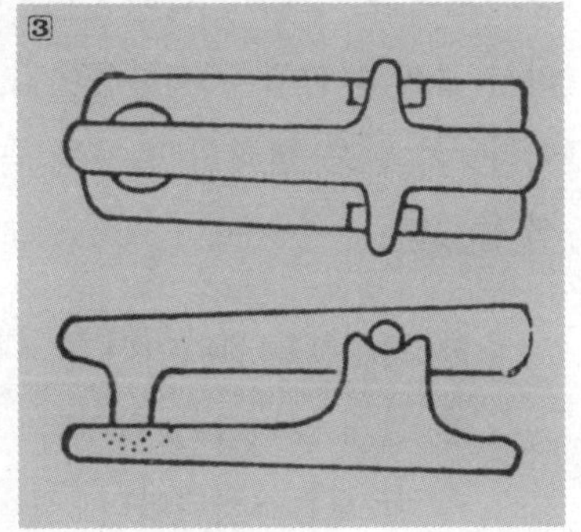

① 사진 209 디딜방아
② 사진 210 디딜방아
③ 그림 45 디딜방아 그림

도 유별나다. 공이를 몸체에 끼우지 않고 몸체의 끝이 공이에 꿰인 것이다. 공이가 워낙 굵지 않고서는 불가능한 일이고, 또 공이가 그처럼 굵으면 방아를 찧기 어렵다. 공이 상부의 살을 조금 발라내기는 하였지만, 머리 쪽은 지나치게 무거워 보인다.

   몸체에 공이를 고정시킨 방법 또한 독특하다. 도끼 자루처럼 몸체의 끝을 공이에 박은 것이다. 이 같은 형태의 디딜방아는 중국을 통틀어 오직 한 틀뿐이며, 우리는 물론이고 다른 나라에서도 쓴 일이 없다.

   ◈ 길이 14.8센티미터, 너비 7센티미터, 높이 6.8센티미터

   사진 210과 그림 45는 강소성(江蘇省) 강녕현(江寧縣)에서 나온 진나라 디딜방아이다. 형태는 한대의 디딜방아(사진 198)를 빼닮았다.

   ◈ 길이 10센티미터, 너비 3.6센티미터, 높이 3.6센티미터

그림 46은 호북성 균현(均縣)에서 나온 4세기의 디딜방아 분해도이다. 방아허리에서 다리 사이에는 구유꼴로 벽을 쌓아 올렸다. 벽은 다리 쪽에도 쌓았다. 방아머리가 앞으로 숙은 것을 보면, 쌀개를 높직하게 걸어 놓은 듯하다. 공이와 머리가 한몸을 이룬 것도 부자연스럽다. 쌀개가 높아서 확을 땅에 묻지 않았다.

◎ 길이 14.4센티미터

그림 47은 요녕성(遼寧省) 조양현(朝陽縣)에서 나온 북연(北燕)의 디딜방아 분해도이다. 두툼한 볼씨 끝을 방아다리 쪽으로 구부려서 손잡이로 삼았다. 따라서 볼씨와 손잡이는 한몸이다. 앞에서 든 방아에서는 볼 수 없었던 특이한 점이다. 이 같은 형식의 방아는 수대에 부쩍 늘어난다. 볼씨는 낮고 머리 쪽은 번쩍 들렸다.

◎ 길이 14.4센티미터
◎ 쌀개 높이 14센티미터
◎ 확 지름 8센티미터, 깊이 4센티미터, 겉 높이 5.5센티미터

그림 48은 하북성 자현(磁縣)의 동위(東魏)의 무덤에서 나왔다(길이 19센티미터). 볼씨 위 오른쪽의 뿔처럼 솟은 부분이 부러진 것을 보면, 앞에서처럼(그림

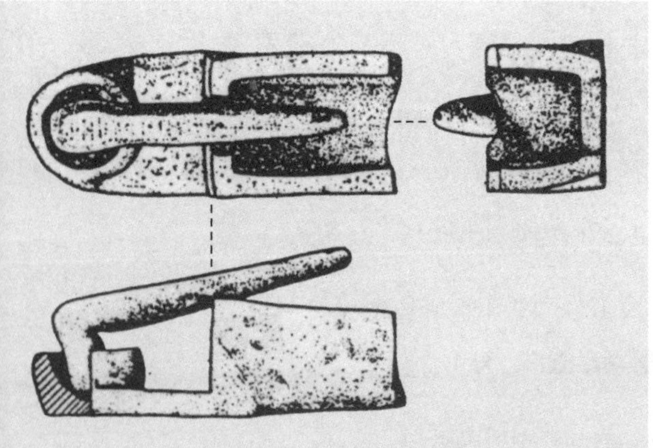

그림 46 디딜방아 그림

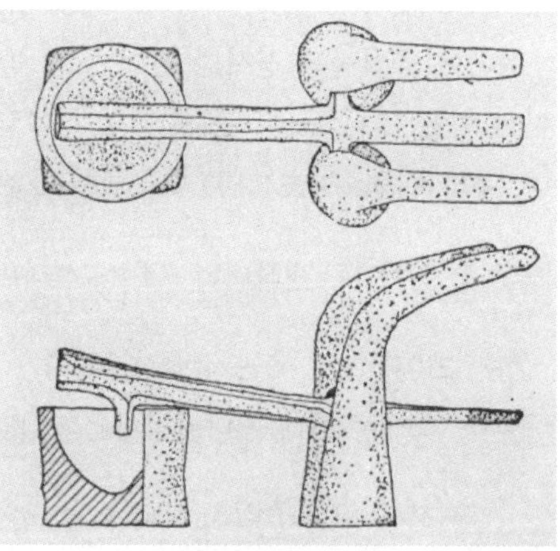

그림 47 디딜방아 그림

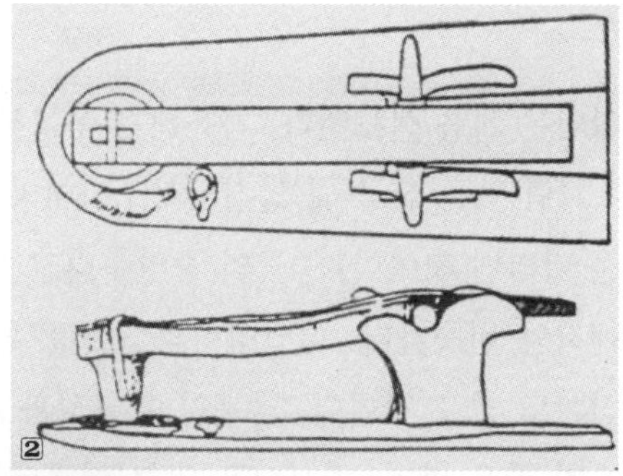

47) 손잡이가 달렸던 듯하다. 볼씨의 형태도 보통의 것과 다르다. 중간에 짧은 턱을 붙이고 볼씨를 걸었기 때문이다. 공이도 마찬가지이다. 방아머리에 걸리는 부분을 가늘게 깎아 끼우고 위에 비녀를 질러 고정시킨 것이다. 확 주위에는 빗자루를 비롯하여, 개와 고양이 형태의 오지가 놓였다.

그림 49는 하북성 자현(磁縣)의 북제(北齊) 무덤에서 나왔다. 볼씨는 거꾸로 놓은 버선본처럼 위가 양쪽으로 퍼졌고 가운데에 쌀개를 걸었다. 공이 끝을 머리 위로 빼고 비녀를 질러 고정시킨 것은 앞의 방아와 같다.

◎ 길이 21.6센티미터, 높이 13.5센티미터

그림 50의 돈황 막고굴(敦煌莫高窟) 61굴 벽화는 송대의 디딜방아를 나타낸 것이다. 곳간인 듯한 건물 앞에서 한 사람은 곡식을 찧고, 다른 한 사람은 애벌 찧은 것을 키로 까부르는 듯하다. 볼씨로는 가운데를 우묵하게 파놓은 돌을 놓았고, 공이를 검게 칠한 것을 보면 돌공이인 듯 싶다. 확은 땅에 묻지 않았다. 방아다리께 좌우 양쪽에 기둥을 박고 작대기를 걸어서 손잡이로 삼았다. 이 같은 손

잡이는 처음 선보인다. 가운데를 우묵하게 판 돌을 볼씨로 쓴 점도 이색적이다.

그림 51은 삼국 및 양진남북조시대의 디딜방아 관련 출토품(13점)이 나온 지역을 나타낸 것이다. 중국의 중앙부라고 할 하남성과 호북성에 집중되는 현상은 앞에서와 비슷하다. 디딜방아의 전통은 이들 지역을 바탕으로 이어져 내려왔다고 하여도 좋을 것이다. 남부인 호남성과 서남부인 사천성 및 귀주성에서 1점도 나오지 않은 반면, 하북성은 앞 시대보다 2점이 더 나왔다. 이 시기에는 앞 시대의 전형을 벗어난 특이한 형태의 방아가 선보였고, 구조적인 면에서도 다양성을 보인다. 그림 44의 손잡이가 수나라 때 많이 등장하는 점도 기억해 둘 일이다.

그림 51 디딜방아 관련 유물 출토지

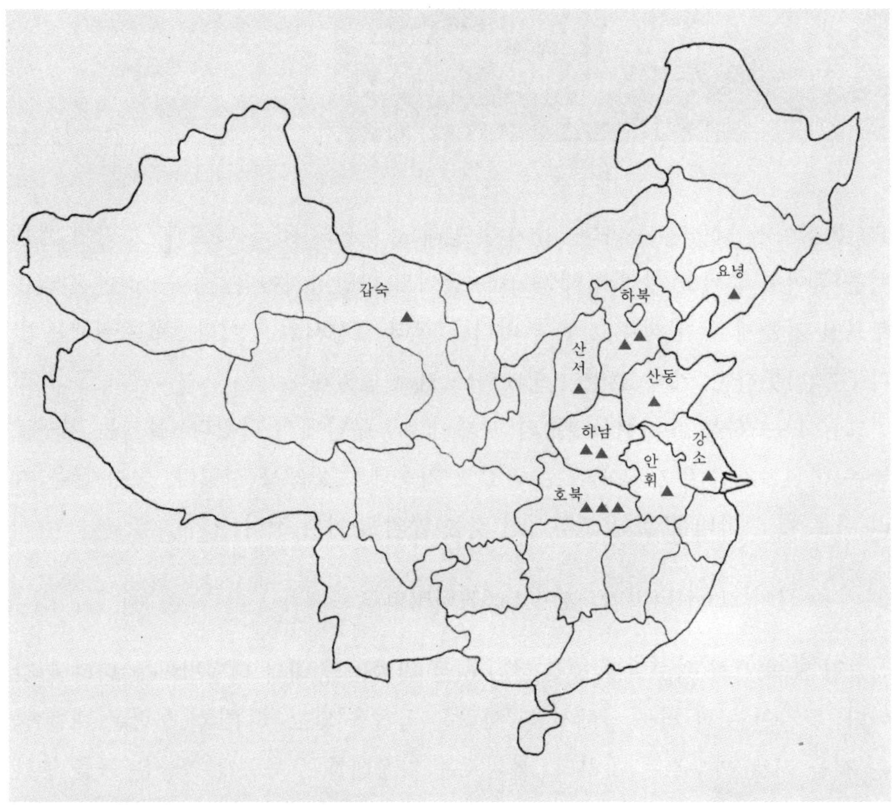

3) 수(隋) 및 당대(唐代)의 디딜방아

사진 211은 긴 볼씨의 끝을 구부려서 손잡이로 삼았다. 우리는 이미 같은 손잡이를 지닌 디딜방아가 한나라와 북연의 무덤에서 나온 사실을 알고 있다(사진 206, 그림 47).

사진 212는 섬서성 서안시(西安市) 교외의 무덤에서 나왔다. 형태는 앞의 방아를 닮았다. 방아다리 끝이 위로 조금 솟아서 찧는 데에 도움이 될 듯 싶다. 볼씨의 끝이 뒤로 구부러지기는 하였으나, 길이가 짧아서 손잡이 구실을 하기는 어렵다. 흙을 빚은 이가 생략하였을 가능성이 높다.

이를 빼닮은 방아가 하남성 안양(安陽;《고고》 1959년 제10기)과 안휘성의 합비(合肥)에서도 나온 것(《문물》 1988년 제1집)으로 미루어(사진 213), 볼씨의 끝을 구부려서 손잡이로 삼는 형식은 수나라 방아의 전형으로 생각된다. 뒤의 방아는 길이 32.2센티미터, 너비 13센티미터, 높이 14센티미터의 크기이다.

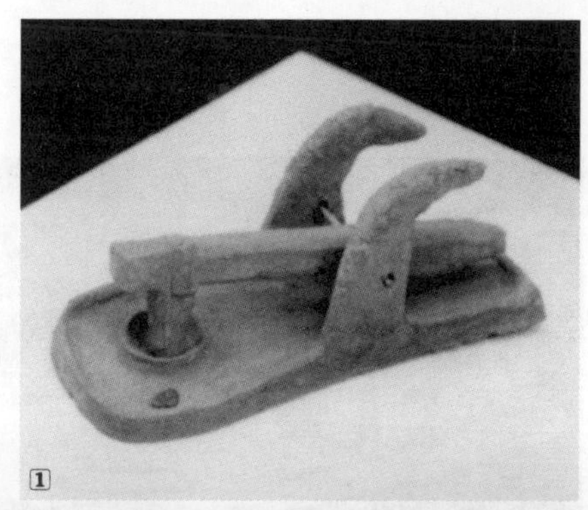

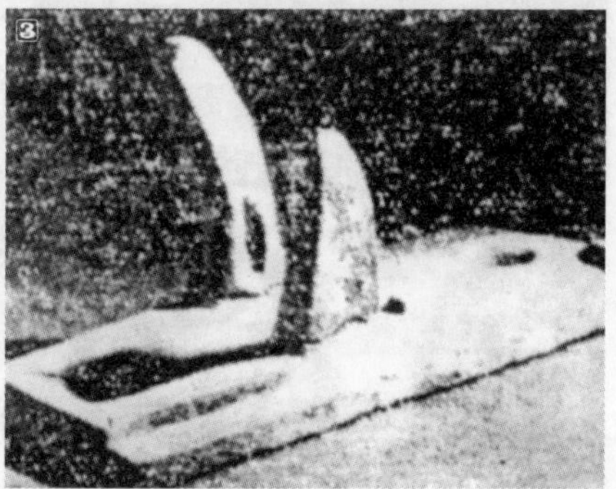

① 사진 211 볼씨를 구부린 디딜방아
② 사진 212 볼씨를 구부린 디딜방아
③ 사진 213 볼씨를 구부린 디딜방아

한편, 같은 곳인 하남성 안양시에서는 사진 214(그림 52)의 방아도 나왔다. 따라서 수나라에 통일된 유형이 있었던 것은 아닌 듯하다. 이 방아는 앞의 것들과는 전혀 다른 모습이다.

우선 손잡이가 다르다. 철봉대처럼 4개의 기둥을 세우고 작대기를 길이로 걸어 놓은 것이다. 따라서 볼씨는 따로 박았다. 몸체도 허리 부분의 살을 발라내어 날렵한 인상을 준다. 디딜방아의 근대화라고나 할까? 오늘날의 방아에 견주어도 손색이 없을 정도이다.

◈ 길이 21센티미터, 너비 13센티미터, 높이 8.6센티미터

사진 215는 산서성 장치(長治)의 당나라 무덤에서 나왔다. 네모꼴 볼씨는 너르고 두텁다. 몸체도 이에 못지 않게 든든하다. 방아머리 두 곳에 큼직한 쐐기를 쳐서 공이가 빠지지 않도록 한 것이 눈을 끈다. 이 같은 방법은 우리도 써왔다. 확 옆에는 곡식 바구니가 놓였다. 틀이나 손잡이의 형태는 알 수 없다.

◈ 길이 22센티미터

1 사진 214 디딜방아
2 그림 52 디딜방아 그림
3 사진 215 디딜방아

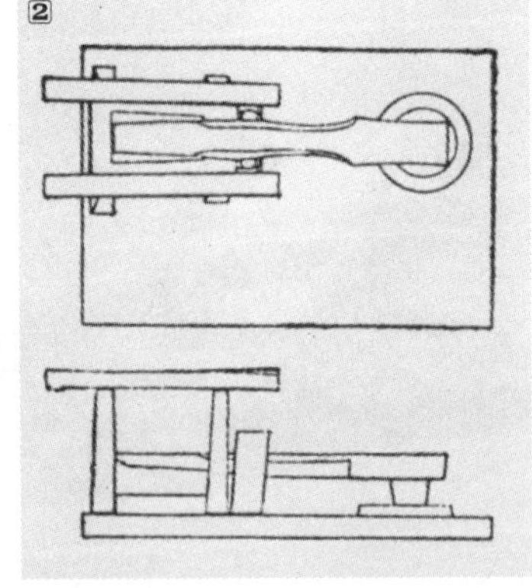

이를 닮은 디딜방아는 하남성 언사현(偃師縣)의 각지에서 3점이 나왔다(《고고》1984년 제10기, 1986년 제11기, 1992년 제11기). 이들 가운데 하나의 크기는 길이 13.3센티미터, 너비 3.5센티미터이다. 또 같은 성의 부균현(扶沟縣;《고고》1965년 제8기)과, 하북성의 천진시(天津市) 부근(《고고》1963년 제3기)에서도 출토되었다.

사진 216은 하남성 낙양시(洛陽市) 부근에서 나왔다. 표현이 지나치게 단순해서 디딜방아의 면모를 알기 어렵다. 다만 방아허리께에 판장돌을 세워서 볼씨로 삼은 점은 주목할 필요가 있다. 머리는 앞으로 숙었다. 머리 쪽은 둥글게 다듬었다.

사진 217은 섬서성 예천현(禮泉縣) 출토품이다. 공이는 방아머리 위로 솟아올랐고 허리께는 몸체의 다른 부분보다 가늘게 다듬었다. 쌀개 구멍은 유난히 크다. 공이 옆으로 키가 보인다.

◎ 몸체 길이 23.5센티미터, 너비 15센티미터, 높이 9센티미터

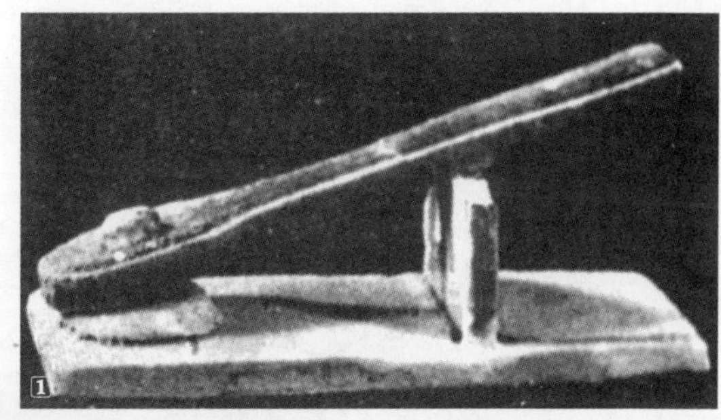

1 사진 216 디딜방아
2 그림 217 디딜방아
3 사진 218 디딜방아

사진 218은 호남성 장사현(長沙縣)의 당나라 묘에서 나왔다. 몸체는 곧지 않고 머리 쪽이 조금 위로 굽었다. 볼씨는 매우 듬직하다. 이제까지 살펴본 당대의 디딜방아 10여 틀은 모두 손잡이가 달리지 않았고, 틀도 보이지 않는다. 이를 전형으로 보아도 좋을 듯하다.

그림 53은 수와 당대의 디딜방아 관련 자료가 나온 13개 지역을 나타낸 것이다. 하남성에는 전체의 반이 넘는 7개 지역이 들어 있다. 한대 이래로 디딜방아의 중심지 구실을 해온 셈이다. 하북성·산서성·안휘성·호남성에서 각 한 곳씩, 그리고 섬서성에 두 곳이 포함되었다. 이들 지역의 디딜방아 전통 또한 끊이지 않았던 것이다.

수대 디딜방아의 가장 두드러진 특징은 볼씨의 끝을 다리 쪽으로 휘어서 손잡

그림 53 디딜방아 관련 유물 출토지

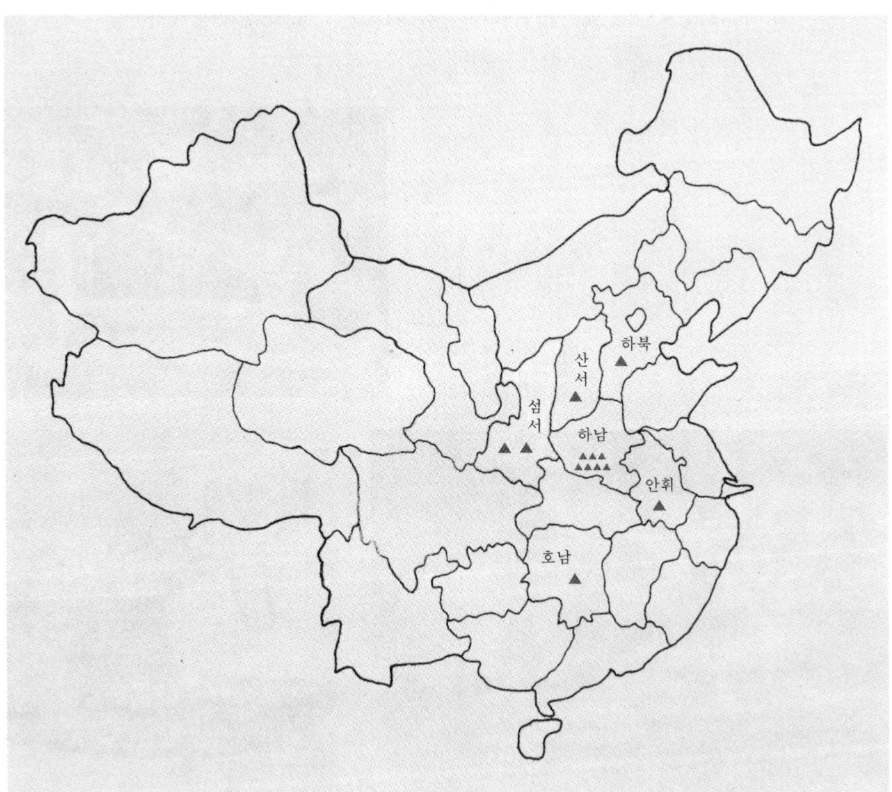

이로 쓰는 점이다. 이 같은 손잡이는 북연의 유적에서 한 틀이 나왔으나, 수대에 이르러 널리 퍼졌다. 다섯틀의 방아 가운데 굽은 손잡이를 지닌 것이 네 틀인 것이다.

출토 지역도 섬서성·하남성·안휘성·산서성 등으로, 특정 지역에만 나타난 것은 아니다. 그러나 이 형태의 방아는 당대 유적에서는 한 틀도 나오지 않은 것은 뜻밖이다. 오직 수나라에서만 쓰이다가 사라진 것이다. 그 까닭이 무엇인지 궁금하다.

당나라의 디딜방아에는 모두 손잡이가 없다. 몸체와 볼씨 그리고 공이만 보인다. 만든이가 생략하였을 법도 하지만, 당시의 전형이었을 가능성이 더 높다. 디딜방아 명기가 이처럼 단순한 형태로 바뀐 것은 당대에 이르러 디딜방아의 비중이 크게 낮아진 데에도 한 원인이 있을 것이다. 당대에는 물방아와 물레방아를 비롯한 여러 종류의 도정 기구가 매우 빠른 속도로 퍼져 나갔다. 여기서 나오는 이익이 매우 컸기 때문이다. 왕궁의 공주와 귀족 그리고 절간에서까지 경쟁적으로 설치, 운영하는 바람에 정치 내지 사회문제가 되었다. 이러한 현상은 밀가루 음식을 먹는 인구가 급증한 데에 따른 것이다. 새로운 기구들에 비해 지나치게 비능률적인 디딜방아는 사람들의 관심에서 멀어진 것은 당연한 일이기도 하다.

4) 북송(北宋)·금(金)·원(元)·서하(西夏)의 디딜방아

사진 219는 영하성(寧夏省)에서 나온 전돌에 새겨진 북송 때의 디딜방아이다. 앞사람은 손잡이를 두 손으로 잡은 반면, 뒤의 사람은 왼손을 올려놓았다. 따라서 두 사람이 나란히 서서 방아를 찧는 장면인 듯하다. 외다리방아라도 다리 끝에 널쪽을 대면 둘이 찧을 수도 있다. 더구나 뒷사람이 왼발을 받침대 위에 올려놓은 모습을 보면 이 생각이 더욱 굳어진다.

사진 219 방아 찧기

손잡이는 철봉대를 닮았다. 다리께 좌우 양쪽에 기둥을 박고 긴 작대기를 걸어 놓았다. 쌀개의 모습도 독특하다. 굵은 나무를 십자꼴로 길게 파고 쌀개를 얹은 것이다. 이러한 형태의 쌀개는 처음으로, 다른 데에서 나타나지 않았다. 그러나 앞에서 든 대로 우리는 널리 써왔다.

쌀개를 유(U)자꼴로 깊이 파고 볼씨를 걸었다. 공이는 머리 위로 솟아올랐고 끝은 뭉툭하다. 가운데의 그릇은 곡식을 담는 바구니일 것이다.

그림 54는 감숙성(甘肅省) 정녕현(靜寧縣)의 금나라 무덤의 디딜방아 벽화이다. 그림이 워낙 희미해서 방아 모습은 알 수 없으며, 'ㄷ'자꼴 손잡이와 몸체 그리고 공이의 일부만 보인다. 손잡이는 앞의 것과 같다.

그림 55의 〈답대도(踏碓圖)〉도 돈황에 남은 원나라 때(막고굴 465굴 벽화) 디딜방아 그림이다. 한 사람은 방아를 찧고, 다른 한 사람은 확 주위에 앉아서 애벌 찧은 것을 키로 까부는 중이다. 다리께 양쪽에 기둥을 세우고 작대기를 걸어서 손잡이로 삼았다. 손잡이가 몸체와 나란히 서 있는 것은 방아꾼의 모습을 보이려는 화가의 의도 때문이다.

확은 땅에 묻혀 있다. 방아몸체의 가운데는 홀쭉하나 머리 쪽으로 가면서 굵게 다듬었다. 공이도 이에 못지않게 굵직하다. 그림의 인물상으로 미루어, 실제적인 방앗간을 그린 것이 아니라 불교의 설화를 디딜방아를 빌려서 나타낸 듯하

그림 54 디딜방아 벽화

그림 55 '답대' 그림

다. 방아꾼이 왼다리를 올려놓은 다리께가 분명하지 않은 것도 이 때문일 것이
다. 같은 그림은 인도와 우리나라 민화에도 있다.

그림 56도 돈황의 서하 시대 서안 유림(西安 楡林) 3굴 벽화의 디딜방아 그림
이다. 굵은 볼씨를 꽃잎처럼 둥글게 깎고, 머리도 같은 꼴로 다듬었다. 이제까
지의 것 가운데 가장 맵시를 부린 방아이다. 볼씨 또한 굵고 든든하다. 손잡이
는 앞방아와 같다. 확은 묻지 않고 땅 위에 놓은 듯하다. 공이 끝은 뭉툭하며 확
주위에 키가 놓였다.

이제까지 살펴본 대로 10세기에서 14세기에 이르는 시기에 나타난 가장 두드러
진 특징은 손잡이의 형태가 철봉대꼴로 통일된 점이다. 같은 꼴의 손잡이가《천
공개물》에 보이기는 하지만(그림 29·30), 중국은 한나라 때부터 손잡이를 길이
로 세우는 전통을 이어왔다. 이 같은 변화는 주목할 만한 것이다. 이는 기능면에
서도 큰 발전을 이룬 셈이다. 앞에서도 설명한 대로, 길이로 세운 손잡이는 방아
꾼이 허리를 굽혀야 하는 불편이 따른다. 그러나 가로 손잡이는 몸을 꼿꼿하게
세울 수 있을 뿐만 아니라, 몸무게를 실어 찧으므로 그만큼 능률이 오른다.

이에 비해 우리는 언제나 가로 손잡이를 써왔다. 그리고 손잡이를 따로 세우
지 않는 경우에는 보꾹에 잡아맨 줄을 잡거나 찌껑나무를 이용하였다. 중국보다
는 한걸음 앞서 나간 셈이다. 이 밖에 철봉대꼴 손잡이를 우리도 비교적 널리
쓴 사실(사진 77·79·170)은 흥미를 자아낸다.

그림 56 디딜방아 그림

5) 청대(淸代)의 디딜방아

그림 57과 58은 〈중국고대경직도(中國古代耕織圖)〉에 실린 청나라의 디딜방아
〔舂碓〕이다. 둘 가운데 그림 57은 앞에서 든 그림 30과 똑같다. 디딜방아와 절구
그리고 곡식을 나르는 모습은 아무런 차이가 없다. 다른 점이 있다면 이들 장면
을 작게 나타낸 대신, 왼쪽 위에 집밖의 풍경을 덧붙였고, 앞 그림의 용구(舂臼)
를 용대로 고쳐 적었을 뿐이다. 당시의 디딜방아가 명나라의 것과 다르지 않았
기에, 화가는 구도만 조금 바꾸었을 것이다.

그림 58은 방앗간 장면이다. 오른쪽에서는 세 사람이 절구질을 하고, 가운데
사람은 바구니에 담긴 곡물을 나르며, 앞의 둘은 키에 담아 까부르는 중이다.
디딜방아는 이들에 가려서 공이와 틀만 뚜렷하게 보인다. 틀은 네 귀에 세운 기
둥에 의지하여 높직하게 세웠고, 다리께를 제외한 삼면에 작대기를 걸어 놓았
다. 완연한 틀방아이다. 오늘날의 틀방아는 이 시기에 완성된 것으로 보인다.

1 그림 57 디딜방아 찧는 노인
2 그림 58 디딜방앗간

다. 각지의 디딜방아

사진 220·221·222·223·224·225는 귀주성(貴州省) 개리시(凱里市) 교외 먀오족(苗族) 마을의 디딜방아이다.

이들은 흔히 산비탈에 집을 세우는 까닭에, 집터를 닦으려면 비교적 높은 돌축대를 쌓아야 한다. 따라서 방앗간 따위의 부속건물을 따로 세울 터가 적어서, 축대 일부나 처마 밑 따위의 매우 좁은 틈을 이용한다.

이 방아도 축대 일부에 기둥을 세우고 방아를 들여앉혔다. 다른 데의 것과 달리 허리에서 다리 부분을 쌀개 가운데로 뺀 점이 눈을 끈다. 이를 위해 머리에서 허리까지는 나무의 본디 모습을 그대로 두고, 허리에서 다리까지는 평면이 되도록 얇게 깎아 내었다. 매우 합리적인 방법이다. 허리에서 다리 사이의 살을 그대로 두면 방아 자체의 무게가 더 나가서 힘이 더 든다. 그러나 쌀개의 한쪽을 째고 몸체를 끼워 넣은 까닭에 몸체의 안정성이 떨어지는 단점이 있다. 이를 막으려고 두 개의 쐐기를 어슷하게 박았지만 효과는 크지 않을 듯하다.

① 사진 220 디딜방앗간
② 사진 221 디딜방아 머리

　이러한 구조의 방아는 앞에서 설명한 대로 타이 산악지대의 소수민족들도 쓸 뿐만 아니라, 운남성 일대에도 퍼져 있어서 이들 지역의 문화적 연관성이 매우 깊은 사실을 일깨워 준다. 둥근 나무를 땅에 박아 볼씨로 삼았으며 위에서 아래로 살을 기름하게 발라내고 쌀개를 걸었다(사진 224). 공이 끝에는 쇠촉을 박았다(사진 225).

　마을에는 세 틀의 디딜방아가 있으며 나락을 찧거나 고추, 옥수수 따위를 빻는 데에 쓴다. 방앗감은 베어낸 다음, 그늘에서 반년쯤 말렸다가 하루 만에 다 듬어 세운다. 그리고 방아를 걸고 나서 머리에 닭 피를 뿌리고 무사안전을 기원한다. 방아를 잰 값은 다음과 같다.

　　◈ 몸체 길이 195센티미터, 머리 지름 16센티미터
　　◈ 쌀개의 두께 20센티미터, 너비 6센티미터에
　　◈ 볼씨에 얹힌 부분의 길이 11.5센티미터
　　◈ 쇠촉 길이 13센티미터
　　◈ 확 지름 38센티미터, 깊이 26센티미터

1 사진 222 방아머리와 볼씨 및 쌀개
2 사진 223 방아 찧기
3 사진 224 볼씨와 쌀개
4 사진 225 공이와 확

사진 226은 방아 주인 내외와 아이들의 행복한 모습이다. 이들은 내 질문에 친절하게 대답해 주었다. 이 사진을 크게 만들어 보냈으나, 무슨 까닭인지 되돌아왔다.

사진 227·228·229는 개리시 부근의 먀오족 여인이 집짐승의 먹이로 줄 감자를 찧는 모습이다. 방아꾼은 오른손에 긴 작대기를 쥐고 이따금 뒤집어 준다. 이 작대기는 앞에서 설명한 대로, 14세기의 농서에도 나타나서 흥미롭다. 방아의 구조는 물론 쐐기를 친 방법도 앞의 방아와 같다. 저들도 우리처럼 방아를 쓰지 않을 때는 머리에 괴밑대를 괴어 둔다(사진 238).

1 사진 226 방아 주인
2 사진 227 방아 찧기
3 사진 228 방아머리
4 사진 229 볼씨와 쌀개

사진 230도 집 한 귀퉁이의 처마 아래에 옹색하게 걸어 놓은 방아 모습이다.

사진 231은 귀주성 원강(沅江) 및 신평현(新平縣) 등지에 사는 다이족(傣族)의 디딜방아이다. 볼씨는 매우 길고, 한 끝은 방아꾼 쪽으로 굽었다. 손잡이로 삼으려고 길고 굽은 나무를 쓴 것이다. 이러한 형태의 방아는 앞에서 든 대로, 수나라 때 널리 퍼졌다가 자취를 감추었다. 실물로 나타난 것은 처음이며, 더구나 중국의 다른 곳에서는 보지 못하였다.

그러나 타이 북부의 산악지대에서는 지금도 널리 쓰인다. 따라서 수대의 전통이 귀주성의 다이족에 이어지고 이것이(민족이동에 따라) 다시 타이로 퍼져 나갔을 가능성도 있다. 굽은 정도도 오른쪽이 왼쪽보다 더 많이 휘었다. 이는 무슨 까닭인가? 오른발로 딛을 때에는 오른쪽을 쥐고, 왼발을 쓸 때에는 왼쪽을 잡는 것이 편리하기 때문일 것이다.

쌀개가 일반형과 달리 긴 네모꼴인 점도 눈을 끈다. 쌀개 아래쪽에 앞으로 뻗

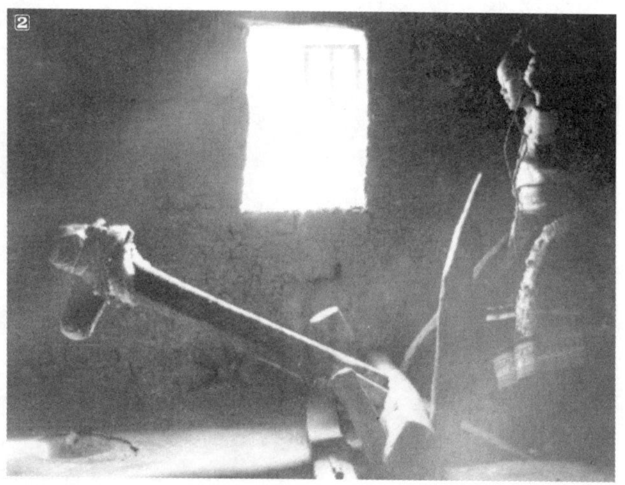

① 사진 230 처마 밑의 디딜방아
② 사진 231 방아 찧기

어 나간 나무에 걸릴 만한 홈을 파고 맞추어 놓았다. 따라서 방아를 찧을 때마다 쌀개는 옆으로 누웠다가 바로 서는 과정을 되풀이한다. 방아꾼은 우리처럼 천장에 잡아맨 줄의 끝을 쥐고 찧는다.

사진 232도 다이족 여인들이 디딜방아를 찧는 장면이다. 손잡이와 쌀개 그리고 볼씨의 형태는 앞의 방아와 같다. 몸체가 쌀개 가운데를 뚫고 나온 것도 마찬가지이다. 그러나 긴 네모꼴의 돌확을 땅 위에 놓고 한 방아를 나란히 서서 둘이 찧는 점은 다르다. 사진에는 나타나지 않으나 방아다리 끝에 가로목을 놓았을 것이다.

사진 233에서는 귀주성의 야오족(瑤族) 여인이 방아를 찧는다. 사다리꼴로 다듬은 볼씨의 가운데를 파내고 쌀개를 걸었다. 볼씨의 형태나 크기를 보면 천년 이상 쓸 듯 싶다. 이만큼 잘생긴 볼씨는 만나기 어렵다. 방아꾼은 들보에 감아 놓은 줄을 양손에 쥐었다. 키 작은 사람을 위해 긴 줄 하나를 더 걸어 놓았다. 머리 쪽에 곡식을 뒤집는 데에 쓰는 작대기가 보인다.

1 사진 232 방아 찧기
2 사진 233 방아 찧기

사진 234·235·236·237·238·239·240은 귀양시 동남쪽에 위치한 진녕현(鎭寧縣) 백수진(白水鎭) 활석초(滑石哨) 마을의 부이족(布依族) 디딜방아이다. 큼직한 돌덩이를 긴 네모꼴로 다듬고 위의 가운데를 파내고 쌀개를 걸었다(사진 236). 든든한 점에서는 더 바랄 것이 없다. 타원꼴의 확은 땅에서 반쯤 노출시켰고 공이 끝에는 쇠촉을 박았다(사진 237). 다리 끝에는 받침돌도 없고 바닥을 우묵하게 파놓았을 뿐이다(사진 239). 방아 일을 잠시 쉴 때 머리에 괴밑대를 받치는 것은 우리와 같다(사진 238).

그러나 방아를 오래도록 쓰지 않을 때에는 아예 뜯어서 몸체를 벽에 세워두고 확에는 둥근 나무뚜껑을 덮어둔다(사진 240). 이는 매우 독특한 풍속이다. 방아를 걸어 놓은 공간이 좁지는 않지만, 아무래도 이런저런 살림살이가 거치적거리기 때문인 듯하다. 주인도 그대로 두느니보다 들어내면 편하다고 한다. 실제로 들어서 벽에 세워보았다. 그다지 어렵지 않았다.

머리는 둥근 편이나, 다리께로 내려오면서 판판하게 깎았다. 곡물을 찧을 때에는 방아꾼이 긴 장대를 쥐고 확 안의 곡식을 뒤집는다.

◎ 몸체 길이 216센티미터
◎ 머리 긴 지름 19센티미터, 짧은 지름 17센티미터
◎ 볼씨 가로 59센티미터, 세로 24센티미터, 높이 30센티미터
◎ 공이 길이 70센티미터, 촉 길이 8센티미터
◎ 확의 긴 지름 60센티미터, 깊이 30센티미터

사진 234 방아 찧기

1 사진 235 방아머리
2 사진 236 볼씨와 쌀개
3 사진 237 공이와 확
4 사진 238 괴밑대로 받친
  방아
5 사진 239 방아다리
6 사진 240 몸체를 떼어낸
  뒤의 볼씨와 확

사진 241·242·243·244·245·246은 귀양시 화계구(花溪區) 석판진(石板鎭) 합붕촌(合朋村)의 부이족(布依族)인 조씨(曹氏)네 디딜방아이다.

이 마을에서는 큰 판장돌(가로 43센티미터, 높이 80센티미터, 두께 5센티미터)의 가운데를 파내고 볼씨로 쓴다(사진 245). 마을 이름에서 알 수 있듯이 근처에서 돌이 나는 까닭이다. 확은 네모로 다듬었다(사진 246). 공이의 한 끝에 짧은 비녀를 질러 고정시키고 이것으로 모자라서 몸체 아래에도 쐐기를 박았다(사진 244). 공이가 오르내릴 때마다 확에 닿는 부분이 닳아서 오목하게 패였다.

외다리방아지만 한쪽에 박아 놓은 기둥을 한 사람이 잡고, 다른 이는 그 사람을 붙들고 서서 두 사람이 찧기도 한다. 방아머리는 반드시 마당으로 향하도록 놓으며, 처음 세웠을 때에는 주인집 방아를 먼저 찧는다.

◎ 몸체 길이 223센티미터
◎ 머리의 긴 지름 22센티미터, 짧은 지름 18센티미터
◎ 머리에서 공이까지 60센티미터
◎ 공이 길이 64센티미터
◎ 확 가로 38센티미터, 세로 43센티미터, 높이 50센티미터

사진 241 방아머리

사진 242 사당간의 디딜방아

1 사진 243 방앗공이
2 사진 244 공이에 쐐기를 친 모습
3 사진 245 볼씨
4 사진 246 확

　방앗감을 마련하는 방법은 다른 곳과 썩 다르다. 집 마당에 나무를 심고 이것
이 자라기를 기다렸다가, 베어서 방아를 만드는 것이다(사진 247). 마을 주위에
산이 없기 때문이다. 20년 자란 나무는 지름이 20센티미터에 이른다. 나무는 대
체로 겨울에 베며, 그늘이나 물기 많은 데에 한 해쯤 두었다가 다듬는다. 볼씨
와 확도 주인이 스스로 만든다. 열흘쯤 걸린다.

　옛적에는 비교적 부유한 집에나 디딜방아가 있었으며, 네다섯 집이 공동으로
썼다. 방앗삯을 따로 내거나 하는 일은 없다. 주인은 오히려 남이 자기네 방아를
쓰는 것을 좋아하였다. 자기의 후한 인심을 드러내 보이고 싶기 때문이다. 운남
성의 다른 소수민족들이 거의 집집마다 방아를 가지고 있던 점에 견주면 이곳의
관행은 매우 독특한 셈이다.

　오래되어 못쓰는 방아는 불에 태우거나 내다버리지 않고 반드시 잘 보관한다.
헌 방아라도 볼 수 없겠느냐는 내 말에, 주인은 버렸다고 하다가, "아 참, 할아
버지가 사당 위에 두었던 것 같은데" 중얼거렸다. 다시 채근하자 다른 이와 함
께 들고 내려왔다. 실측을 마친 뒤에 먼저 자리(사진 248)에 놓고 사진을 찍고
싶었지만 들어주지 않았다. 천장이 무너질 위험이 높다는 것이었다. 그 자리만

① 사진 247 방아를 걸기 위해 심은 나무
② 사진 248 방아를 놓았던 사당간 위

이라도 사진으로 남기려고 사다리를 이용해서 올라갔던 내 입에서는 저절로 안도의 숨이 나왔다. 천장이 아주 엉성했기 때문이다. 지금까지 방아가 떨어지지 않았던 것이 기적인 듯 싶었다. 우리네처럼, 못쓰는 방아를 버리지 않는 풍속을 지켜온 사실은 놀라운 일이 아닐 수 없다.

중국에서는 안채 가운데 한 칸을 조상의 위패를 모셔두는 사당청으로 쓴다. 그리고 이곳이 중심공간으로, 식사도 하고 손님도 맞으며 혼례도 치른다. 우리네의 마루와 사당의 구실을 겸한 셈이다.

사진 249에 나타난 대로 조씨 집에서도 뒤쪽 가운데에 큰 장을 놓고 조상을 받드는 데에 필요한 제구를 늘어놓았다. 그리고 위에 '하늘·땅·나라·부모의 위패

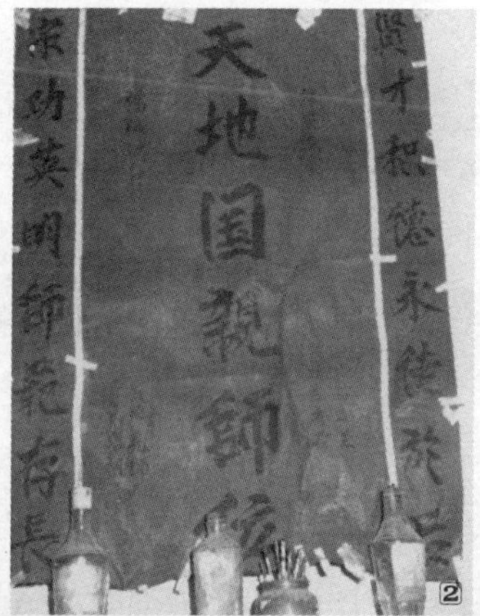

1 사진 249 사당 내부
2 사진 250 위패
3 사진 251 위패의 하부
4 사진 252 토지신

〔天地國親師位〕’라고 쓴 붉은 종이를 붙였다(사진 250). 좌우 양쪽에 서귀(瑞句)를 적었고, 아래에 ‘우마이왕(牛馬二王), 조왕부군(竈王府君), 노반선사(魯班先師) 조씨종조(曹氏宗祖)’라는 글귀도 보인다. 우마이왕은 가축신을, 조왕부군은 부엌신을 이른다. 노반은 공장(工匠)의 신으로, 목수였던 조씨네가 경의를 나타낸 것이다(사진 251). 아래 칸에는 따로 토지신을 모셨다. 가운데에 ‘진택토지신(鎭宅土地神)’, 좌우 양쪽에 ‘토중생백옥(土中生白玉)’이라고 적었다(사진 252).

못쓰는 방아를 함부로 다루지 않는 풍속은 귀양시 서남쪽에 위치한 관령현(關岭縣) 백수진(白水鎭) 동구촌(硐口村)에서도 지켜왔다. 방아를 버리거나 태우면 신에게 벌을 받는다고 하여 사당 간 위에 모셔둔 것이다. 또 디딜방아를 걸고 나서 고사를 지내지 않으면, 이 방아로 찧은 곡식을 먹고 병이 나거나 께끼꾼이 부상을 입는다고 여긴다.

디딜방아 고사는 정월 대보름과 7월 백중에 올린다. 60이 넘은 노인이 오전 8시에 방아다리에 향을 세 개 피우고 누른 종이를 태운다. 그리고 동티가 나지 않기를 바라는 뜻에서 “관세음보살이여, 공모신(公母神)을 잘 보살펴 주옵소서” 읊조린다. 공은 공이를, 모는 확을 상징하는 것으로, 결국 남녀 신을 위한 제례인 셈이다.

방앗감은 깊은 산속으로 들어가 마련한다. 마을에서 가까우면 노한 산신이 집으로 따라와서 해를 입힐까 두렵기 때문이다. 나무를 벨 때 향 세 개피와 종이 석 장을 태우면서 “나무신이여, 죄송합니다” 읊조린다. 나무를 베는 시기는 정월 대보름에서 7월 백중 사이이며, 반드시 홀수의 사람이 동행한다. 방앗감은 베는 대로 날라 와서 다듬는다. 물기가 있어야 도끼가 잘 먹기 때문이다. 이렇게 해도 몸체가 터지지 않는다고 한다.

방아에 관한 민속이 우리네와 이처럼 닮은 것은 놀라운 일이다. 한쪽에서 다른쪽으로 영향을 끼친 결과인지, 우연의 일치인지에 대해서는 무어라 말하기 어렵다. 한족(漢族)은 말할 것도 없고, 다른 소수민족 가운데에서도 비슷한 민속을 찾지 못한 것이다. 앞으로 연구해야 할 과제이다. 이 마을에서는 20여 년 전부터 방아를 쓰지 않는다.

　사진 253은 귀주성(貴州省) 동남부에 위치한 용강현(榕江縣) 악리구(樂里區) 보리촌(保里村)의 디딜방아로, 다락집 아래에 설치하였다(淺川滋男, 1990:46).

　볼씨의 형태는 아주 특이하다. 담뱃대처럼 둥근 몸체에 꼬리가 달리게 다듬은 것이다. 따라서 볼씨를 깊이 묻지 않아도 흔들릴 염려가 없다. 쌀개는 양쪽 돌 안쪽에 파놓은 홈에 걸었다. 방아꾼은 꼬리부분에 한쪽 발을 딛고 찧는다. 한쪽의 살을 발라내어 받침으로 삼았으며, 공이와 머리 사이에는 덮방을 대고 줄로 단단히 묶어 놓았다. 공이 구멍을 잘못 뚫어서 머리 끝이 갈라졌기 때문이다. 머리를 우리처럼 괴밑대로 받쳤고, 확은 바구니로 덮었다. 공이 끝에는 쇠촉을 박았다.

　그림 59는 앞의 현에서 동남쪽으로 더 나간 종강현(從江縣) 하강구(下江區) 거동(巨洞)의 동족(侗族)마을 디딜방아이다. 보고자인 아사카와는 이렇게 말한다(淺川滋男, 1990 : 42).

　　다락위〔床上〕뿐만 아니라 아래〔床下〕의 이용도 매우 고풍스럽다. 아래에는 반드시 디딜방아가 고정되어 있다. 방아의 수는 원칙적으로 화덕의 수와 일치한다. 이 두 가지는 그 집에 사는 세대의 수를 반영하기 때문이다. 디딜방아는 한족(漢族) 거주구(居住區)에 가까울수록 드물다.

　그가 말하는 ‘세대’는 부모와 분가한 아들네를 말한다. 두 세대는 거실 가운

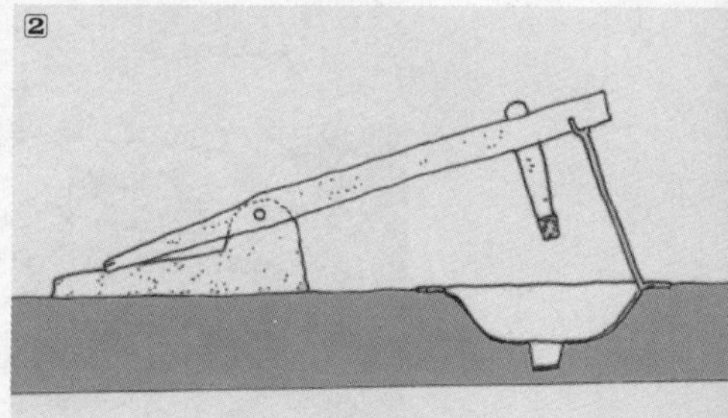

① 사진 253 디딜방아
② 그림 59 디딜방아 그림

데에 울을 치고 화덕과 침실을 따로 갖추었다. 그러나 통로와 휴게 및 작업공간
은 함께 쓴다. 아사카와는 같은 마을에서 화덕과 방아를 따로 갖춘 또 하나의
집을 보기로 들었지만(그림 60), 이를 동족의 일반적인 현상으로 보기는 어려울
듯하다. 귀주성의 다른 동족 마을은 물론이고, 다른 소수민족에서도 나타나지
않기 때문이다. 귀양시 화계구의 부이족들은 앞에서 든 대로, 한 집의 디딜방아
를 서너 집에서 함께 쓰기도 한 것이다.

　다락집〔高床屋〕에서는 흔히 디딜방아를 돼지우리 따위와 함께 집 아래에 두지
만, 곳에 따라 생활공간 한쪽에 걸기도 한다. 운남성 남쪽에 거주하는 하니족
(哈尼族)이 그들이다.

　그림 61과 62에 나타난 대로 디딜방아는 중심공간 왼쪽에 위치한 부엌 곁에 있
다. 몸체의 길이가 한 칸 반에 이르고, 확의 크기도 적지 않다. 방아를 부엌 가까이
두면 그만큼 편리한 것이 사실이지만, 집을 여간 튼튼하게 짓지 않으면 견디기 어
려울 것이다. 이 경우, 집의 중심공간은 언덕 위에 두고 전면에 말뚝을 박아 수평
을 잡고 사닥다리를 놓아 출입하게 마련이다. 따라서 아래칸은 집짐승의 우리로
이용한다. 방아는 앞의 것을 빼닮았으며 쌀개 또한 같다.

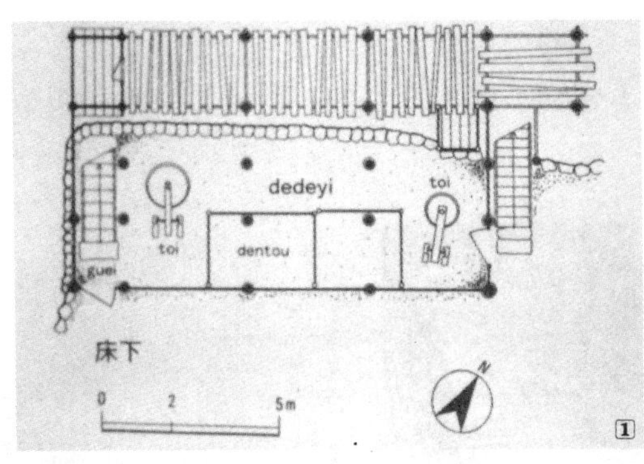

① 그림 60 디딜방아 배치도
② 그림 61 디딜방아 위치도
③ 그림 62 디딜방아 배치도

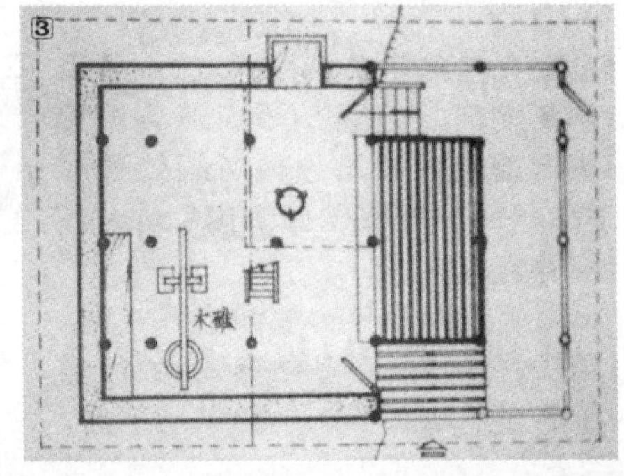

이러한 유형의 디딜방아는 귀주성 동남부의 전형으로 보인다. 같은 성의 다른 지역, 예컨대 성도(省都)인 귀양시(貴陽市) 화계구(花溪區), 같은 시 동쪽의 개리(凱裏)나 도균(都勻), 그리고 성 서남쪽의 진녕현(鎭寧縣) 등지에는 없기 때문이다. 확의 위와 옆은 대야처럼 퍼졌으나, 바닥은 공이 크기에 맞추어서 매우 좁다.

사진 254·255·256·257·258은 운남성(雲南省) 곤명(昆明)시에서 남동쪽으로 126킬로미터 떨어진 석림(石林)의 이족(彝族) 마을 디딜방아이다. 방아는 흙벽 돌로 지은 방앗간(사진 258) 안에 걸어 놓았지만, 만든 솜씨는 거친 편이다. 쌀개는 자연석의 가운데를 대강 다듬어서 앉혔고(사진 256), 몸체 또한 나무의 생긴 모습을 거의 그대로 두어서 다리는 지나치게 빈약한 반면(사진 255), 머리는 굵다(사진 257). 방아 찧기에 많은 힘이 들 것이다. 벽과 벽 사이에 통나무를 가로 걸어 손잡이로 삼은 점은 우리 방아를 연상시킨다.

앞의 먀오족 마을 디딜방아처럼 몸체를 쌀개 가운데로 빼고, 쌀개에서 머리까지의 부분(길이 129센티미터)은 살을 거의 발라내지 않았다. 볼씨에 걸린 쌀개의 높이가 15센티미터인 까닭에 다리께의 바닥을 30센티미터쯤 파놓았다.

◎ 몸체 길이 254센티미터, 너비 20센티미터, 높이 30센티미터
◎ 확 지름 42센티미터, 깊이 22센티미터

사진 254 디딜방아

사진 255 방아다리

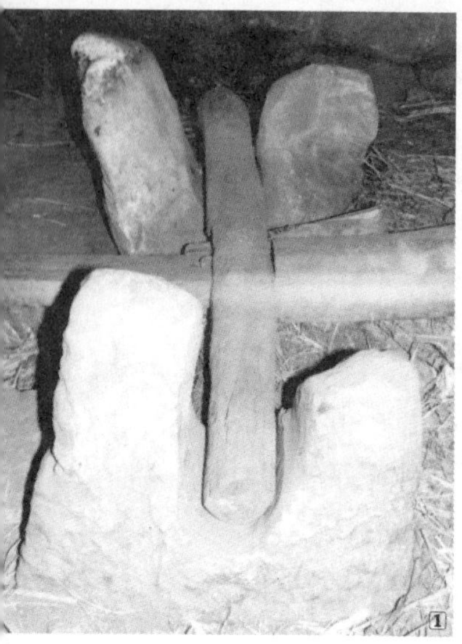

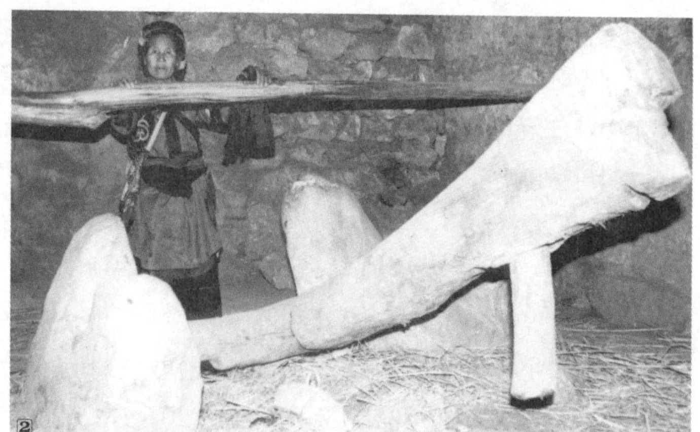

① 사진 256 볼씨와 쌀개
② 사진 257 방아머리
③ 사진 258 방앗간

사진 259·260·261·262·263은 곤명시 서북쪽에 위치한 여강(麗江)의 나시족
(納西族) 디딜방아이다. 머리에서 허리 부분은 둥글게, 허리에서 다리까지는 판
판하게 다듬어 쌀개 사이로 뺀 것은 앞의 두 방아와 같다. 몸체를 쌀개에 단단
히 고정시키려고 좌우 양쪽 구멍에 쐐기를 치고 몸체에는 짧은 말뚝을 박았다.
쌀개를 좁은 네모꼴로 다듬은 점도 눈에 띈다.

볼씨의 구조는 독특하다. 오른쪽(다리에서 머리 쪽)은 둥근꼴이나, 왼쪽은 가
위다리처럼 벌어진 것이다. 이는 쌀개를 볼씨에 걸기 위한 새로운 방법이다. 오
른쪽을 볼씨 구멍에 끼우고 왼쪽에 걸기만 하면 그만이다. 공이 끝은 평평하게

다듬었으며, 쇠촉은 박지 않았다. 방아몸체도 우람하지만 확 돌도 큼직해서 지름이 79센티미터에 이른다. 주인은 확 밖으로 튀어나오는 곡식을 쓸어 넣는 편리를 위해 이처럼 너른 확을 마련했을 것이다.

◈ 몸체 길이 263센티미터

◈ 볼씨 높이 47센티미터, 너비 4센티미터

◈ 볼씨에서 다리까지 95센티미터

◈ 볼씨에서 머리까지 168센티미터

◈ 공이의 전체 길이 58.5센티미터, 둘레 29센티미터

◈ 확의 지름 25센티미터, 깊이 18센티미터

① 사진 259 디딜방아 다리
② 사진 260 쌀개

1 사진 261 볼씨
2 사진 262 공이
3 사진 263 확

  사진 264는 운남성 동북쪽에 위치한 복공현(福貢縣) 목고갑촌(木古甲村)의 노족(怒族) 디딜방아[脚碓]이다. 공이가 긴 까닭인지 방아머리는 번쩍 치켜 올라갔다.

  공이가 올라갈 때 머리 쪽이 흔들리는 것을 막기 위해 확과 볼씨 사이에 긴 작대기 두 개를 몸체 좌우 양쪽에 세웠다. 이러한 형태의 방아는 중국의 경우 오직 이곳에만 있으나, 타이 북쪽 산악지대에 사는 카렌족은 똑같은 것을 쓴다. 나무확도 닮았다. 다른 점이 있다면 저쪽에서는 절구꼴의 확을 땅에 묻지 않는 것뿐이다. 두 지역이 문화적으로 연관이 있음을 알려주는 좋은 보기이다. 사진에는 나타나지 않으나, 방아머리를 이만큼 들어 올리려면 다리 끝의 땅바닥을 깊이 파야 할 것이다.

  사진 265는 같은 성 같은 현 일감비촌(一坎比村)의 리수족 디딜방아이다. 우리네 강원도 일대의 방아처럼 자연석을 거의 그대로 쌀개로 썼다. 사진에서는 분명하게 나타나지 않지만, 앞의 방아처럼 확과 볼씨 중간에 두 개의 작대기를 세웠을 것이다. 방아꾼은 오른손으로 방앗간 기둥을 쥐고 있고, 께끼꾼은 찧은 곡식을 키로 까부르는 중이다.

사진 264 공이와 확

사진 265 방아 찧기

사진 266도 운남성 동북쪽에 자리잡은 유서현(維西縣)의 리수족 방아이다. 끝이 지겟작대기처럼 아귀진 나무를 박아 볼씨로 삼은 점은 우리 것을 닮았다. 쌀개의 밑면을 볼씨 가랑이에 맞도록 홈을 판 것이 보인다. 몸체는 쌀개 가운데로 빼었다. 쌀개에 알맞은 구멍을 뚫고 다리 쪽에서 꿰어 넣었을 것이다.

사진 267은 운남성 동남쪽에 위치한 난창현(瀾倉縣)의 다이족(傣族) 디딜방아이다. 볼씨로 세운 나무는 유난히 길다. 쌀개 구멍이 길게 패인 것을 보면 나이를 꽤 먹은 듯하다. 몸체도 쌀개 사이로 빼었다. 이 같은 형식의 방아는 타이 산악지대의 것을 떠올리게 한다. 철봉대꼴 손잡이를 따로 세운 것도 눈여겨 볼 일이다.

이들은 앞의 귀주성에서처럼 디딜방아로 돼지에게 줄 감자 따위를 찧기도 한다. 아낙네는 아침식사 준비를 마치고 이어 돼지먹이 방아를 찧는다. 이때에는 그네의 남편이 방아머리에서 확 밖으로 나오는 것들을 방아에 쓸어 넣는다.

운남성 남쪽에 거주하는 소수민족의 대부분은 그들이 사는 다락집 아래를 여러 가지 용도로 이용한다. 한쪽에 디딜방아와 절구를 두어 곡물을 찧고, 다른 쪽에서는 항아리를 굽기도 한다. 닭장과 돼지우리를 마련하여 집짐승을 키우고, 베틀을 놓고 천을 짜며, 달구지를 보관하는 수장공간으로도 쓰는 것이다.

① 사진 266 디딜방아
② 사진 267 디딜방아

사진 268은 운남성 남쪽의 경홍시(景洪市) 인근에 사는 다이족(傣族)의 방아이다. 이것은 사진 266의 방아와 같은 꼴의 나무를 볼씨로 박았다. 앞에서 든 난창현의 다이족과 이웃해 사는 라후족(拉祜族) 디딜방아〔脚碓〕도 닮았으며 손잡이 또한 같다.

다이족 처녀들은 디딜방앗간에서 사랑을 맺는다. 그네들이 쌀을 찧으면 방앗간 주위에 숨어 있던 청년이 방아 소리에 맞추어 사랑노래를 부른다. 이것이 마음에 들면 처녀는 응답을 하고, 청년은 방앗간으로 들어간다.

이들은 타이 북부의 소수민족들처럼 디딜방아를 명절 떡을 찧는 데에 많이 쓴다. 한 사람은 찧고 다른 이는 방아머리에 앉아 애벌 찧은 찹쌀을 안쪽으로 접어 넣는다. 10분쯤 찧고 나서 네모진 흑사탕을 칼로 깎아 넣고 다시 찧는다. 흑사탕이 들어가면 끈기가 강해져서 공이를 들어올리기 어렵다. 따라서 께끼꾼은 손에 물을 축여 공이 끝에 붙은 떡을 떼어낸다. 찧은 떡은 손으로 떼어 뭉쳐서 바나나 잎에 싸서 둔다(C. Daniels·渡部武, 1994:322).

사진 269는 운남성 서남쪽, 곧 미얀마 국경지대에 거주하는 와족(佤族)의 방아를 닮았다. 양쪽에 세운 긴 기둥(볼씨) 아래에 가로 걸어 놓은 쌀개 가운데로 몸체를 꿰었다. 공이는 모를 지어 깎았다. 돌을 다듬어 만든 확은 땅에 반쯤 묻혔다. 돌확은 매우 드문 것이다. 방아는 다락집〔高床式 住居〕 아래에 설치하였다.

① 사진 268 방아 찧기
② 사진 269 방아 찧기

이들은 디딜방아로 곡식을 찧는 외에, 그릇을 빚을 흙덩이를 부수는 데에도 이용한다. 남성이 산에서 날라 와서 한 귀퉁이에 쌓아 놓은 진흙 가운데 하루 쓸 만큼의 분량을 확에 넣고 찧는다. 이것은 여성의 일이다. 한 번 찧어 베 헝겊으로 거른 다음, 덩어리를 다시 찧어 체에 쳐서 가루를 내린다(鳥越憲三郎, 1999 ; 109).

사진 270은 중국 동남부에 위치한 복건성의 틀방아이다. 네 귀에 세운 짧은 기둥(높이 50센티미터)에 의지하여 두툼한 널을 좌우 양쪽에 올려놓고, 앞뒤에 세장을 질러 고정시켰다. 그리고 널 가운데 양쪽에 기둥을 박고 가로대를 걸어 손잡이로 삼았다. 방아꾼은 틀 위에 올라서서 찧는다.

우리네 전라남도 장흥의 방아와 닮았으며(사진 83), 일본에서도 많이 썼다. 앞에서 장흥의 틀방아가 일본의 것을 모방하였으리라고 짚었거니와, 일본의 틀방아는 중국에서 들어갔을 것으로 생각된다. 틀방아는 확을 땅에 깊이 박을 필요가 없고, 필요에 따라 옮길 수도 있어 편리하다.

복건성 일대에서는 장가를 든 날, 신랑이 제일 먼저 방아를 찧는다. 이렇게 하면 부부의 금실이 좋아진다고 한다.

중국에서는 오지확뿐만 아니라, 나무확을 쓰기도 한다. 사진 271의 강소성 디딜방아가 그것이다. 깔때기꼴로 밑은 좁고 위는 벌어지게 쪽나무를 촘촘하게 잇대어 놓고, 아래위 두 곳에 두툼한 쇠테를 둘러 고정시켰다. 확을 바닥에 박지 않고 두 가닥으로 뻗은 틀 사이에 끼워 둔 점도 특이하다. 틀목은 앞으로 숙여지도록 박았으며, 가운데에 세운 기둥에 가로대를 걸어 손잡이로 삼았다. 방아틀 또한 유별나다. 확 쪽은 벌어지게, 다리 쪽은 좁게 고정시키고 다리 쪽에만 짧은 기둥을 세웠다. 그리고 틀 사이에 세워 끼운 널쪽을 쌀개로 삼았을 뿐만 아니라, 위에 쪽널을 걸어서 발판으로 삼은 것이다. 손잡이 기둥이 널쪽의 홈을 지나도록 한 외에 덮방까지 얹어서 안정성을 높였다.

사진 272는 확을 대나무쪽으로 둥글게 맞춘 방아이다.

강소성 남부의 논농사 지역에서 많이 쓴다. 아래위 두 곳에 대테를 메우고, 방아머리에 돌을 달아매었다. 확의 재질이나 형태로 미루어 벼를 찧는 데에나 이용할 것이다.

동북지방의 길림성에 사는 우리 겨레붙이들도 디딜방아를 쓴다. 사진 273·

① 사진 270 틀방아
② 사진 271 오지확 틀방아
③ 사진 272 대쪽확 틀방아

274·275·276·277은 연길(延吉)에서 동북쪽으로 조금 떨어진 안도현(安圖縣) 신촌(新村)의 방아이다. 1975년에 당시 화폐로 인건비 2원 50전을 들여 마을 공동 방아로 세웠다. 고사를 지내는 따위의 의례를 하지 않았으며, 방아의 꺼칠꺼칠한 면을 줄이려고 보리쌀을 먼저 찧었다. 지금은 고추만 빻는다. 고추를 기계 방아에 넣으면 더 매워지기 때문이다. 볼씨가 우리네 강원도 평창군 월정사의

것(사진 40·41)이나 정선의 것(사진 173)을 빼닮은 점은 흥미롭다. 굵은 통나무의 위를 십자꼴로 파고 쌀개를 박은 것이다. 방아를 찧을 때 움직이는 것을 막으려고 말뚝을 박아 놓은 것까지 똑같다. 몸체는 자작나무이다.

이 방아보다 먼저 세운 것에는 공이 끝에 쇠촉을 박아 썼다. 경상남도 밀양시에서 가져 온 것으로, 15년쯤 지나자 닳아 없어졌다고 한다. 고달프고 먼 이주 길을 떠나면서 보따리 속에 디딜방아 쇠촉까지 싸 가져온 분의 삶에 대한 끈질긴 애착에 머리가 절로 숙여진다.

◈ 머리에서 가랑이까지 길이 220센티미터, 다리 길이 74센티미터
◈ 방아머리 가로 17센티미터, 세로 15센티미터
◈ 볼씨 가로 122센티미터, 세로 47센티미터, 높이 30센티미터
◈ 두 다리의 안쪽 너비 25센티미터, 바깥쪽 42센티미터
◈ 공이 길이 37센티미터
◈ 확의 바깥 지름 50센티미터, 안 지름 34센티미터

1 사진 273 디딜방아
2 사진 274 공이와 확

1 사진 275 볼씨와 쌀개
2 사진 276 볼씨
3 사진 277 고추 찧기

사진 278·279·280·281은 길림성 연변에 있던 조선족 민속박물관 소장품이다. 볼씨는 특이하다. 나무몸체에 달린 가지 끝을 바짝 잘라서 마련한 턱에 쌀개를 걸어 놓은 것이다. 같은 꼴의 쌀개는 운남성의 소수민족도 쓰지만, 이 방아에는 손잡이가 따로 있다. 따라서 쓸모없는 긴 볼씨(머리를 향해 오른쪽은 1미터, 왼쪽은 88센티미터)가 왜 필요했는지 궁금하다. 손잡이는 우리네 강원도의 것을 닮았다.

◈ 머리에서 가랑이까지 142센티미터

◈ 머리의 가로 11센티미터, 세로 12센티미터

◈ 다리 길이 56센티미터

◈ 다리의 안 너비 18센티미터, 바깥 너비 33센티미터

◈ 공이 길이 44센티미터

◈ 확의 안 지름 33센티미너, 바깥 지름 49센티미터, 깊이 30센티미터

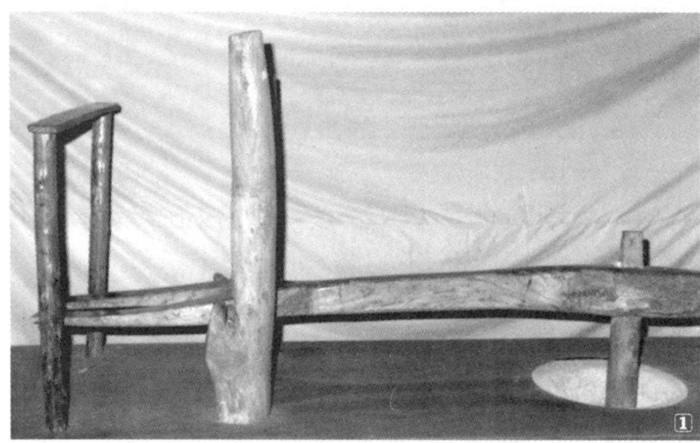

① 사진 278 디딜방아
② 사진 279 방아머리
③ 사진 280 볼씨
④ 사진 281 방아다리

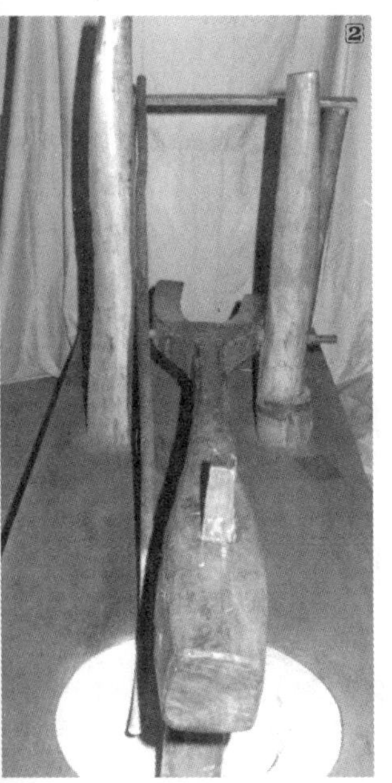

2. 대 만

사진 282·283은 대만 구족문화촌(九族文化村)의 외다리방아이다. 몸체나 볼씨 따위는 매우 투박하며 확에 비해 공이도 크고 두껍다. 다리 아래쪽의 살을 평평하게 발라내었으나, 이는 잘못이다. 위를 반반하게 다듬어야 딛기 편한 것이다. 문화촌 쪽에서 모조품을 만들 때 부주의하였기 때문이다. 방아머리에 줄을 감아서 천장에 잡아매는 방법은 우리를 닮았다.

◈ 몸체 길이 240센티미터
◈ 볼씨 높이 55센티미터, 지름 21센티미터
◈ 다리 끝 너비 23센티미터
◈ 공이 길이 40센티미터, 지름 23센티미터
◈ 확 지름 35센티미터

1 사진 282 디딜방아
2 사진 283 볼씨와 공이

그림 63은 디딜방아 찧는 모습을 나타낸 판화이다. 볼씨를 길게 세우고 가로
목을 질러서 손잡이로도 쓰는 점은 유별나다. 중국을 비롯해서 인도의 벵골 지
방이나 타이 산악지대의 디딜방아 가운데 구부러진 볼씨 끝을 손잡이로 쓰는 예
가 있기는 하나, 이 같은 형식은 처음이다. 또 바닥에 긴 네모꼴 구멍을 내어서
방아다리를 밟을 때 한끝이 그 안으로 들어가도록 한 것도 마찬가지이다.

그림에는 나타나지 않으나 네 귀에 기둥을 세운 틀방아인 까닭에 구멍을 내었
을 것이다. 나는 대만 원주민들의 디딜방아와 절구 조사를 위해 1990년 2월 보
름 동안, 여러 곳을 찾아다녔으나 실물을 찾지 못하였다. 1921년에 나온 농기구
보고서 《대만지농구(臺灣之農具)》(臺灣總督府 植産局 刊)에도 올라 있지 않다.
따라서 대만에서는 디딜방아를 극히 일부 지역에서만 쓴 것으로 생각된다.

그림 63 디딜방아 찧기

3. 일 본

가. 농서와 풍속화의 디딜방아

일본에서는 디딜방아를 '가라우스(唐碓)'라 부른다. '방아(우스)'라는 말 앞에 붙은 '가라(唐)'는 중국의 당나라가 아니라, 우리를 가리키는 말이다. 신라에서 들어간 가야금도 '가라고도(唐琴)'라 하는 것이 좋은 보기이다. 저들은 임진왜란 때 일본 고치현(高知縣) 고치시(高知市)에 건너가서 두부를 만들어 판 박호인(朴好仁)과 그의 일족 수십 명이 살던 거리(동서 약 1킬로미터, 남북 18미터쯤 된다)를 지금도 '도오닌초오(唐人町)'라 부른다. 다음은《고치시사(高知市史)》가운데 '니시도오닌초오(西唐人町)와 히가시도오닌초오(東唐人町)'의 내용이다.

본디 경상도 추월성주(秋月城主)였던 박호인은 부하 30명과 함께 포로가 되어, 토좌(土佐)에 와서 포호성(浦戶城) 아래 하계병(下桂浜)에 살았다. 야마우치(山內) 씨가 새 영주가 되면서 이 거리를 그 자손에게 주고 두부를 만들게 하였다. 당시 도오닌초오에는 두부가게가 60여 개 있었으며, 이후 이 거리 밖에서는 두부를 만들지 못하도록 막았다. 예부터 두부가게 사람만은 비가 내릴 때, 자루 없는 우산 같은 것을 쓰고 다녔다. 이는 한국의 유풍(遺風)이라고 한다.

이 글 가운데 '자루 없는 우산'은 삿갓일 터이다. 1995년 이 거리를 찾았을 때 두부가게는 완전히 자취를 감추었고, 박호인의 집 자리에는 큰 호텔이 들어서 있었다.

일본에서는 한국의 '한(韓)'도 '가라'로 읽는다. 우리에게서 건너간 쟁기에 '가라'를 붙여 '가라스키(韓犁)'라 이르는 것이다. 우리 쟁기가 건너간 사실은 일본에서 이미 상식이 되었으므로 덧붙일 것이 없다. 저들은 또 우리 부뚜막을 신으로 모신 한조신사(韓竈神社)를 '가라가마진자', '한국(韓國)'이라는 지명을 '가라쿠니'로 읽는다. 이 밖에 한자의 '한(漢)'을 '가라'로도 읽고, '가라가미(韓神)'를 '한신(漢神)'으로 적기도 한다.

'매울 신(辛)'도 마찬가지이다. 나라시(奈良市) 동대사(東大寺) 경내에 있는 '가라쿠니진자(辛國神社)'의 본디 이름은 '한국신사(韓國神社)'였다. 나라 이름 '한(韓)'을 굳이 '매울 신(辛)'으로 고쳐 적은 까닭은 어디 있는가? 우리와의 관계를 숨기고 싶기 때문이다. 나는 어떤 일본 학자의 글속에서 "한(韓)을 당(唐)으로 적은 것은, 한국에서 들어온 문물이 매우 뛰어나서 격에 어울리는 글자를 택한 결과"라는 내용을 읽은 적이 있다. 이것이 사실이라면 우리는 저쪽에 감사하는 마음을 가져야 할 판이다. 그렇다면 '당'을 다시 '매울 신'으로 고친 까닭은 어디에 있는지 묻고 싶다. 손바닥으로 하늘을 가리는 말장난이 아닌가? '매울 신'은 결국 우리를 낮추어 보려는 의도에 불과하다. 여러 가지 문화가 쏟아져 들어갔을 때에는 고마운 생각이 들어서 '당'으로 적었지만, 차차 부끄러움이 고까움으로 바뀌어 '매울 신'으로 고친 것이다.

일본의 디딜방아 이름 자체가 우리에게서 건너간 사실을 알려주는 증거인 점에 대해서는 다시 말할 것이 없지만, 아라이 하쿠세키(新井白石)도 그의 《동아(東雅)》에 이렇게 적었다.

> 우리네 물맷돌을 고(구)려의 승 담징이 처음 만들었다고 한다면, 디딜방아 또한 삼한(三韓)에서 건너왔으므로 '가라우스(韓臼)'라 부르는 것이 마땅하다.

이 글의 '고구려 승' 운운하는 부분은 《일본서기》 스이코(推古) 천황 항목(18년 3월)에 들어 있다.

> 고구려 왕이 승 담징과 법정을 보내 왔다. 담징은 오경을 알고 있었다. 그는 채색 및 지묵을 만들고 물방아도 놓았다. 아마도 물방아를 쓴 것은 이때가 처음인 듯하다(高麗王貢上僧曇徵·法定 曇徵知五經且能作彩色及紙墨 幷造碾磑 蓋造碾磑 始于是時歟).

디딜방아가 언제 일본에 들어갔는지 현재로서는 잘라 말하기 어렵지만, 7세기에 승려 담징이 물맷돌을 만들어 줄 때 디딜방아도 함께 알려주었을 가능성이 높다. 아라이 하쿠세키가 말하는 '삼한'도 '삼국'일 것이다. 디딜방아 전파 시기에 대한 일본 학자들의 견해는 대체로 두 갈래로 나뉜다. 하나는 앞에서처럼 우리네 삼국시대에 들어갔다는 주장과, 설사 그렇다고 하더라도 널리 쓰인 것은 임진왜란 이후부터라는 설(二瓶貞一, 1972 ; 285)이 그것이다.

'가라우스(辛碓)'가 등장하는 첫 문헌은, 8세기에 나온《만엽집(萬葉集)》이다. 이 책에서도 '가라'의 소릿 값을 '매울 신(辛)'으로 적었다.

8세기 초에 나온 최초의 불교 설화집인《일본영이기(日本靈異記)》에도 디딜방아에 관한 기록이 있다. 다음은 '여우를 아내로 맞아 아들을 낳은 인연 2'의 대체적인 내용이다.

> 이 무렵 (여자로 변한 여우가) 임신을 하여 아들을 낳았다. 비슷한 시기인 12월 15일, 그 집의 개도 새끼를 낳았다. 개는 그네를 볼 때마다 이빨을 드러내고 크게 짖으며 맹렬하게 달려들었다. 위협을 느낀 그네는 남편에게 개를 죽여 버리자고 하였다. 그러나 남편의 반대로 뜻을 못 이루었다. 2월 3일경, 소작료로 바칠 쌀을 찧을 때, 그네는 방아꾼〔稻春女〕들에게 간식을 만들어 주려고 방앗간〔碓屋〕으로 들어갔다. 이때 개가 물려고 덤벼들자, 당황한 나머지 본성을 드러내어 (여우로 변하여) 바구니 위로 뛰어올랐다. 이를 본 남편은 "그대와 나 사이에 아이가 태어났으니, 하는 수 없소. 언제나 와서 함께 지냅시다" 하였다. 이로 인하여 그 여우는 이따금 남편과 잠자리를 같이 하였다. 여우를 '기쓰네(來ㄱ寢)'라 부르는 것은 이에서 왔다.

방앗간을 '대야(碓屋)'라 적은 만큼 디딜방앗간임이 분명하다. 그리고 일본에서도 경우에 따라 우리처럼 여러 여자들이 모여서 디딜방아를 품앗이로 찧는 관습이 오래전부터 있었던 것으로 짐작된다.

16세기의 학자인 미야자키 야스사다(宮崎安貞)는 그의《백성전기(百姓傳記)》에 디딜방아에 대해 이렇게 적었다.

> 디딜방아는 돌을 파서 만든다. 옛적에는 서서 찧는 것(절구)밖에 없었으나, 원화·경장(元和·慶長, 1596~1623) 무렵부터, 우리나라에 퍼지기 시작하였다. 그 당

시에 널리 보급되었다고 하지만, 오늘날 농촌에서는 쓰지 않는다. 돌확에 들어가는 곡식은 한 말에서 한 말 대여섯 되이다. 확은 둥글게 깎아 땅에 묻고 주위에 진흙을 발라 먼지가 들어가는 것을 막는다. 몸체는 길이 2미터(7尺)이며, 한쪽 면의 굵기는 15센티미터(5寸)이다. 소나무나 꾸지나무로 깎아 만든 공이의 끝은 둥글다. 길이는 18센티미터 정도(8~9寸)로, 30센티미터를 넘지 않는다. 확에서 1.5미터쯤 떨어진 곳에 잡목을 박되, 땅에서 위로 30센티미터쯤 드러나게 하고, 나무에서 15센티미터 되는 곳에 구멍을 뚫고 둥근 나무를 끼운다. 그리고 방아몸체인 각목에 뚫어 놓은 둥근 구멍에 꿰어서, 발로 밟을 때마다 빙글빙글 돌아가도록 하여 오곡만물을 찧는다. 사람이 발로 밟는 데에 두 개의 나무를 1.2미터 높이로 세우고 옆으로 나무를 가로질러 놓으며, 방아꾼은 이에 기대서서 찧는다. 새끼로 길게 맨 비에, 다시 긴 자루를 붙여서 확 주위로 튀어나온 곡식을 쓸어 넣는다. 지금은 오로지 오사카(大阪)와 나라(奈良) 등지의 양조장과 쌀을 찧어 장사를 하는 이들이 쓴다. 쌀겨가 흩어지거나 쌀 알갱이가 깨지거나 하는 일이 적다. 또 보리를 대강 찧는 데에도 쓸 만하다.

상세하고도 정확한 기록이다. '확에서 1.5미터 떨어진 곳에 박은 잡목'은 볼씨를, '빙글빙글 돌아가는' 데는 쌀개를 이른다. 그리고 '두 개의 나무를 1.2미터의 높이로 세운 것'은 손잡이이다.. 우리네 지식인 가운데 방아에 관해 이처럼 자세하게 적은 이가 없는 것은 아쉬운 일이다. 조선시대의 박지원이 방아에 대해 언급은 하였지만, 우리 것이 중국의 것보다 떨어진다는 잘못된 내용뿐이다.

이에 대해 미와 시게오(三輪茂雄)는 이렇게 덧붙였다(1978 ; 73).

경장·원화 연간에 들어왔다는 말은, 이미 우리나라에 있었지만, 그 이전은 드물었으며 새롭게 중국 부근에서 들어와 퍼졌다는 뜻이다.

일본의 경장·원화 연간에는 임진왜란이 일어나서, 한국으로부터 많은 문물이 들어갔고, 토매를 비롯한 여러 농기구도 묻어 갔다. 따라서 '중국 부근'이 아니라 '한국'이라고 적어야 옳은 것이다. 그가 '중국'이라 못박지 않고 '중국 부근'이라고 얼버무린 것도 우리나라를 염두에 두었기 때문이다. 실상 일본에서 가까운 '중국 부근'에 우리 말고 어떤 나라가 있는가?

한편, 1997년에 나온 《일본민구사전(日本民具辭典)》에는 "나가사키(長崎)에

① 그림 64 가을걷이 모습
② 그림 65 방아 찧기

온 중국 사람에게 배웠다"고 적혔다. 이 또한 잘못이다. 더구나 디딜방아가 일반에 널리 퍼진 것은 19세기 후반기 이후라면서 "1873년에 이른바, 공미제도(貢米制度)가 없어지고 세금을 현금으로 내게 되면서, 쌀 판매가 자유로워졌고 쌀 생산량도 늘어나 디딜방아의 보급이 확산되었다"고 덧붙였다.

일본에는 디딜방아에 관한 풍속도가 여러 점 남아 있어서, 방아의 형태나 시대에 따른 변모 과정을 살피는 데에 큰 도움을 준다. 작품의 제작 시기를 알 수 있는 것부터 설명을 붙인다.

그림 64는 16세기의 화가인 구스미모 리가게(雲谷等顔)의 〈사계경직도병풍(四季耕織圖屛風)〉 가운데 일부이다. 고진고문화회관(高津古文化會館)에 소장된 이 작품은 여섯 폭(六曲)으로 구성되었으며, 디딜방아 그림은 둘째 폭(二曲)에 들어 있다. 첫째 폭에는 도리깨질과 절구질 장면을, 둘째 폭에는 방아를 찧고 키질을 하며, 곡식 단을 나르고 광주리 따위에 갈무리하는 내용을 담았다.

디딜방아(그림 65)는 이례적으로 집 안마루에 설치하였다. 앞가슴을 풀어헤친 노인이 보꾹에서 내린 줄을 왼손에 쥐고 오른손에는 긴 작대기를 잡은 채 곡물을 찧는다. 작대기는 곡식을 뒤집어 주기 위한 것이다. 방아의 공이나 확은 보통·방아를 닮았지만, 볼씨와 쌀개는 완전히 다르다. 볼씨 아래위 두 곳에 구멍을 뚫고 두 개의 세장을 걸어 놓은 것이다. 따라서 방아몸체는 아래 세장 위에 얹혀 있다. 이는 매우 비합리적인 구조이다. 방아꾼이 다리를 밟을 때마다 방아허리가 좌우로 흔들리기 때문이다. 또 방아를 받치는 아래 세장이 얼마나 견딜지도 의문이 아닐 수 없다.

이와 같은 구조의 디딜방아는 다른 나라에 없다. 디딜방아의 종주국이라고 할 중국은 물론이고 일본에도 한 틀뿐이다. 그것도 실물이 아니라 그림에 들어 있다. 그러나 기이하게도 우리네 풍속도에 한 틀이 보인다. 19세기 말에서 20세기 초에 걸쳐 활동한 김준근이 남긴 풍속도의 것이다(그림 15).

앞의 병풍이 우리 쪽에서 건너갔다는 설이 있었다는 해설자(河野通明, 1996 ; 36)의 언급은 놀랍기까지 하다. 다음이 그 내용이다.

고진고문화회관의 〈경직도병풍〉은 경(耕)과 직(織)을 세트로 한 것으로, 중국 본래의 경직도의 구성을 따른 드문 작례(作例)이다. 이 병풍에 대해, 과거 폭의 너비가 좁고 긴 점을 들어 조선에서 전래하였다는 설도 있었으나, 농부가 쥐고 있는 괭이〔鍬〕가 일본형(日本型)으로 묘사되어, 일본 화가의 작품임에 틀림없다. 이 작품은 미술사가들 사이에서도 유파(流波)에 대한 논의가 분분하며, 농구 묘사의 면에서도 분명치 않은 데가 있다.

그는 농부가 쥐고 있는 괭이(여섯째 폭과 일곱째 폭)가 일본형이므로, 병풍 또한 일본 화가의 작품이라고 주장하지만, 이것만으로는 설득력이 약하다. 우리도 같은 괭이를 널리 썼기 때문이다. 화가래가 그것이다. 더구나 우리와 가까운 나가사키현(長崎縣)과 사가현(佐賀縣)에서는 이를 '고려가래〔高麗鍬〕'라고 불렀던 것이다(月川雅夫·立平進, 1984 ; 180). "농구 묘사의 면에서도 분명치 않은 데가 있다"는 부분은 이를 두고 말한 것이 아닌가 싶다. 그러나 이 병풍이 한국에서 건너갔다고 말할 생각은 없다. 구스미모 리가게는 16세기의 화가이고, 김준근은 19세기의 예술가인 점도 그 이유의 하나이다.

그림 66은 1690년에 나온 《인륜훈몽도회(人倫訓蒙圖彙)》에 실린 외다리 방앗간 모습이다. 오른쪽 어깨를 드러내 놓고 허리 뒤에 부채를 꽂은 건장한 사나이

가 곡식을 찧는다. 긴 장대 끝에 잡아맨 긴 빗자
루를 오른손에 쥐고 확에서 튀어나오는 곡물을
쓸어 넣고 있다. 방아 한쪽에는 무거리를 거르는
체와 곡식 섬, 말과 평미레 따위가 놓였다. 우리
네 고구려 무덤 벽화의 디딜방앗간처럼, 오른쪽
위에 대(碓)라고 쓴 것이 눈을 끈다.

그림 66 방아 찧기

이 방아에는 디딤대가 없다. 따라서 방아꾼은
왼다리를 방아 끝에 놓고, 오른다리로 땅을 딛고
서 있다. 왼손을 방아틀에 얹어서 몸을 솟구치는
데 도움을 받기는 하지만, 온몸의 무게를 실어서
방아를 찧으려면 힘이 많이 든다. 손잡이의 형태와 긴 비로 곡물을 쓸어 넣는
모습은 중국 방아를 연상시킨다.

다음은 디딜방아에 대한 교주(校注)이다.

> 옥수수와 함께 들어왔으며, 도요고구니(豊後國 ;지금의 규슈 중동부 지역)에 퍼져
> 나갔다. 교토(京都) 쪽으로 점점 올라가서 주로 오우미(近江;지금의 滋賀縣)와 에치
> 젠(越前;지금의 福井縣)에서 널리 쓰게 되었다. 배〔腹〕골이 크거나 산에 사는 대식
> 가(大食家)에게는 필수의 기구이다.

"옥수수와 함께 들어왔다"는 부분은 옳지 않지만, 이를 통해 당시에 디딜방아
로 옥수수를 많이 찧은 사실을 알 수 있다. 아닌게 아니라 '산에 사는 대식가'는
옥수수를 디딜방아로나 찧어야 배를 불릴 수 있을 것이다.

그림 67(堀家本 四季農耕繪卷)은 1746년 작품으로, 시가현(滋賀縣)의 농경 풍
경을 묘사한 것이다. 다른 방아와 달리 'ㄷ'자꼴 손잡이를 두 사람이 나란히 서
서 잡고 있다. 방아도 둘이 함께 찧는 것이다. 방아몸체가 너른 까닭도 이에 있
을 것이다. 한 틀의 방아를 둘이 찧는 일은 매우 드물다. 눈여겨볼 일이다.

그림 68은 17세기에 활약한 구구우 슈케이(久隅守景)의 〈사계경작도병풍(四季
耕作圖屏風)〉(六曲一雙) 가운데 첫째 폭에 실린 디딜방앗간 모습이다. 방아머리
나 공이는 보이지 않지만, 일반적인 방아임에 틀림없다. 방아꾼은 디딜방아 다

1 그림 67 방아찧기
2 그림 68 방아찧기

리께 좌우 양쪽에 박은 두 개의 기둥에 걸쳐 놓은 손잡이를 양팔로 껴안은 듯한
자세로 곡물을 찧는다. 방아 일이 마음에 썩 내키지 않는 몸짓이다.

그림 69는 1804년에 나온 《성형도설(成形圖說)》에 실린 디딜방아이다. 이 방
아의 특징은 두 가지이다. 하나는 널쪽으로 만든 다리를 몸체에 이어 붙인 점이
다. 좋은 나무가 지천인 일본에서 방앗감을 구하기 어려워, 이처럼 구차한 방법
을 썼다고는 생각되지 않는다. 그렇다면 무슨 까닭인가? 다리 쪽의 무게를 덜려
는 궁리의 결과이다. 다리께가 가벼우면 밟는 힘이 그만큼 덜 들게 마련이다.
그러나 다리를 이어 붙인 방아는 오래가기 어렵다.

다른 하나는 머리에 돌을 잡아맨 점이다. 돌도 공이 양쪽에 올려놓았다. 공이
의 끝을 길게 뺀 것도 이를 위해서이다. 다리 쪽은 무게를 덜면서 머리에는 무
게를 더한 것이다. 적어도 논리적으로는 합리적인 고안임에 틀림없으나, 실제적
인 효과도 그만큼 높을지는 의문이다.

그림 70은 19세기 초에 디딜방아로 기름을 짜는 광경이다. 앞에서처럼 다리
쪽에 널쪽을 이어 붙였고, 머리에는 돌을 잡아매었다. 볼씨와 쌀개의 형태도 다
르지 않다. 방아도 둘이 찧는다. 그러나 이들은 나란히 서지 않고 앞뒤로 늘어

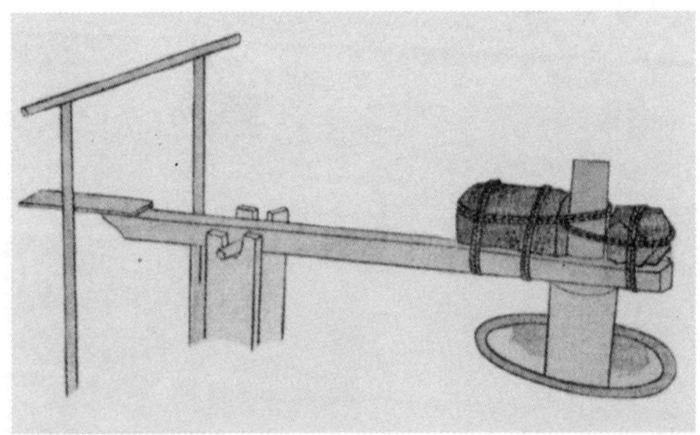

그림 69 방아머리에 돌을 잡아맨 방아

그림 70 기름 짜기

섰다. 앞사람은 천장에서 내린 줄을 두 손에 잡고, 왼다리는 따로 마련한 디딤대에 올려놓았다. 그리고 뒤의 사람은 양 기둥 사이에 걸쳐 놓은 손잡이를 잡고 있다. 능률의 면에서는 앞뒤로 서기보다 옆으로 나란히 서는 것이 바람직하다.

앞사람은 머리에 수건을 쓴 대신, 벌거벗은 채 샅만을 겨우 가린 모습이고 뒤의 방아꾼은 맨머리에 짧은 바지 차림이다. 그러나 방아머리 옆에 앉아서 애벌 찧은 것을 체로 거르는 께끼꾼은 복장을 두루 갖추었다. 우리는 디딜방아로 기름을 짜지 않았다. 닥나무를 찧은 경우는 없지 않지만, 기름은 기름틀로 짰다. 중국도 마찬가지일 것이다. 일본 사람들은 디딜방아를 다양하게 쓴 셈이다.

그림 71은 기름을 짜는 방아의 머리 부분을 나타낸 것이다. 공이 끝에 쇠촉을 박았다. 체로 쳐낸 종자를 다시 볶아서 찧고 이것을 한 번 찐 뒤에 기름을 짠다.

그림 72는 19세기 말의 디딜방아(東京府 下六郡 農具圖)이다. 몸체 끝에 널쪽을 잇대어 놓고 머리에 돌을 잡아맨 점은 앞의 방아들과 같다. 그러나 확은 매우 다르다. 몸통은 돌이지만, 그 위에 통을 메우듯이 둥글게 대쪽을 두르고 줄로 동여 놓은 것이다. 공이에 빗맞은 곡식 알갱이가 밖으로 튀어나가는 것을 막기 위한 장치이다. 매우 합리적인 방법이다. 외국에서 들어온 것에 궁리에 궁리를 보태서 훨씬 더 이로운 기구를 만들어 내는 일본 사람들의 천부적인 재주가 잘 드러난 좋은 보기이다.

그림 73은 19세기 말의 화가인 기타 사이(北齊)의 작품이다. 공이 쪽에 무게를 더하려고 방아머리에 돌을 잡아매었음에도, 방아꾼이 힘을 지나치게 쓴 나머지

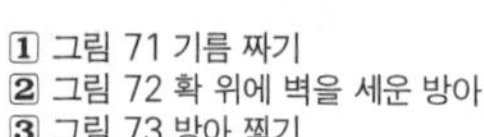

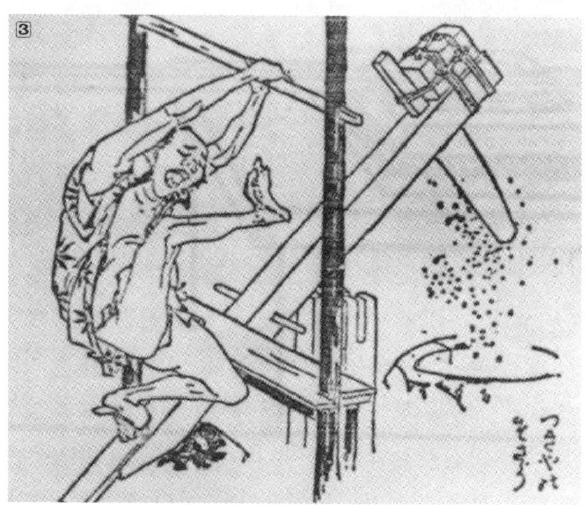

① 그림 71 기름 짜기
② 그림 72 확 위에 벽을 세운 방아
③ 그림 73 방아 찧기

공이가 번쩍 들리는 바람에, 미처 몸을 추스르지 못하고 미끄러져 내리는 우스꽝스런 장면이다. 더구나 방아꾼의 옷자락마저 활짝 젖혀져서, '중요한 부분'까지 드러났고, 이 바람에 쌀개도 볼씨에서 퉁겨져 나왔다. 좌우 양쪽에 두 개의 기둥을 세우고 가운데에 가로목을 건너질러 손잡이로 삼은 것은 우리네 찌껑나무를 연상시킨다. 볼씨와 쌀개 그리고 디딤대는 앞의 방아 그대로이다.

그림 74의 방아에서는 다리에 이어 놓은 널쪽을 끈으로 묶었다. 볼씨로는 위를 십자꼴로 파낸 통나무를 박았다. 우리 강원도에도 이러한 형태의 볼씨가 많다. 손잡이와 디딤대의 구조는 앞의 것과 같으며, 방아머리에는 두 장의 돌(또는 나무토막)을 묶어 놓았다. 께끼꾼은 천장에서 내린 끈을 잡아맨 체로 무거리를 가리

는 중이다. 체를 손에 들지 않은 만큼 능률은 더 오른다. 그림 66에서도 체를 이렇게 다룬다. 께끼꾼처럼 중요한 부분만 겨우 가렸다.

그림 75에서는 확을 땅에 묻지 않고 절구로 대신하였다. 볼씨의 길이도 길어서 뒤에 설명하는 타이 산간지대의 방아를 연상시킨다. 머리에 돌을 잡아매고 손잡이를 세운 점, 방아몸체를 이어 놓은 점 등은 앞의 것들과 같다.

그림 76은 방아허리에서부터 널을 이어 대고 볼씨의 양쪽에서 묶었다. 앞의 자료를 보면, 한때 일본에서는 널쪽 두 장을 이어서 디딜방아 몸체로 만드는 방법을 널리 쓴 듯하다. 또 방아 일 자체도 남성들이 거의 도맡았던 것으로 생각된다.

1 그림 74 다리에 널쪽을 붙인 방아
2 그림 75 다리에 널쪽을 붙인 방아
3 그림 76 다리에 널쪽을 붙인 방아

그림 77은 중국의 틀방아를 연상시킨다. 네 귀에 짧은 기둥을 세우고 세장과 가로대를 연결하여 틀을 만들었다. 그리고 앞 기둥 위에 작은 홈을 파고 쌀개를 걸었다. 쌀개는 쇠몽둥이인 듯하다. 뒤쪽에 'ㄷ'자꼴 손잡이를 세웠다. 몸체 끝에 널쪽을 덧붙인 것은 앞의 방아와 같다. 이 그림에는 각 부위의 숫자가 적혀서 방아의 규모를 알 수 있다. 다음은 그 내용이다.

◈ 몸체 길이 7척 5촌(약 2.27미터)
◈ 공이 길이(몸체 아래 부분) 1척 5촌(약 45센티미터)
　 공이 길이(위로 솟은 부분) 1척(약 30센티미터)
◈ 디딤대 3척 4촌(약 103센티미터)
◈ 가로대 길이 3척 5촌(약 106센티미터)
◈ 손잡이 높이 4척 5촌(약 136센티미터)
◈ 방아머리의 돌 무게 8관(약 130킬로그램)
◈ 절구 지름 1척 7촌(약 51센티미터)
◈ 절구 높이 1척 8촌(약 54센티미터)

이러한 틀방아는 필요에 따라 옮겨 놓고 쓰기 편하다. 절구를 확으로 대신한 데다가 몸통 가운데에 반달꼴의 손잡이를 파놓은 것도 이 때문이다.

그림 77 틀방아

그림 78도 틀방아이다. 두 여인이 틀 위에 앞뒤로 줄을 나란히 서서 방아를 찧는다. 뒤의 아낙은 손잡이를 쥐고 앞 여인은 천장에서 내린 줄을 양손에 잡았다. 앞사람은 몸체의 앞쪽을 딛어야 하므로, 두 사람이 좌우에 서서 찧는 우리네 두다리방아에 비하면 비능률적이다.

둘이 줄을 나란히 서서 찧으면서도 어째서 우리네 두다리방아를 받아들이지 않았는지 궁금하다. 공이 끝이 평평한 것으로 미루어 곡식보다 떡을 치거나 된장을 담을 삶은 콩을 찧는 데에 쓰인 듯하다.

사진 284는 틀방아를 찧는 모습이다. 방아의 형태는 앞에서 든 틀방아와 같다.

사진 285는 대마도와 본토 사이에 위치한 이키섬(壹岐島)의 틀방아이다. 쌀개에서 다리에 이르는 부분의 살을 아래에서 위쪽으로 발라낸 까닭에 다리 끝이 위로 조금 휘었다. 이렇게 하면 발을 딛기 편하다. 또 허리에서 머리 쪽으로 가면서 바닥을 깎아서 무게를 줄인 것도 눈을 끈다. 일본의 틀방아는 중국의 것을 본떠 만들었을 것이다.

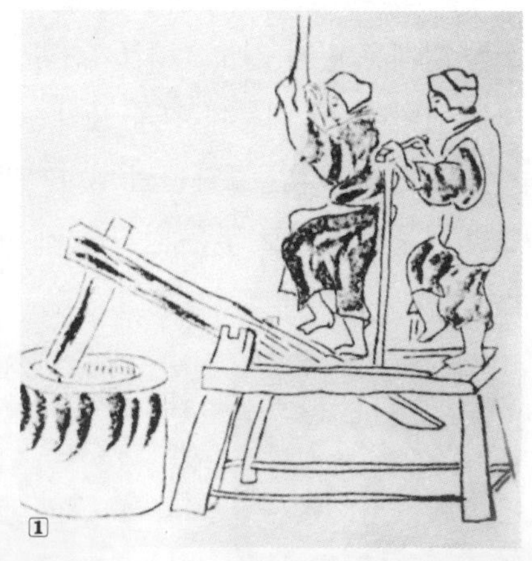

1 그림 78 틀방아
2 사진 284 틀방아
3 사진 285 틀방아

나. 대마도의 디딜방아

사진 286과 287은 외다리방아이다. 우리처럼 가운데를 적당히 발라낸 돌을 볼씨로 삼았다. 받침돌을 방아다리 양쪽에 놓은 것을 보면 두 사람이 찧는 듯하다. 그러나 다리가 좁아 매우 불편할 것이다. 머리 아래쪽에 홈을 파서 괴밑대가 걸리도록 한 착상은 뛰어나다.

사진 288에서는 끝이 아귀진 나무를 괴밑대로 썼다. 그리고 확 앞쪽의 땅을 조금 파서 괴밑대 아래가 박히도록 하였다. 미끄러지는 것을 막기 위해서이다. 방아 주인은 생각이 깊은 사람이다.

사진 289의 볼씨와 쌀개 모습은 특이하다. 굵고 둥근 나무 가운데에 낸 구멍에 한쪽 쌀개를 먼저 걸고 나서(사진의 오른쪽), 나머지 한쪽을 반대쪽 볼씨 구멍에 박은 것이다. 이 때문에 왼쪽 볼씨는 뒤로 기울었다. 서너 군데에 쐐기를 쳐서 바로잡으려 하였지만 효과는 뚜렷하지 않다. 왼쪽 볼씨의 가운데를 길이로 파고 단단한 나무를 심지로 넣은 점도 눈에 띈다. 매우 구차스런 방법이다.

1 사진 286 외다리방아
2 사진 287 방앗공이
3 사진 288 방앗공이
4 사진 289 쌀개

사진 290의 방아꾼은 보꾹에서 내린 줄을 잡고 방아를 찧는다.

이 끈은 방아다리를 힘주어 딛는 데에도 도움이 된다. 중부 지방인 기후현(岐阜縣)에서도 같은 끈을 쓴다. 천장에 잡아맨 끈을 잡는 방법은 우리도 널리 썼다. 방아머리 옆의 긴 몽둥이는 괴밑대이다. 필요한 때 쓰기 편하도록 끈으로 잡아매어 놓았다. 그럴 듯한 생각이다. 앞 방아처럼 괴밑대의 안정을 위해 머리 아래에 우묵한 자리를 마련하였다.

사진 291의 방아에 대해 따로 설명할 것은 없다. 괴밑대를 쓰는 대신, 방아머리에 홈을 파고 보꾹에서 내린 끈을 걸어 놓은 점이 눈에 띈다. 곳에 따라 우리도 이 방법을 썼던 것이다. 네모로 다듬은 공이 끝은 뭉툭하며, 볼씨에서 다리까지의 길이는 짧은 편이다. 확 주위를 시멘트로 반듯하게 발라 놓았다.

대마도는 넓이 714평방 킬로미터에 지나지 않는 작은 섬 — 이라기보다는, 바다에 떠 있는 산이라고 할 만한 고장임에도 이처럼 여러 가지 방법을 쓴 것은 놀랄 만한 일이다. 우리 문화와 일본 재래의 문화가 어울린 결과인 듯하다.

◈ 몸체 길이 190센티미터, 너비 10센티미터, 높이 14센티미터
◈ 공이 길이 55센티미터
◈ 확의 가로 55센티미터, 세로 35센티미터, 지름 42센티미터

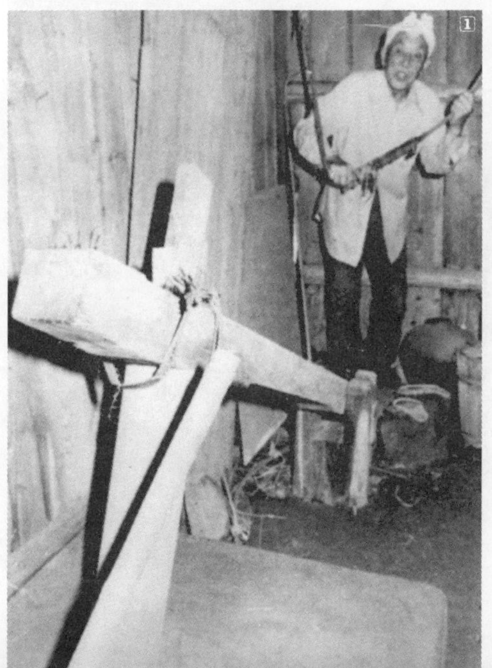

1 사진 290 방아 찧기
2 사진 291 볼씨와 공이

다. 다른 곳의 디딜방아

사진 292·293은 나라시(奈良市) 교외의 야마토 민속공원(大和民俗公園) 전시품이다. 방아머리에 나무를 덧대고 디딤대로 나무토막을 놓았다. 볼씨로 세운 돌은 잘 다듬었다. 다리의 바닥 살을 발라내어 무게를 덜었다.

사진 294도 앞의 공원 전시품이다. 다리께에 천장에 이르는 긴 기둥을 세우고, 중간 벽 사이에 가로목을 건너질러서 손잡이로 삼았다. 우리네 방법 그대로이다.

사진 295도 같은 곳의 방아이다. 디딜방아를 집안 마루 한쪽에 놓은 것은 매우 뜻밖이다. 다른 나라에는 없기 때문이다. 그러나 일본에서도 흔한 일은 아니다. 방아가 비교적 작은 데다가, 주로 양념 따위를 빻으므로 문제는 없을 것이다. 디딜방아를 마루에까지 끌어들인 것은 역시 실용성을 첫손에 꼽는 민족성의 결과라 하겠다.

1 사진 292 디딜방아
2 사진 293 방아머리와 확
3 사진 294 디딜방아
4 사진 295 마루에 세운 디딜방아

사진 296은 히로시마현(廣島縣) 어떤 농가의 방아이다. 현관 한쪽에 두 틀의 방아를 걸었다. 손잡이의 형태는 앞 방아와 같다. 볼씨와 다리 끝에 가로 댄 나무 사이에 널쪽을 걸고 디딤대로 삼았다. 곡식이 밖으로 튀어나오는 것을 막으려고 확의 안쪽 벽을 배가 부른 항아리처럼 불룩하게 만들었다. 일본에서도 보기 드문 방아이다.

사진 297은 미야기현(宮城縣)의 어떤 농가에서 두 아낙이 꾸지나무 열매를 찧는 장면이다. 앞 여인은 왼손을 뒤로 돌려서 손잡이를 잡고 있어 자세가 불안정하다. 더구나 허리를 반쯤 돌린 까닭에 오래 일하기 어렵다. 이 경우, 우리네처럼 천장에서 늘인 새끼줄을 오른손으로 잡으면 훨씬 편리할 것이다. 볼씨가 흔들리는 것을 막으려고 아래쪽에 가로대를 박아 놓았다(앞 방아에도 이것이 보인다). 확이 너르지만 땅에서 솟아 있어, 곡물이 튀어나가면 쓸어 담기도 쉽지 않을 듯하다.

사진 298은 사이타마현(埼玉縣) 지치부군(秩父郡)의 디딜방아이다. 우리가 아는 대로 디딜방아는 곡식을 찧거나 빻는 데에 쓰지만, 이곳에서는 곡물의 알갱이를 떨어내는 데에도 이용하였다. 보리를 그네에 올려서 훑으면 대가리가 조각조각 찢겨서 떨어진다. 따라서 이것을 다시 디딜방아에 넣고 찧어서 알갱이를 떠는 것이다.

사진 296 나란히 세운 방아

사진 297 방아 찧기

사진 298 방아 찧기

이 방아는 둥근 통나무를 십자꼴로 파고 볼씨로 삼았다. 우리네 강원도 방아 그대로이다. 나는 아직 일본의 다른 고장에서 이 같은 볼씨를 보지 못하였다. 다만 볼씨 옆구리에 구멍이 뚫리지 않은 것을 보면 쌀개를 볼씨 중간에 걸지 않고 윗부분에 걸쳐 놓은 듯하다. 따라서 쌀개는 쇠막대기일 가능성이 높다. 방아 머리에는 넓적한 나무토막을 얹어서 무게를 더하였다. 머리 아래쪽에 빚어 놓은 턱은, 방아를 쓰지 않을 때 괴밑대를 괴기 위한 것이 아닌가 싶다.

보고자[大館勝治]에 따르면, 앞 지역에는 1935년부터 디딜방아가 퍼졌다고 한다. 그 이전에는 오로지 절구에 의존하였던 까닭에, 여성은 중노동에 시달릴 수밖에 없었다는 것이다. 따라서 절구는 이 무렵부터 자취를 감추었다.

일본의 수도이자 새 문물의 중심지인 도쿄에서 그리 멀리 떨어지지 않은 이 지역 사람들이 디딜방아의 편리성을 20세기 중반에 와서야 깨달았다고 하니 기이한 일이다.

4. 타 이

타이 북동부 산간지역인 이른바, '황금의 삼각지대'에 거주하는 소수민족들은 지금도 외다리방아를 많이 쓴다. 이들의 방아를 살펴본다.

가. 몽족의 디딜방아

먀오족(苗族)의 한 갈래인 몽족은 10세기 중반, 라오스에서 넘어왔다. 이들은 중국 서남부인 운남성·귀주성·사천성 등지에 몰려 산다.

사진 299·300·301·302·303은 치엥라이시 부근에 거주하는 몽족 디딜방아이다. 이들은 기름한 나무토막 가운데를 우묵하게 파서 확으로 쓴다. 확 안쪽에 이남박처럼 이를 파 놓았다(사진 303). 확은 땅에 묻지 않는다.

사진 299 디딜방아

긴 통대를 볼씨로 세운 점도 특이하다. 방아꾼은 몸을 앞으로 구부리고 볼씨 끝을 두 손으로 잡는다. 볼씨의 오른쪽(머리를 향해서)은 왼쪽보다 조금 더 길다. 높낮이가 달라야 편하다니 알 수 없는 일이다.

일반적으로 오른쪽이 높지만, 반대의 경우도 없지 않다. 따라서 어느 쪽을 더 높이고 어느 쪽을 낮추는가 하는 문제는 그 지역의 관습에 달린 듯하다. 그것은 어떻든 오른쪽이 높으면 몸이 왼쪽으로 쏠려서 지장을 받을 수도 있을 것이다. 몸체는 베틀 북을 닮은 쌀개의 가운데에 꿰어 놓았다. 볼씨가 대나무인 까닭에 구멍은 점점 낮아진다. 이때에는 다리께의 땅을 더 파서 조절한다. 이 방아의 여러 가지 특징은 중국의 운남성이나 귀주성의 것들과 매우 닮았다. 두 지역의 문화가 가까운 사이임을 알려 주는 보기이다.

◈ 몸체 길이 360센티미터, 너비 18센티미터, 두께 8센티미터
◈ 확의 가로 92센티미터, 너비 40센티미터, 높이 24센티미터
　확 구멍 지름 32센티미터, 깊이 23센티미터
◈ 공이 길이 75센티미터
◈ 긴 볼씨 길이 110센티미터
◈ 쌀개에서 다리의 길이 95센티미터,　쌀개의 가로 67센티미터
◈ 땅바닥에서 쌀개까지의 높이 32센티미터

사진 300 방아다리

사진 301 방아머리

사진 302 쌀개

사진 303 확

나. 리수족의 디딜방아

리수족은 타이 북부 산간지대 서북쪽에 퍼져 있다. 옛적에는 디딜방아를 집집마다 갖추었으나, 1989년부터 부쩍 줄어들었다. 1991년 현재에는 마을에 한 틀만 남아 있었다. 디딜방아로 쌀을 찧거나 옥수수 가루를 낸다. 확의 수명은 2~3년이고, 몸체는 5년쯤 간다(사진 304·305·306).

새해 첫머리 사흘 동안, 돈을 상징하는 종이를 방아머리에 붙여 놓으면 풍년이 든다고 여긴다. 그리고 이때에는 아무도 방아를 쓰지 않는다. 방아는 앞의 몽족의 것과 비슷하며, 통나무를 길이로 파서 볼씨를 삼은 점만 다르다(사진 306). 볼씨 구멍은 길게 패였다. 두툼하고 긴 널을 몸체에 길이로 놓고 디딤대로 삼은 것도 눈여겨볼 점이다. 주인공은 오른발로 딛고 있다.

사진 304 디딜방아

① 사진 305 방아다리
② 사진 306 볼씨

다. 카렌족의 디딜방아

카렌족은 타이 소수민족 가운데 수가 가장 많으며(약 27만), 주로 미얀마와 경계를 이루는 산간지대에 퍼져 있다. 18세기에 미얀마에서 타이로 들어온 이들은, 미얀마 정부를 상대로 강력한 반정부 활동을 벌여온 것으로 유명하다.

카렌족은 디딜방아(사진 307 · 308 · 309)의 볼씨와 머리 사이에 두 개의 긴 기둥

사진 307 디딜방아

(길이 192센티미터)을 박아둔다. 공이가 올라갈 때, 머리가 좌우로 흔들리는 것을 막기 위해서이다. 방아몸체가 워낙 긴(297센티미터) 데다가, 절구꼴의 통나무를 확으로 쓰는 까닭에 머리를 약 2미터나 들어올려야 한다. 따라서 기둥이 없으면 머리 쪽이 흔들리는 것이다.

확(절구)의 높이가 52센티미터이고 깊이는 30센티미터이므로,

공이가 실제로 떨어지는 거리는 180센티미터에 이른다. 이것은 세계 어느 지역의 디딜방아보다도 큰 낙차(落差)이다. 방아의 기능은 높을 터이지만, 공이를 들어올리려면 적지 않은 힘이 든다. 더구나 시간이 지나서 확의 바닥이 패이면 위를 잘라내고 다시 쓰는 과정을 거듭하므로 그 낙차는 점점 커지게 마련이다. 절구꼴의 나무확을 쓰는 것도 그렇거니와 위를 잘라가며 쓰는 방법 또한 다른 데에서는 볼 수 없다.

사진 309처럼 볼씨에 쌀개 구멍을 아래위 두 곳에 낸 것도 확의 높이가 낮아지는 데에 따라 방아 높이를 조절하기 위한 것이다. 다리께에 기둥 두 개를 세우고(높이 114센티미터), 가로목을 건너질러 손잡이(길이 85센티미터)로 삼은 점 또한 타이의 다른 곳에서는 보기 어렵다.

◎ 방아머리 가로 20센티미터, 세로 12센티미터
◎ 볼씨 높이(오른쪽) 96센티미터
◎ 확의 전 두께 5센티미터, 주둥이 지름 30센티미터

사진 308 방앗공이

사진 309 볼씨

사진 310 방아 찧기

사진 310도 형태는 앞의 것을 닮았다. 볼씨는 매우 약하다. 통나무의 가운데를 길이로 파내고 남은 양쪽 기둥에 구멍을 파고 걸었기 때문이다. 벌써 구멍 자체도 크게 늘어났다. 머리께가 흔들리는 것을 막으려고 긴 작대기를 박고 위에 끈을 동여서 옆 기둥에 잡아매었다. 담뱃대를 입에 문 채 벼방아를 찧는 아낙의 표정은 아주 한가롭다.

라. 라후족의 디딜방아

타이 북부의 산간지대에서는 디딜방아를 노천에 설치하는 것이 보통이지만, 방앗간을 따로 세우기도 한다. 사진 311·312·313·314는 치앙라이시 서쪽의 라후셀레 마을 디딜방앗간 모습이다. 모두 9개의 기둥을 석 줄로 나란히 세우고 그 위에 볏짚을 얹었으며, 방아는 좌우 양쪽에 한 대씩 걸었다. 마을 공용의 이 방아들은, 지붕 시설 덕분에 서너 달씩 이어지는 우기(雨期)에도 쓸 수 있다. 확은 밑으로 내려갈수록 좁아져서 팽이꼴을 이룬다(사진 315).

라후족은 반드시 평평한 땅에서 자라난 나무로 방아를 만든다. 비탈진 곳의 나무는 복이 내리지 않는다고 믿기 때문이다. 70여 호의 이 마을에는 본디 60여 틀의 방아가 있었으나 1994년 2월 현재, 10여 틀이 채 못남은 형편이었다. 이들은 디딜방아로 곡물을 찧거나 빻는 외에 떡도 친다(사진 316).

1 사진 311 방아 찧기
2 사진 312 방앗공이
3 사진 313 키로 까불기
4 사진 314 디딜방앗간
5 사진 315 확
6 사진 316 떡 찧기

떡의 양이 많지 않을 때에는 사진 316처럼 몸체를 들어내고 확을 절구 삼아 공이(대나무)로 찧는다. 이들은 공이에 찰떡이 들러붙는 것을 막으려고 들깨를 바르는 까닭에 떡에는 검은 빛이 돈다.

◈ 몸체 길이 178센티미터

◈ 확의 가운데 지름 33센티미터, 바깥 지름 50센티미터, 깊이 33센티미터

사진 317의 방아는 두 개의 볼씨 가운데 긴쪽 위에 긴 장대를 잡아매고, 다른 끝을 빗겨서 땅에 박아 놓았다. 이 장대는 손잡이 구실을 하지만(사진 318), 볼씨 자체를 받치는 데에도 도움이 된다. 손잡이를 가로 잡지 않고 빗겨 잡는 이유를 알 수 없다. 더구나 장대를 왼쪽으로 물려 세운 까닭에, 방아꾼도 비스듬히 서야 하는 불편이 따른다.

그러나 사진 319·320에서는 이와 달리, 양쪽 볼씨에 두 개의 장대를 몸체와 나란히 걸고 손잡이로 쓴다. 더구나 사진 320을 보면 장대를 걸기 위해 볼씨에 구멍까지 뚫었다. 이로써 두 사람이 찧을 수 있다.

앞의 두방아에서는 방아꾼이 서는 방법이 다르다. 사진 319에서는 둘이 좌우로 나란히 서서 찧는다. 한 사람은 오른발로, 다른 이는 왼발로 다리를 밟고 있다. 이와 달리 사진 320에서는 앞뒤로 섰다. 곧 왼손으로 손잡이를 쥔 앞 여인은 오른발을 써서 앞을 딛고, 뒤쪽은 왼발로 다리 끝을 밟았다. 사진에서는 보이지 않으나 뒤의 여인은 오른손으로, 오른쪽 손잡이를 쥐었을 것이다.

타이에서는 둘이 나란히 서거나, 앞뒤로 서서 찧는 사실을 알 수 있다. 네팔에서도 둘이 나란히 서서 찧으며, 중국에서는 한나라 때부터 앞뒤로 서는 방법을 써왔고(그림 38·39), 이는 일본에도 들어갔다(그림 78). 앞에서 일본의 틀방아가 중국에서 건너갔다고 하였거니와 방아꾼이 앞뒤로 서는 방법 또한 저쪽의 영향을 받았으리라 짐작된다. 그리고 타이 산악지대에 사는 소수민족의 선조들이 중국에서 내려온 점을 생각하면, 그 뿌리는 중국이라고 보는 것이 자연스럽다.

사진 321·322의 손잡이는 앞의 것들과 다르다. 다리께에 세운 두 개의 기둥에 작대기를 가로 걸었다. 이러한 형태의 손잡이는 중국에서도 널리 썼다.

타이 북쪽에 거주하는 소수민족의 디딜방아는 손잡이의 형태가 세계 어느 나라보다도 다양한 면모를 보인다. 손잡이가 없거나 볼씨를 손잡이로 대용하는

법, 긴 볼씨에 연결한 작대기를 빗겨 잡거나 볼씨에 잡아맨 작대기 둘을 두 사람이 각기 쥐는 법, 철봉대처럼 두 개의 기둥에 걸어 놓은 작대기를 잡는 법 등 다섯 가지이다.

사진 317 디딜방아

사진 318 방아머리

사진 319 방아 찧기

사진 320 방아 찧기

사진 321 방아 찧기

사진 322 확

5. 네 팔

네팔에서는 디딜방아를 오히키(Ohi-Kki)라 부른다. 방아는 곡물을 찧는 데에만 쓰고 가루를 낼 때에는 물방아를 이용한다. 따라서 디딜방아는 집 안에 설치하며, 간혹 처마 밑에 걸기도 한다.

사진 323·324·325는 카트만두 근교 농촌의 방아이다. 볼씨로 가운데를 우묵하게 다듬은 판장돌을 놓았다. 다리 끝의 나무 위를 깎아낸 대신, 땅바닥을 파놓은 까닭에 공이는 충분히 올라간다. 우리네 찌껑나무처럼 볼씨 옆에 세운 기둥(길이 112센티미터)과 벽 사이에 나무(59센티미터)를 걸어서 손잡이를 삼은 점이 눈을 끈다. 그러나 이 형식은 예외적인 것일지도 모른다. 내가 조사한 나머지 세 곳에는 없기 때문이다. 방아는 집 안의 한 귀퉁이에 세웠다. 몸체는 짧고, 공이 끝에는 쇠촉을 박았다.

◎ 몸체 길이 75센티미터
◎ 머리 쪽 너비 17센티미터, 높이 13센티미터
◎ 공이 길이 23센티미터, 쇠촉 길이 6.5센티미터, 지름 7센티미터
◎ 확 지름 25센티미터, 깊이 15센티미터

사진 326의 디딜방아는 담 옆으로 바짝 붙여 걸어 놓은 까닭에 한 손을 벽에 붙여서 몸의 균형을 잡는다.

사진 327·328은 두 아낙이 외다리방아를 쓰는 모습이다. 둘이 나란히 서서 각기 한쪽 발로 방아다리를 딛을 때, 오른쪽(향해서) 아낙은 오른발을, 왼쪽 여인은 왼발을 올려놓는다. 이들은 한동안 찧다가 사진 328처럼 자리를 바꾸어 선

다. 피로를 풀기 위해서이다. 네팔에서는 외다리방아를 우리네 두다리방아처럼 쓰기도 한다.

　몸체가 빈약한 데다가 벽에 붙여 세운 까닭에 손잡이가 따로 없어도, 몸을 벽에 기대는 것만으로 충분하다. 방아를 쓰지 않을 때에는 몸체를 집 안에 들여놓는다(사진 329). 가벼운 까닭에 떼거나 거는 일은 어렵지 않다. 앞에서 든 대로 중국 귀주성에도 같은 풍속이 있다(사진 240). 볼씨의 형태는 특이하다. 네 개의 짧은 기둥만 남기고 나머지 살을 깎아 만든 것이다. 네팔에서는 볼씨로 흔히 돌을 깎아 만든다. 앞 방아의 볼씨도 모두 돌이다.

　사진 330의 디딜방아는 볼씨가 길고, 그 위에 높이가 다른 점에서 타이 소수민족의 디딜방아를 연상시킨다. 그러나 손잡이의 형태는 완전히 다르다. 볼씨 사이에 작대기를 질러서 손잡이로 삼은 까닭이다. 이러한 형태의 손잡이는 방아꾼이 허리를 굽혀야 하므로 비능률적이다.

① 사진 323 디딜방아
② 사진 324 공이와 확
③ 사진 325 방아다리

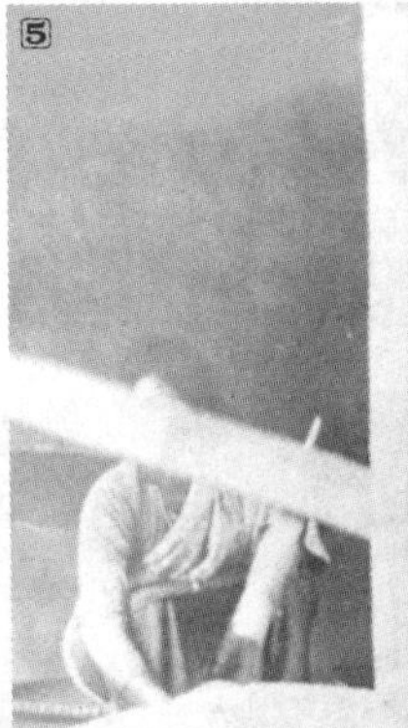

1 사진 326 벽에 붙여 세운 방아
2 사진 327 둘이 찧기
3 사진 328 둘이 찧기
4 사진 329 몸체를 떼어낸 방아
5 사진 330 방아 찧기

6. 인 도

사진 331·332·333은 뉴델리의 민속공예박물관 전시품이다. 다리 바닥의 살을
비스듬히 발라내어, 공이가 그만큼 더 올라간다. 그러나 볼씨가 워낙 낮아서 구
실을 제대로 할지 의문이다. 확도 시늉만 내었다. 디딜방아의 구조를 모르는 사
람이 세운 듯하다. 방아머리는 뾰족하게 다듬었다. 우리처럼 방아를 처마 밑에
걸어 놓았다.

① 사진 331 디딜방아
② 사진 332 방아몸체
③ 사진 333 처마 곁에 세운 방아

사진 334는 동북부 아삼 지방의 방아이다. 볼씨의 한쪽은 짧고, 다른 쪽은 길다. 방아꾼은 타이 소수민족처럼 볼씨를 손잡이 삼아 쥐고 있다. 방아가 오른쪽으로 쏠리는 것을 막으려고, 허리께에 기둥을 박은 것을 보면, 각기 다른 높이의 손잡이를 쓰는 방아꾼의 자세가 원인인 듯하다.

그림 79는 20세기 초에 그린 서부 벵갈 지방의 지옥도(부분도)이다. 드러누운 여인이 다리를 꼬아서 방아다리께를 누르고는 있지만, 지옥의 사자가 이제라도 발을 놓으면 머리통은 부서질 판이다. 방아머리는 사진 331처럼, 머리 가운데가 뾰족하다. 인도의 디딜방아도 모두 외다리이다. 손잡이는 쓰지 않거나 긴 볼씨로 대용한다. 손잡이를 쓰지 않는 경우, 긴 작대기로 곡물을 뒤집는 동시에 몸의 균형을 잡는다. 따라서 중국 및 타이의 방아와 닮은 셈이다.

그림 80도 벵갈 지역의 방아이다. 두툼한 나무를 십자로 파서 볼씨로 세우고, 쌀개를 걸었다. 아낙네가 오른손에 든 긴 대나무는, 확의 곡물을 뒤집어 주기 위한 것이지만 몸의 균형을 잡는 데에도 도움이 된다. 중국 서남부 지방에서도 같은 방법을 쓴다.

1 사진 334 방아 찧기
2 그림 79 지옥도 방아
3 그림 80 방아 찧기

7. 미얀마

그림 81은 간단한 스케치에 지나지 않으나, 방아 모습은 떠올릴 수 있다. 나무를 네모로 다듬어서 만든 확을 땅에 묻었다. 그리고 다리께 좌우에 세운 기둥에 작대기를 걸어 손잡이로 삼았다.

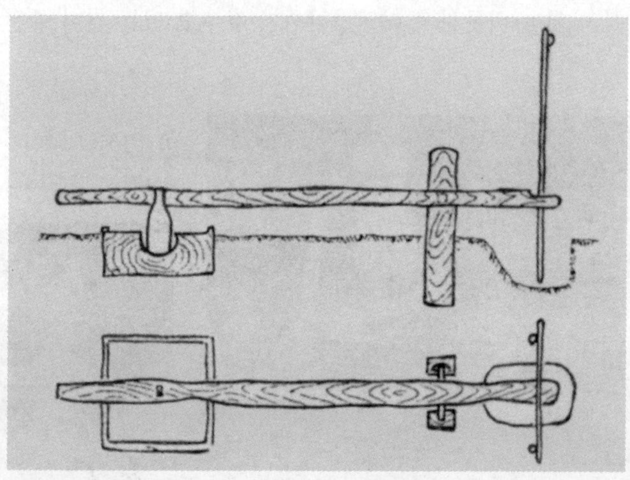

그림 81 디딜방아 그림

8. 중앙아시아

　사진 335·336·337은 중앙아시아 우즈베키스탄 공화국 타슈켄트시에 사는 우리 겨레붙이인 박덕언님네 디딜방아이다. 잘 알려진 대로 일제 강점기에 고국을 떠나 사할린 일대에서 살다가 1930년대에 다시 이곳으로 쫓겨온 이들은 조국의 문화를 지키려고 노력하였다. 이들이 지금도 고국에서 쓰던 떡구시(떡구유), 맷돌, 비, 바가지 따위를 비롯하여 디딜방아까지 갖추고 있는 것이 좋은 보기이다.

1 사진 335 디딜방아
2 사진 336 방아다리
3 사진 337 방아몸체

몸체는 톱으로 말랐다. 굵은 목재만 있다면 이 방법이 훨씬 쉽다. 손잡이는 철
봉처럼 세우고 널쪽을 놓아 디딤대로 삼았다. 머리와 공이, 확 따위는 우리네
것과 다름이 없다. 볼씨로 쇠기둥을 세우고 쇠몽둥이를 쌀개로 삼은 점이 눈을
끈다. 머리 쪽에 쇳덩이를 잡아매었으며, 방아를 쓰지 않을 때에는 괴밑대로 받
쳐 둔다.

◎ 몸체 길이 220센티미터, 너비 16센티미터, 두께 13센티미터
◎ 다리 길이 93센티미터, 너비 36센티미터
◎ 공이 길이 67센티미터
◎ 확 지름 38센티미터, 깊이 36센티미터

사진 338·339·340·341·342도 타슈켄트시의 우리 겨레네 외다리방아이다.
마당에 세운 앞의 것과 달리 방앗간 안에 놓았다. 다리께 양쪽에 네모 돌을 놓
고 널쪽을 얹어 디딤대로 삼았다. 다리 끝의 살은 아래위 양쪽에서 발라내었다.
볼씨는 나무지만 쌀개는 쇠몽둥이를 걸었다. 확 주위에 시멘트를 발라서 밖으로
튀어나오는 곡식을 쓸어 넣기 편하다. 우리네 방식 그대로이다.

앞집의 박씨는 고국에서 두다리방아를 썼지만, 이곳에서는 외다리방아를 썼
다고 한다. 중앙아시아에서는 오직 우리 겨레들만 디딜방아를 쓴다.

사진 338 외다리방아

사진 339 방아머리

사진 340 볼씨

사진 341 방아머리와 확

사진 342 디딜방앗간

9. 이탈리아 · 소아시아 · 그리스

사진 343은 폴 쇼이어마이어(Paul Scheuermeier)가 이탈리아와 스위스의 농기구를 조사해서 펴낸 책(《Bauernwerk》, 1956;394)에 실린 것이다. 아쉽게도 저자는 "유고슬라비아에 가까운 지역에서 여인이 발로 곡식을 찧는다"는 설명만 달아놓았다.

몸체와 공이와 네모꼴의 돌확 따위는 우리네 외다리방아와 다를 것이 없다. 주춧돌을 닮은 쌀개도 마찬가지이다. 그러나 방아를 찧는 방식은 크게 다르다. 사람이 몸체에 올라서서 찧을 때에는 앞발을 내어 딛고, 공이를 들어올릴 때에는 몸의 중심을 뒷발 쪽으로 옮겨야 한다. 우리는 공이와 몸체의 무게로 찧지만, 이 방아는 찧을 때 다리의 힘을 더하므로 능률이 오를 것이다. 그러나 몸체의 균형을 잡기 어려운 점도 있다. 찧는 이가 상체를 구부리고 두 손을 모아 쥔 것으로 미루어 벽에 쇠방망이를 꽂아둔 것으로 짐작된다.

이탈리아와 스위스 그리고 유고슬라비아의 다른 지방에도 퍼져 있었을 가능성이 높다.

사진 343 디딜방아를 찧는 여인

　그림 82는 트랜스 코카서스 일대의 디딜방아이다. 볼씨로 둥근 나무토막을 박았다. 방아꾼은 왼발을 왼쪽 볼씨 위에 올려놓았다. 이처럼 볼씨를 디딤대로 쓰는 것은 유례가 없는 일이다. 다른 데에서는 이런 방법을 쓰지 않는 것이다. 그리고 그의 오른발은 방아다리를 밟고 있다. 따라서 몸의 균형을 잡기가 쉽지 않다. 이 때문에 긴 장대를 두 손으로 감아쥐었다. 방아의 구조도 엉성하지만, 공이 끝도 뭉툭하다. 곡물을 찧기보다 식물의 줄기나 뿌리 따위를 부드럽게 만드는 데에 쓰는 듯하다. 방아머리 쪽에 앉은 이가 소쿠리(또는 나무 그릇)로 보이는 그릇을 쥐고 있는 것으로도 충분히 짐작된다.

　밀 재배가 일찍부터 시작되었던 소아시아 일대에는 물맷돌이나 물레방아 따위가 널리 퍼져 있었으므로, 디딜방아는 극히 일부 지역에서만 썼을 것이다.

　그리스에도 원시적인 디딜방아가 있었다. 다음은 베네트와 엘튼의 설명이다 (1898 ; 93).

　16세기에 편집된 헤시오도스(Hesiodos;B.C. 8세기 무렵의 그리스 시인)전에는 한 노예가 발로 긴 나무를 움직이는 기구 그림이 있다. 이것은 물론 단순한 추측에 지나지 않지만, 플리니(Pliny, 23~79)의 말대로 헤시오도스로부터 9세기 뒤에, 비슷한 기구를 실제로 쓴 것은 사실이다. 그리고 이와 유사한 방법으로 쌀을 찧는 기구는 앞에서 언급한 것처럼 중국의 몇 곳에서 볼 수 있다.

그림 82 그리스의 방아

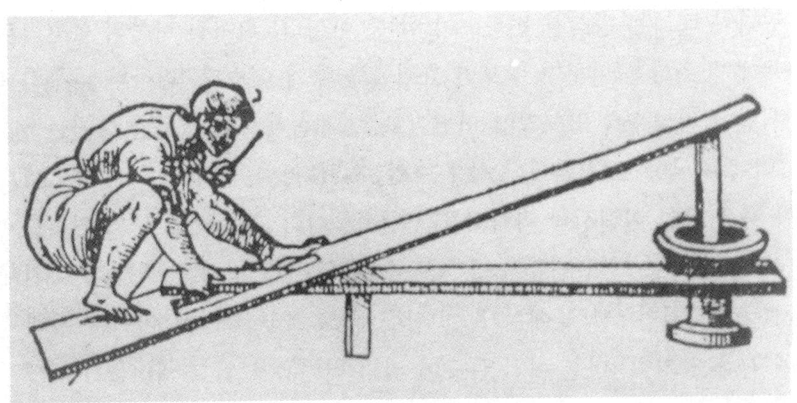

그림 83 그리스의 방아

　그림 83의 방아는 앞의 두 사람이 소개한 것이다(1898 ; 94). 빈약한 몸체에 구조도 엉성하다. 긴 널쪽 한 끝에 구멍을 뚫어 포도주잔 꼴의 확을 고정시키고, 다른 쪽에 다리를 붙여서 수평을 잡았다. 그리고 한 끝의 너비를 좁게 깎은 다음 공이가 달린 널을 끼워 놓은 것이다.

　방아꾼은 널 위에 다리를 벌려 쭈그려 앉은 채, 오른쪽 발에 힘을 주어 공이를 올렸다가 왼발로 눌러서 내려뜨리는 동작을 거듭한다. 그리고 몸의 균형을 잡으려고 오른손으로 널쪽 끝을 쥐고 이것으로도 모자라서 왼손에는 작대기를 잡았다. 실용을 위한 것이라기보다 시험용으로 만들었을 것이다.

　다음의 방아들은 보기 드문 것이다. 사람이 발로 딛어서 공이를 들어올리지는 않으나 지렛대 원리를 응용한 점에서는 디딜방아의 하나로 보아도 좋을 듯하다.

　그림 84와 85는 스토크와 티그의 책에 실려 있다(1952 ; 47).

　그림 84는 나무를 뿌리째 캐어 방아몸체로 삼았고 머리 쪽에 쇠몽둥이를 매달았다. 사람이 손으로 뿌리 쪽을 눌렀다가 놓으면 공이가 올라갔다가 떨어지면서 찧는다. 볼씨와 쌀개는 디딜방아와 똑같다. 뿌리 쪽에 디딤돌을 놓고 발로 찧을 수도 있을 것이다. 따라서 디딜방아의 변종인 셈이다. 저자들은 이것이 어디서 언제 쓰였는지 밝히지 않았다.

　그림 85는 생나무를 억지로 휘어 당겨서 끝에 공이를 달아매었다. 사람이 나무 끝을 쥐고 있다가 가볍게 놓으면 무거운 공이는 확으로 떨어진다. 가지를 들

어 올렸다가 내리는 동작을 반복해야 할 뿐 아니라, 휘어진 나무의 복원력과 공이의 무게가 조화를 이루지 않으면 효과를 거두기 어렵다. 더구나 나무의 복원력은 시간이 지날수록 떨어지게 마련이므로, 계속해서 오랫동안 쓰기는 불가능하다. 이 방아의 분포 지역이나 시대는 알 수 없다.

그림 86은 독일 뮌헨시의 과학박물관 전시물이다. 용두레 우물의 원리를 응용한 방아이다. 사람 키가 넘는 높은 기둥을 세우고 긴 장대를 걸었다. 사진에 나타나지는 않았지만, 한 끝에는 돌을 잡아매었을 것이다. 한 여인은 장대 끝에 잡아맨 끈을 당기고, 다른 아낙은 공이 위의 비녀목을 쥐고 내리눌러서 찧는다. 장대의 끈은 공이에 힘을 주어 내리찧었다가 손을 놓을 때, 공이가 지나치게 높이 올라가는 것을 막는 구실도 한다.

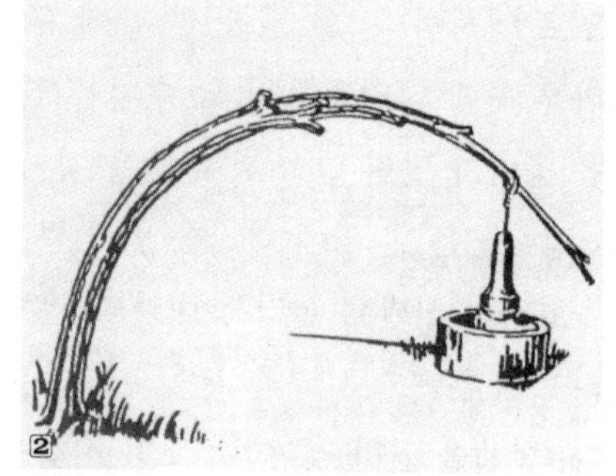

① 그림 85 저울대 방아
② 그림 84 이형(異形)방아
③ 그림 86 저울대 방아

Abstract

The *didilbanga*(a tread mill) has come from the idea of a mortar and pestle. According to the principle of the action of levers, we put our foot on the leg of the *banga*(a pestle) and push it and the head of the *banga* goes up and down. The *banga* is easier to use as it only requires the use of one foot while a mortar and pestle requires both hands. We can take advantage of a handle hung under a roof. Just grip the handle with two hands and put your weight on the foot to make the work more effective.

These kinds of mills have been used in Southeast Asian countries such as Thailand, Vietnam, Cambodia and Myanmar and also widely used in islands of Southeast Asian countries such as Indonesia and Malaysia. They are also found in Korea, China, Japan, Taiwan, the Philippines, Oceania and in Asia Minor(Trans Caucas). Greece also had a primitive *didilbanga*, but it was developed greatly. The *didilbanga* was also transmitted to European countries starting in the Middle Ages, but because of the use of water mills, its use was not widespread.

The *didilbanga* was invented in rice-culture regions and is still used in these areas today. Before the appearance of the modernistic mill, there was not a useful tool to pound rice. Therefore, *didilbanga* is one of typical farming tools in rice-culture regions. This also explains why the last trace of the *didilbanga* is also shown in these areas.

The Chinese are the people who first invented the *didilbanga*. Like in other cultures, the *didilbanga* was invented in a country which was the cradle of an ancient civilization and its use spread out to other countries with rice agriculture. This, along with the discovery of ancient records and relics, points to the birth place of the *didilbanga* as being in Northeast China. Forty-seven percent of related relics of the *didilbanga* in the Han Dynasty of China are from Henan Province and Hubei Province for each. Meanwhile, the oldest *didilbanga* is from Northeast China.

Because of little rain, the midlands were a difficult area to have a good crop of rice. However, from the Han Dynasty in China, the use of irrigation facilities expanded and the land used for the cultivation of rice increased. This is the reason why rice has, for Koreans, become one of the main food staples, what is called the five grains.

One of the oldest pieces literature which mentioneds the *didilbanga* is *Bang-an*(方言) written by a man from the Han Dynasty in China whose name is Yang Woong(B.C. 53~19). In this book, there is a short story about the *didilbanga*. A man called Sa You(B.C. 48~B.C. 33), one of Yang Woongs contemporaries, introduced the *didilbanga* as a kind of a grain blower in his book Kupchipeun.

There is a legend about a man named Bok Hee(伏羲), the inventor of the *didilbanga*, who set up the capital at Chin and became an Emperor for 150 years. Moreover, relics of *didilbanga* from the ancient remains were not found until the Han Dynasty(B.C. 206~A.D. 220). Therefore, the appearance of *didilbanga* starting from the end of the Chin Dynasty to the early years of the Han Dynasty seems to be more reasonable. There are number of relics from this period, so it might have been widely used at that time.

Some people believe that wheat was introduced in China during the Seoju Period via the Silkroad, but in literature, bread made of flour did not appear until around A.D 33. It became one of an important crops in the period of Hwan Jae, an emperor of the Han Dynasty. Flour-based meals were common in the second century, so the *didilbanga* moved on to the southern part of the rice-culture regions.

Using the *didilbanga* to grind wheat into flour, requires a great deal of effort and is inefficient, so it is ridiculous to make a great amount of flour. It is easy to understand why a millstone was first used in the Near East area where a wheat culture existed. The custom of having flour-based meals took root in the Tang Dynasty, water millstones had become popular, so not only the Royal Family and the nobility, but also a number of Buddhist temples were enthusiastic about setting up water millstones.

The Korean *didilbanga* came from China. It may have been used before Koguyro Dynasty because it can be seen on a fourth century Koguyro tomb mural painting. In the painting there is the Korean name 'Dae(碓)' which is written using a Chinese character on the top of the mill. The shape of thee mill in the mural is similar to mills found in China, so it is believed that the Korean mill is based on that of China.

The Korean *didilbanga* was exported to Japan. The word karawus' means *didilbanga* in Japanese. The word 'kara' means 'Han(韓)' which stands for Koreans in Japanese. There is a record in 《日本書紀》 "推古天皇", the History of Japan about Damjing, a man from the Koguryo Dynasty, making a water millstone. This story indicates the possibility that the transmission of the *didilbanga* might had happened at the same time.

Arai Hakuseki, a 17th century Japanese naturalist said, "The reason we named it 'Karawus' is because it has come from the Three Han States." On the other hand, there is a mill called 'tulbanga' in Japan which seems to have come from China.

In other countries, they only have the whedari *didilbanga*(one-legged *didilbanga*). However, Koreans have the dudari *didilbanga*(two-legged *didilbanga*) and this is truly and invention unique to Korea. In China, the country of the tread mill, they may have used *didilbang as* side by side, but they did not think of making two-legged mills as was done in Japan. It is easier and more effective when several people pound crops than when only two people do. Unfortunately neither country implemented this idea. Apart from China not learning about Korean mills, it is quite strange that Japanese had not learned our types of mill.

It is a remarkable achievement that Koreans made a creative *didilbanga* of our own which could not be seen in other countries. This can be seen through Kisan Kim Jun Kuens genre paintings whose golden age was the end of the 19th century to the early years of the 20th century and through real objects at the Korean Folk Village. Unfortunately, the use of this practical mill did not become widespread.

There are various objects which were brought from China, but most of them were not accepted as they were. They were usually adapted to Korean needs. Furthermore, we have shown our ability of creation to come up with new inventions, especially in the field of agricultural implements such as 'ttabi', plough, spade and rake. A Japanese scholar when discussing Korean creativity gave the example of farming tools and said, "These tools tell us the fact that the culture of Chosun not only followed that of China, but also had a unique style of its own." This is why Koreans did not start using the *tulbanga* which went to Japan from China.

We do not know when we first made two-legged mills, but on a 4th century wall painting Yaksuri, Korea, two-legged mills can be seen. Moreover, also in a fresco from Yoodongsung, also in Korea, we can clearly see that the leg of a mill has parted into two.

Two-legged mills were usually used in this country. The word *banga* (mill) indicates two-legged mills in Korea. When talking about one-legged mills, we always put 'one-legged' in front of the word *banga*. In addition, the word 'banga' has been used in most of the tools which are used to husk crops. Park Ji Won and Seo Ho Soo, scholars from Chosun Dynasty thought that only two-legged mills were used at that time.

However, the one-legged mill was not completely forgotten as it was still in use. We have used *didilbanga* in ways different from that of other countries. The choice of a mill depended on a number of factors such as the number of people using it and the amount and species of crops and plants. There are over thirty proverbs related to the *didilbanga* along with a sizable amount of folklore related to it. Maybe we are the only people who make a use of *didilbanga* to drive away epidemics. The culture of the *didilbanga*, which started in China, has blossomed in our country.

However, people did not do their best to make the *didilbanga* more useful than it used to be. It is a pity that the mill has developed as an industrial machine of squeezing oil in Japan and Germany. Maybe Germany has already managed to grind a large quantity of flour, setting mills side by side reminding us of a flour mill factory.

China has the broadest assortment of materials about the *didilbanga*. Relics which are related to the *didilbanga* have been discovered in the ancient tombs from the Han Dynasty to Chung Dynasty and have been written about in literature. Therefore, it is not so difficult to research the changes in the *didilbanga* over the last two thousand years. Japan cannot be compared to China, but the fact that they have more records regarding the *didilbanga* is enviable. Park Ji Won and Seo Ho Soo, left some notes about mills but unfortunately, the records about the *didilbanga* have fallen behind those of China. This also shows us that the habit of admiring others causes us to neglect our own things.

The use of the *didilbanga* spread across Southeast Asia via China. The exact date is not known. The *didilbanga* in Thailand and in the northern mountainous areas of Myanmar are very similar to those from southeastern China. From this point of view, we can say that these two regions are from the same cultural area.

It is strange that our native customs like taking custody of an old broken down *didilbanga* instead of putting it into the fireplace can also be seen in the southwestern part of China. It is hard to think of that one side had influence on the other side. Maybe the idea of holding the *didilbanga* sacred might be a similar custom. The tread mill played an important role in the area of rice farming over two thousand years, but it has faded away rapidly in the 20th century and will perhaps continue to fade in the 21st century until it disappears forever. Today, only a few minority races living in Yunnan, Guizhou, Sichuan in China and people who live in a mountain area of northern part of Southeast Asia what we call the Golden Triangle use the tread mill. There are few farm implements besides the *didlbanga* that were widely used. Maybe it was popular as the plow, hoe or weeding hoe.

Even though the collected materials from various countries remains insufficient, the substance is not rich enough to show people's thoughts and feelings about the *didilbanga*. Although the results are not satisfying, the records of the disappearing *didilbanga* along with the 20th century can be valuable in itself.

참 고 문 헌

1. 우리 문헌

김광언, 1986, 《韓國農器具考》, 韓國農村經濟研究院

―――, 1990, 《유럽박물관 소장 한국문화재》, 한국국제교류재단

김기웅, 1982, 《韓國의 古墳壁畵》, 동화출판공사

―――, 1989, 《한국의 미술 1 ― 고구려 고분 벽화》, 서문당

김용택, 1997, 《섬진강을 따라가며 보라》, 한양출판

김재홍 편저, 1997, 《한국 현대 詩語辭典》, 고려대학교출판부

김정기, 1969, 〈高句麗 壁畵古墳에서 보는 木造建物〉, 《金載元博士 回甲紀念論叢》, 을유
　　　　문화사

김진순, 1999, 《장작 한 짐에 양미리 일곱 두름 ― 삼척민속지 (2)》, 삼척문화원

단국대학교 동양학연구소, 1995, 《韓國漢字語辭典》

박을수, 1991, 《한국시조대사전》, 아세아문화사

양종승, 1999, 《한국의 무속 서울 · 황해도편》, 국립민속박물관

윤병준, 1976, 《春雜記》, 回想社

이선주, 1987, 《仁川地域 巫俗 1 ― 곳창굿 · 연신굿》, 동아사

이소라, 1993, 《韓國의 農謠》, 민속원

이필영, 1994, 《마을 신앙의 사회사》, 웅진출판주식회사

조셉 니담 · 로버트 템플, 과학세대 옮김, 1993, 《그림으로 보는 중국의 과학과 문명》, 까
　　　　치글방

주영헌, 1963, 《고고학 자료집》 제3집, 과학원출판사

진성기, 1991, 《제주도 무가 본풀이사전》, 민속원

최덕원, 1990, 《南道民俗考》, 삼성출판사

최학근, 1994, 《增補 韓國方言辭典》, 명문당

한국정신문화연구원, 1984, 《한국의 민속음악— 전라남도 민요편》

현용준, 1980, 《제주도 무속자료사전》, 신구문화사

홍순석·정연학, 1998, 《민속자료보고서— 이천시 장호원읍》, 강남대학교출판부

2. 중국 문헌

段金錄, 1991, 《雲南民族風情旅遊》, 雲南民族出版社

段文傑, 1994, 《敦煌壁畫》, 中國圖書進出口總公司

羅　鈺, 1996, 《雲南物質文化(下)》, 雲南教育出版社

方起東, 1964, 〈吉林輯安麻線溝 一號墓〉, 《考古》第10期

楊大禹, 1997, 《雲南少數民族住居》, 天津大學出版社

中國農業博物館 編, 1995, 《中國古代耕織圖》, 中國農業出版社

陳文華 編著, 1991, 《中國古代農業科技史圖譜》, 中國農業出版社

————, 1994, 《中國農業考古圖錄》, 江西科學技術出版社

夏亨廉·林正同, 1996, 《漢代農業畫像石》, 中國農業出版社

3. 일본 문헌

加茂儀一, 1943, 《技術發達史》, 商工行政社

宮崎安貞 著, 古島敏雄 校註, 1977, 《百姓傳記》, 岩波書店

冷泉爲人·河野通明·岩崎竹彦, 1996, 《瑞穗の國—日本》, 淡交社

大館勝治, 1995, 《田畑と雜木の民俗》, 慶友社

鹿兒島民具學會 編, 1991, 《がごしまの 民具》, 慶友社

飯沼二郎·掘尾尙志, 1976, 《農具》, 法政大學出版局

山口昌伴, 1987, 《台所空間學》, 建築知識

三輪茂雄, 1978, 《臼》, 法政大學出版局

須藤功 編, 1995, 《だがやす》, 弘文堂

櫻井德太郎, 1988, 〈民間信仰の研究〉上(《櫻井德太郎著作集》第三卷, 吉川弘文館)

月川雅夫 · 立平進 編, 1984, 《明治三十年調查長崎縣佐賀縣における農具圖錄》

二瓶貞一, 1972, 《農機具今昔ものかだり》, 近代農業社

張 兢, 1997, 《中華料理の文化史》, ちくま新書

町田市立博物館, 1993, 《農耕圖と農耕具》

鳥越憲三郎 · 苦林弘子, 1999, 《彌生文化の源流考》, 大修館新書店

朝倉治彥 校注, 1990, 《人倫訓蒙圖彙》, 平凡社

C. Daniels · 渡部武 編, 1994, 《雲南の生活と技術》, 慶友社

淺川滋男, 1990, 〈黔東南のトン族とその周邊〉, 《中國 · 貴州の高床住居と集落》, 住宅建
　　　築, 1990年 4月號

─────, 1994, 《住まいの民族建築學》, 建築資料研究社

秋山高志 · 北見俊夫 · 前村松夫 · 若尾俊平, 《圖錄農民生活史事典》, 栢書房

4. 기타 문헌

John Storck and Walter Dorwin Teague, 1952, *Flour For Man's Bread*, Univ. of Minnesota Press.

Joseph Needham and Wang Ling, 1954, *Science and Civilisation In China* ; 礪波護 外 譯, 1974, 《中國の科學と文明》, 思索社

Paul scheuermeier, 1956, *Bauernwerk — In Italien Der Italienisch und Rätoromanischen Schweiz, Band Ⅱ*, Verlag Stampfli & Cie. Bern.

R. Bennett & J. Elton, 1898, *History of Corn Milling Vol. Ⅰ* .

사진·그림 출처

1. 사진 출처

* 사진 가운데 출처를 따로 밝히지 않은 것은 모두 저자가 찍은 것이다. 오래되어 출처를 알
수 없는 것은 모른다고 적었다.

사진　1　독일의 Dietmar Zimmermann 제공

사진　2　Paul and Elaine Lewis, 1984, *Peoples of the Golden Triangle*, Thames and
Hudson.

사진 133　양종승, 1999,《한국의 무속 서울·황해도편》, 국립민속박물관

사진 134　국립민속박물관, 1998,《韓國의 歲時風俗 Ⅱ》

사진 188　石洪印, 1994,《中國民間美術全集 8 — 器用編·工具編》, 山東敎育出版社

사진 200　陳文華, 1994,《中國農業考古圖錄》, 江西科學技術出版社

사진 201　陳文華, 1994,《中國農業考古圖錄》, 江西科學技術出版社

사진 203　陳文華, 1994,《中國農業考古圖錄》, 江西科學技術出版社

사진 205　水野淸一, 1970,《考古學辭典》, 創元新社

사진 206　모름

사진 207　陳文華, 1994,《中國農業考古圖錄》, 江西科學技術出版社

사진 208　中國科學院 古考研究所, 1989,《考古》第5期, 科學出版社

사진 209　中國科學院 古考研究所, 1989,《考古》第8期, 科學出版社

사진 210　中國科學院 古考研究所, 1987,《考古》第7期, 科學出版社

사진 211　陳文華, 1994,《中國農業考古圖錄》, 江西科學技術出版社

사진 212　1988,《文物》, 第1期

사진 213　中國科學院 古考研究所, 1992,《考古》第1期, 科學出版社

사진 214　陳文華, 1994,《中國農業考古圖錄》, 江西科學技術出版社

사진 216 中國科學院 古考研究所, 1978,《考古》第3期, 科學出版社

사진 217 中國科學院 古考研究所, 1958,《考古通信》第3期, 科學出版社

사진 218 陳文華, 1994,《中國農業考古圖錄》, 江西科學技術出版社

사진 219 陳文華, 1994,《中國農業考古圖錄》, 江西科學技術出版社

사진 231 段金錄, 1991,《雲南民族風情旅遊》, 雲南民族出版社

사진 232 中國 雲南省 博物館 所藏

사진 233 中國 貴州省 博物館 所藏

사진 253 淺川滋男, 1990,《住宅建築 4》, 建築資料研究社

사진 264 羅 鈺, 1996,《雲南物質文化(下)》, 雲南敎育出版社

사진 265 羅 鈺, 1996,《雲南物質文化(下)》, 雲南敎育出版社

사진 266 羅 鈺, 1996,《雲南物質文化(下)》, 雲南敎育出版社

사진 267 C.Daniels. 渡部武 編, 1994,《雲南の生活と技術》, 慶友社

사진 268 羅 鈺, 1996,《雲南物質文化(下)》, 雲南敎育出版社

사진 269 鳥越憲三郎 · 苦林弘子, 1999,《彌生文化の源流考》, 大修館書店

사진 271 石洪印, 1994,《中國民間美術全集 8― 器用編 · 工具編》, 山東敎育出版社

사진 272 石洪印, 1994,《中國民間美術全集 8 ― 器用編 · 工具編》, 山東敎育出版社

사진 284 모름

사진 296 山口昌伴, 1987,《台所空間學》, 建築知識

사진 297 須藤功 編, 1995,《だがやす》, 弘文堂

사진 298 大館勝治, 1995,《田畑と雜木の民俗》, 慶友社

사진 310 Paul and Elaine Lewis, 1984, *Peoples of the Golden Triangle*, Thames and Hudson.

사진 321 1928, *National Geographic Magazine*, 1월호

사진 322 1934, *National Geographic Magazine*, 4월호

사진 330 朝鮮日報社,《月刊 山》(연호 모름).

사진 334 佐佐木高明 外, 1989,《民具が語る日本文化》, 河出書房新社

2. 그림 출처

그림　3　徐浩修,《海東農書》

그림　4　徐浩修,《海東農書》

그림　6　1975,《고구려문화사》, 사화과학출판사

그림　7　1958,《고고학자료집 제1집—대동강류역 고분발굴보고》, 과학원출판사

그림　8　方起東, 1964,〈吉林輯安麻線溝一號墓〉,《考古》第10期

그림　9　조선일보사 1993,《集安 고구려 고분벽화》

그림　10　1958,《고고학자료집 제1집—대동강류역 고분발굴보고》, 과학원출판사

그림　11　1958,《고고학자료집 제1집—대동강류역 고분발굴보고》, 과학원출판사

그림　12　미국 클리블랜드박물관 소장품

그림　13　1981,《민화》, 마당

그림　14　金俊根, 19세기말, 대영박물관 소장품

그림　15　金俊根, 19세기말, 영국도서관 소장품

그림　16　金俊根, 19세기 말, 프랑스 국립 기메동양박물관 소장품

그림　17　金俊根, 19세기 말, 프랑스 국립 기메동양박물관 소장품

그림　18　金俊根, 19세기 말, 오스트리아 비엔나 민속박물관 소장품

그림　19　1962,《日本民俗學大系》8, 平凡社

그림　22　G. 푸르너 지음, 조흥윤 옮김, 1984,《中國의 神靈》, 정음사

그림　23　《동국신속삼강행실도》

그림　24　조셉 니담, 1974,《中國の科學と文明》第8卷(日文版), 思索社

그림　25　王　禎, 1333,《農書》

그림　26　王　禎, 1333,《農書》

그림　27　徐光啓, 1639,《農政全書》

그림　28　徐光啓, 1639,《農政全書》

그림　29　宋應星, 1637,《天工開物》

그림　30　宋應星, 1637,《天工開物》

그림　31　1728,《古今圖書集成》

그림 64 冷泉爲人·河野通明·岩崎竹彦, 1996,《瑞穗の國—日本》, 淡交社

그림 65 冷泉爲人·河野通明·岩崎竹彦, 1996,《瑞穗の國—日本》, 淡交社

그림 66 朝倉治彦 校注, 1990,《人倫訓蒙圖彙》, 平凡社

그림 67 町田市立博物館, 1993,《農耕圖と農耕具》

그림 68 冷泉爲人·河野通明·岩崎竹彦, 1996,《瑞穗の國·日本》, 淡交社

그림 69 町田市立博物館, 1993,《農耕圖と農耕具》

그림 70 秋山高志·北見俊夫·前村松夫·若尾俊平,《圖錄農民生活史事典》, 栢書房

그림 71 秋山高志·北見俊夫·前村松夫·若尾俊平,《圖錄農民生活史事典》, 栢書房

그림 72 町田市立博物館, 1993,《農耕圖と農耕具》

그림 73 加茂儀一, 1943,《技術發達史》, 商工行政社

그림 74 모름

그림 75 모름

그림 76 秋山高志·北見俊夫·前村松夫·若尾俊平,《圖錄農民生活史事典》, 栢書房

그림 77 町田市立博物館, 1993,《農耕圖と農耕具》

그림 78 秋山高志·北見俊夫·前村松夫·若尾俊平,《圖錄農民生活史事典》, 栢書房

그림 79 中尾佐助, 1966,《栽培植物と農耕の起源》, 岩波書店

그림 80 모름

그림 81 二瓶貞一, 1943,《佛印·泰·ビルマの農機具》, 新農林社

그림 82 Emil Werth, 1954, *Grabstock, Hacke und Pflug*；藪內芳彥 外 譯, 1968,《農業文化の
　　　　　 起源》, 岩波書店

그림 83 R. Bennett & J. Elton, 1898, *History of Corn Milling Vol. I*.

그림 84 John Storck and Walter Dorwin Teague, 1952, *Flour For Man's
　　　　　 Bread*, Univ. of Minnesota Pres.

그림 85 John Storck and Walter Dorwin Teague, 1952, *Flour For Man's
　　　　　 Bread*, Univ. of Minnesota Press.

그림 86 독일 뮌헨 과학박물관

찾아보기